ReJesus

Michael Frost &
Alan Hirsch

ReJesus

Um Messias radical para uma igreja missional

1ª edição
Tradução: Josiane Zanon Moreschi

Curitiba
2015

Michael Frost e Alan Hirsch
ReJesus
Um Messias radical para uma igreja missional

Coordenação editorial: Walter Feckinghaus
Tradução: Josiane Zanon Moreschi
Revisão: Sandro Bier
Capa: Sandro Bier
Editoração eletrônica: Josiane Zanon Moreschi

Dados Internacionais de Catalogação na Publicação (CIP)
(Câmara Brasileira do Livro, SP, Brasil)

Frost, Michael

ReJesus : um messias radical para uma igreja missional / Michael Frost & Alan Hirsch ; tradução Josiane Zanon Moreschi. - - 1. ed. - - Curitiba : Editora Esperança, 2015.

Título original : ReJesus : a wild Messiah for a missional church.
Bibliografia.
ISBN 978-85-7839-118-8

1. Jesus Cristo - Pessoa e missão 2. Missão da Igreja I. Hirsch, Alan. II. Título.

15-03041 CDD-270

Índices para catálogo sistemático:

1. Igreja : Jesus : Missão : História : Cristianismo 270

As citações bíblicas foram extraídas da Bíblia Almeida Revista e Atualizada da Sociedade bíblica do Brasil (1993).

Editora Evangélica Esperança
Rua Aviador Vicente Wolski, 353 - CEP 82510-420 - Curitiba - PR
Fone: (41) 3022-3390 - Fax: (41) 3256-3662
comercial@esperanca-editora.com.br - www.editoraesperanca.com.br

editores cristãos

Em *ReJesus*, Alan e Michael conseguem recolocar Jesus no centro da vida espiritual e da missão do povo de Deus. Em uma era extremamente focada em como "fazer igreja", sua mensagem é clara: precisamos olhar mais de perto a vida de Jesus. Se você deseja voltar ao autêntico discipulado neotestamentário, aceite seu desafio de recalibrar a missão e o trabalho da igreja em torno da história de Jesus. Como só aqueles que têm colocado esses conceitos em prática podem fazer, eles oferecem abundância de inspiração e insights práticos.

— Matt Smay, missio diretor de aprendizagem prática da Igreja Missional, coautor do livro *The Tangible Kingdom* (O reino tangível).

Frost e Hirsch escavam as ruínas do cristianismo ocidental, revolvendo dois mil anos de poeira acumulada a fim de devolver a igreja ao firme fundamento de Jesus Cristo. Este livro é um acréscimo útil e desafiador à tarefa de recentralizar, refundamentar ou, em suas próprias palavras, "reJesusar" o cristianismo. A igreja com o formato de Jesus é muito diferente das igrejas modernas, e Frost e Hirsch articulam cuidadosamente tanto a necessidade quanto os meios de alinharmos o caminho de Jesus com a religião que leva seu nome.

— Mike Erre, pastor de ensino da Igreja Rock Harbor, em Costa Mesa, Califórnia. Autor do livro *The Jesus of Suburbia* (O Jesus dos subúrbios).

ESTA é "A" conversa de que precisamos! Enquanto todo o mundo está obcecado em reinventar a igreja, isso não apenas coloca a conversa, mas o foco exatamente no ponto certo: Jesus! Não são as formas, as estruturas, os estilos, os meios — é a pessoa de Jesus. Devorei cada página desse livro. Fiquei totalmente absorto nele. Toda a vida missional verdadeira começa e termina com Jesus. Quando Jesus está no centro, não só falando aos outros sobre ele, mas criando uma vida dentro de nós, seremos transformados e a igreja, redefinida. Isso virá não de ideias externas, mas de uma vida interna – Jesus! Quando Jesus está no centro, nossa fé e a igreja sempre estarão vivos para qualquer um, a qualquer momento, para qualquer cultura e em qualquer lugar no mundo. O que Alan e Mike fizeram foi escrever um livro que responde o "E daí?" de Jesus aos seus seguidores. O livro é profundo.

— Bob Roberts Jr., pastor sênior da Igreja Northwood, em Keller, Texas, autor do livro *Multiplying Church* (Igreja multiplicadora).

"Os tempos são de mudança", observou e cantou Bob Dylan décadas atrás e continua a ser a realidade que a igreja enfrenta no início do século 21. Em resposta aos nossos presentes desafios, Frost e Hirsch oferecem uma nova e provocativa leitura da pessoa de Jesus como a chave para os cristãos recorrerem a fim de viver como discípulos contemporâneos. Eles vão a fundo na narrativa de Jesus procurando pistas para entender um Messias extraordinário – um reJesus – e eles descobrem recursos essenciais para recuperar um chamado radical para o discipulado. O leitor achará sua proposta abertamente convidativa, mas deve estar preparado para ser bem desafiado.

— Craig Van Gelder, professor de Missão Congregacional do Seminário Luterano. Autor de *The Ministry of the Missional Church* (O ministério da igreja missional).

A religião dos cristãos é a religião de Jesus? Jesus é um modelo para nossas vidas ou ele é apenas um depósito de garantia em forma de Deus? Frost e Hirsch recuperam o chamado de Deus de sermos conforme o seu Filho e ousarmos colocar uma Cristologia narrativa e terrena no centro de todas as coisas missionais.

— Sally Morgenthaler, autora do livro *Worship Evangelism* (Evangelismo de adoração) e colaboradora do livro *An Emergent Manifesto of Hope* (Um manifesto emergente de esperança).

Enquanto a cristandade sofre uma morte lenta, as pessoas vasculham a paisagem da literatura para encontrar respostas a fim de refazer a igreja, se reengajar na fé ou se reposicionar a fim de manter seu status quo de reputação, recursos e descanso. Em *ReJesus*, Hirsch e Frost nos chamam a sair dessa busca patética para entrarmos em um novo mundo, ou velho mundo, no qual os líderes seguem Jesus e deixam que ele reforme a igreja. Leia somente se estiver disposto a repensar tudo.

— Hugh Halter, missio diretor, pastor de Adullan, Denver, Colorado, coautor do livro *The Tangible Kingdom* (O reino tangível).

Os temas missão e renovação pessoal e corporativa podem ser abordados de várias perspectivas. Muitos livros sobre missão têm uma abordagem pragmática, focalizando estratégias, enquanto aqueles que se dirigem à renovação tendem a uma espiritualização nostálgica, buscando inspiração em avivamentos da igreja do passado. *ReJesus: Um Messias radical para uma igreja missional* apresenta uma abordagem diferente. Ele traça conjuntamente três temas que, muitas vezes, são compartimentalizados: Cristologia, Missiologia e Eclesiologia. Tantas igrejas ocidentais estão sofrendo de amnésia com relação à narrativa bíblica, ou, no mínimo, são culpadas de leitura seletiva, provocando uma má interpretação de Jesus a fim de ajustá-lo às nossas pressuposições e barreiras culturais. Frost e Hirsch nos apresentam um retrato fiel de Jesus totalmente humano, como Deus pretende que sejamos nos mostrando como o Deus que ousou nos criar à sua própria imagem realmente é. Os autores apresentam um Jesus indomável que nos faz exigências assustadoras e radicais e, ao mesmo tempo, se entrega para capacitar seus seguidores com a coragem e os recursos necessários para seguir sua direção. *ReJesus* revela abundante evidência de uma extensa pesquisa e no texto há breves descrições de indivíduos que abraçaram os desafios que Frost e Hirsch apresentam ao leitor. Confrontado com esse Evangelho, todo aquele que busca encontrará mais do que esperava. Mas o Evangelho nunca foi uma barganha, é sempre um presente gracioso – muito grande e glorioso para compreendermos completamente ou esgotarmos seu potencial. Ao ler esse livro prepare-se para uma viagem radical!

— Eddie Gibbs, professor sênior do Seminário Teológico Fuller,
autor dos livros *Para onde vai a igreja* (Esperança, 2012)
e *Leadership Next* (Para onde vai a liderança).

Frost e Hirsch conseguiram novamente! Ler *ReJesus* me provocou, frustrou e, finalmente, me convenceu de minha necessidade de viver mais profundamente o caminho de Jesus. Se você está à procura de outro livro que reforce a ideia de igreja que já conhecemos, isso não é para você. Se, porém, você ou sua igreja desejam ser desafiados a andar no caminho de Jesus, este é o livro certo.

— Ed Stetzer, blogueiro (www.edstetzer.com).
Autor do livro *Planting Missional Churches* (Plantando Igrejas Missionais).

Alan Hirsch e Michael Frost continuam a empurrar a igreja para o futuro com seu último trabalho: *ReJesus*. Eles apontam para onde toda a igreja cristã deve focar: Jesus Cristo, e desenvolvem uma estratégia cristocêntrica para a eclesiologia missional. É um livro oportuno e relevante e merece ser lido por toda a igreja.

— Tom Jones, coordenador nacional da Emergent Village,
doutor em Teologia Prática do Princeton Theological Seminary.
Autor do livro *The New Christians: Dispatches from the Emergent Frontier* (Os novos cristãos: envios da fronteira emergente).

ReJesus nos chama a observar o Jesus de Jaroslav Pelikan em seu livro *Through the Centuries* (Através dos séculos) e o obstinado fato de que nunca conseguiremos sair de nossas culturas para entender o Jesus puro. Esse caminho não está aberto àqueles que confessam o Encarnado. Em cada era, os cristãos são compelidos a lidar novamente com o significado de Jesus. Colin Greene, em seu livro *Christology in Cultural Perspective* (Cristologia sob a perspectiva cultural) nos relembra de que devemos continuamente lutar para entender como ser fiel a Jesus em nossos dias. O livro *Christ and Culture* (Cristo e a cultura*)*, de Neibuhr, demonstra como continuamente moldamos Jesus a partir de nossa imaginação cultural. Ainda assim, em todos os seus erradicáveis equívocos, a igreja ainda é o local em que somos moldados pela revelação de Deus em Jesus Cristo. Sempre lutaremos para "reJesusar" porque não temos escolha. Que o façamos com humildade e um amor profundo por esses vasos de barro de história que chamamos de igreja, porque não há outro lugar no qual Jesus se faz presente. Este livro é uma contribuição a essa luta, e como toda luta desse tipo, ela mesma está extremamente envolvida com a cultura. Espero que ele encoraje outros a lutarem para que todos possamos ser seguidores mais fiéis de Jesus.

— Al Roxburgh, vice-presidente da Alellon Canadá.
Coautor do livro *The Missional Leader* (O líder Missional).

É tão fácil a igreja se desviar do curso. *ReJesus* nos traz de volta para Jesus em toda a sua beleza radical, apaixonada e transformadora. Frost e Hirsch demonstram por palavra e por exemplo que ser igreja exige um constante, íntimo e destemido encontro com Cristo. Como indivíduos e como comunidade não temos outra opção além de dar atenção à sua sabedoria.

— Daniel M. Harrell, ministro associado da igreja Park Street em Boston.
Autor do livro *Nature's Witness: How Evolution can Inspire Faith*
(Testemunha da natureza: como a evolução pode inspirar a fé).

Nesse momento da história estamos em meio a uma reforma teológica e eclesiástica que é, no mínimo, tão radical, e talvez mais importante, quanto a Reforma Protestante dos séculos 16 e 17. Nesta obra de arte corajosa, convincente e profética, Hirsch e Frost articulam a bela visão do Reino centrado em Jesus que está dirigindo essa nova Reforma. Hirsch e Frost entrelaçam brilhantemente a exegese bíblica, a reflexão histórica crítica, o discipulado espiritual transformador, a análise cultural investigativa e até uma pitada de bom humor de maneira a ajudar o leitor a se libertar do jugo mortífero da religião cristã e redescobrir o Jesus radical, indomável e doador de vida dos Evangelhos. Espero que todos aqueles que professam a fé em Cristo ousem ler este livro. Eles não terminarão de lê-lo sem serem transformados.

— Greg Boyd, pastor sênior da Igreja de Woodlands Hills, Minesota.
Coautor do livro *The Jesus Legend* (A lenda Jesus).

Chamados para um seguir novo e radical a Jesus Cristo não são novidade. Reformadores desde Francisco de Assis até Madre Teresa fizeram soar o chamado. Já no Novo Testamento o apóstolo João diz que os verdadeiros cristãos devem "andar como ele andou" e Pedro insiste que devemos andar nos passos de Jesus. A novidade a respeito de *ReJesus* é o criativo entrelaçamento dos temas do exemplo de Jesus, missão de Deus e a missão do Reino da igreja – a "reintegração" como colocam os autores 'dos conceitos teológicos de *missio Dei*, *participatio Christi* e *imago Dei*'.

O livro é cheio de imagens – visuais, imaginativas, conceituais e biográficas – que evocam Jesus Cristo e discípulos parecidos com Jesus. A constante procura eclética de recursos dos autores também ajuda a libertar Jesus de estereótipos enraizados. Vejo este livro como um alargamento da fundamentação das provocativas e proféticas obras anteriores no lugar de uma sequência ou reafirmação delas. Acho que os autores estão corretos ao afirmar: "Cristianismo menos Cristo igual a Religião" – não é discipulado autêntico.

— Howard A. Snyder, professor de Estudos Wesleyanos no Seminário de Tyndale, Toronto. Autor do livro *Radical Renewal* (Renovação Radical).

É horrível pensar que podemos ser apaixonadamente missionais, mas sutilmente nos desviarmos de ser inteiramente *Jesus-cêntricos* no processo. Qualquer um que participe do diálogo missional nunca, jamais deve esquecer-se da possibilidade desse desvio sutil. *ReJesus* desafia a todos de formas muito teológicas, esperançosas e práticas a nunca deixar que isso aconteça.

— Dan Kimball, pastor da Igreja Vintage Faith, em Santa Cruz, Califórnia. Autor de *Eles gostam de Jesus, mas não da igreja* (Vida, 2011).

Este livro lê você, você não lê este livro. Vez após vez você se vê lutando consigo mesmo e com Deus. No fim tem mais do que uma decisão a tomar, tem uma jornada a seguir. O que você faz a respeito definirá sua vida.

— Reggie McNeal, Leadership Network. Autor de *Missional Renassaince* (Renascimento missional).

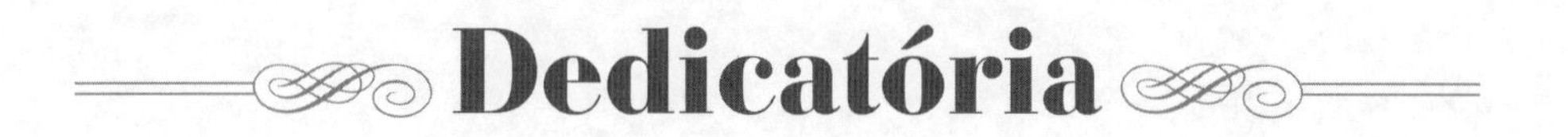

Dedicatória

Alan

Aos meus vários parceiros na empreitada missional: Forge, Church Resources Ministries (especialmente Sam Metcalf), Missio, Shapevine, Church Planting Network (Exponential) e Christian Associates. Também a Bob Roberts Jr. por seu amoroso patrocínio e meu grande amigo e co-conspirador, Michael Frost.

Michael

Para Peter Horsley em gratidão por sua parceria na vida, liderança e no Evangelho.

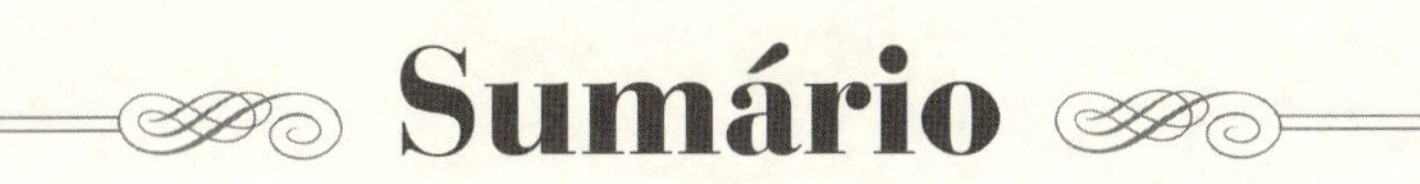

Sumário

Introdução

Leia esta parte primeiro

Jesus é o centro de tudo, o objeto de tudo, todo aquele que não o conhece, não sabe nada ao certo, a respeito do mundo ou de si mesmo.
— Blaise Pascal

O meio para se conhecer Deus é Cristo, a quem ninguém pode conhecer a não ser que o siga com sua vida.
— Hans Denck

Na manhã de 7 de junho de 1964, o ramo recém consagrado da Ku Klux Klan, conhecido como Cavaleiros Brancos, reuniu-se solenemente na Igreja Metodista de Boykin, nos pinheirais próximos à cidade de Raleigh, no Estado do Mississipi, Estados Unidos. Preocupados com o que viam ser uma onda de negros e comunistas assolando as ruas do Mississipi, os membros da Ku Klux Klan mobilizaram suas forças para planejar um, então chamado, contra-ataque contra o movimento pelos direitos civis. Armados com rifles, pistolas e espingardas e protegidos por homens a cavalo pelo bosque e por dois teco-tecos que circulavam sobre a propriedade, eles inclinaram suas cabeças e o Grande Capelão subiu ao púlpito para ler a seguinte oração:

> Oh, Deus. Nosso Guia Celestial, como criaturas finitas do tempo e como tuas criaturas finitas, reconhecemos a ti como nosso soberano Senhor. Que lhe sejam permitidas a liberdade e as alegrias provenientes de reinar completamente em nossa terra. Que nós, como membros da Klan, tenhamos sempre a coragem de nossas convicções para que sempre possamos lutar por ti e por nossa grande nação. Que o doce cálice da fraternidade dos irmãos seja sempre nosso para desfrutar e edificar dentro de nós o espírito que nos manterá unidos e fortes. Faze brotar dentro de nós a sabedoria própria das decisões honradas e da obra de Deus. Pelo poder do teu infinito Espírito e tua poderosa virtude mantém nossos votos diante de nós de sigilo e votos de justiça. Abençoa-nos agora nessa assembleia para que te honremos em todas as coisas, oramos em nome de Jesus, nosso bendito Salvador. Amém.[1]

A congregação murmurou um Amém. Mais tarde Sam Bowers, o Feiticeiro Imperial da Ku Klux Klan do Mississipi assumiu o púlpito e em uma linguagem altamente religiosa fez uma declaração que equivalia a uma guerra santa contra a liderança dos direitos civis, detalhando um protocolo formal para que todos os membros do Klan atacassem a "invasão negro-comunista ao Mississipi"[2]. Em um mês três militantes dos direitos civis foram executados no Condado próximo de Neshoba.

O caráter altamente cristão da Ku Klux Klan, seu simbolismo e sua linguagem não é novidade para ninguém – quem pode se esquecer das cruzes em chamas? No entanto, é justamente o aspecto do enfoque em Cristo da filosofia da Klan que continua a nos chocar, mesmo meio século depois. A oração em nome de Cristo na inauguração daquilo que era, efetivamente, um esquadrão da morte fascista ainda dói nos ouvidos, mas não podemos negar que a KKK rotineiramente clamava a Jesus para que os fortalecessem em suas empreitadas. A devoção do Feiticeiro Imperial, Sam Bowers, a Jesus é famosa. Ken Dean, diretor do Conselho dos Direitos Humanos no Mississipi pronunciou-se a respeito em 1964: "O Feiticeiro Imperial, no sentido mais radical possível, é um crente na soberania de

1 Don Whitehead. Attack on Terror: The FBI against the Ku Klux Klan in Mississippi (Nova Iorque: Funk & Wagnalls, 1970), 4, citado em Charles Marsh, God's Long Summer: Stories of Faith and Civil Rights. (Princeton: Princeton University Press, 1997): 64.

2 Marsh, *God's Long Summer*, 65.

Deus".[3] De fato, ele era mais do que isso. Bower cria que a soberania de Deus é mais supremamente demonstrada na ressurreição de Jesus dentre os mortos:

> Há um fato empírico simples e essencial da história humana manifestada. Esse fato empírico é a ressurreição física do Galileu... A autenticidade da fé está no poder onipotente de Deus de realizar o milagre: a certeza do conhecimento racional humano é que a ressurreição ocorreu de fato: como um fato empiricamente manifestado.[4]

Charles Marsh, que durante a pesquisa sobre o movimento dos direitos civis no Mississipi começou a se corresponder com Sam Bowers, disse a respeito dele: "Bowers, como teólogo, é um crente na forma cristocêntrica de toda a realidade no sentido mais radical, perplexo e bizarro."[5]

Como é angustiante para nós que cremos "na forma cristocêntrica de toda a realidade", compartilhar da mesma fé com pessoas como Sam Bowers e os membros da KKK. Como os seguidores de Jesus acabaram tão longe dos ensinos e do exemplo de Jesus? Como seguidores de Jesus como os membros da Igreja Luterana na Alemanha nazista podiam citar Jesus e, no instante seguinte, incitar o vilipêndio racial? O mesmo pode ser questionado sobre os Cruzados ou os Conquistadores do Novo Mundo e até sobre os esquadrões da morte ruandenses.

Obviamente, a KKK é um exemplo extremo de um grupo que adota a imagem de Jesus de uma maneira totalmente estranha para nós, mas existem exemplos mais brandos disso até dentro de nossa comunidade mais ampla que se identifica como cristã. Em 2005, quando estávamos a caminho de nossa turnê de palestras no Reino Unido, decidimos fazer uma parada de lazer em Roma. Como todos os que visitam a Cidade Eterna, fomos até a Basílica de São Pedro, no Vaticano. É tão linda quanto eu imaginava. Todos concordam que ela é, com toda a certeza, um extraordinário exemplo da engenhosidade humana com seus fachos de luz natural perfeitamente planejados para ressaltar seus tesouros artísticos e construída em uma escala perfeita para criar um sentimento de reverência espiritual. Como todos os turistas, vagamos

3 Ibid., 62.

4 Cartas a Charles Marsh, citado in ibid., 62–63. Observe referência de Bowers a Jesus como "o Galileu". Bowers usou esse termo para distinguir Jesus como um descendente não judeu de colonos arianos na antiga Galileia.

5 Ibid., 63.

hipnotizados olhando para cima para absorver a absoluta grandeza da catedral. Sem olhar para onde estávamos indo, acidentalmente demos um encontrão um no outro e ali, no meio do salão que representou o coração da cristandade por séculos, refletimos naquilo que estávamos presenciando e nos perguntamos onde Jesus poderia ser encontrado naquele lugar. Certamente, concordamos, a arquitetura da basílica era estonteante, as esculturas, os vitrais e o teto eram belíssimos. No entanto, ambos tínhamos a mesma pergunta perturbadora fervendo em nossas mentes: Onde está o pobre rabino itinerante de Nazaré?

Semelhantemente, em um evento recente em Moscou, Michael teve a oportunidade de visitar a Catedral Ortodoxa de Cristo o Salvador. Construída nos anos 1990, é um espantoso exemplar de arquitetura religiosa. Situada às margens do Rio Moskva, a poucos quarteirões do Kremlin, substituiu a catedral original, destruída por Stalin em 1931. Construída quase totalmente em mármore branco, suas brilhantes cúpulas douradas a tornam a igreja ortodoxa mais alta do mundo. O exterior de mármore branco é completamente cercado de maravilhosas estátuas de bronze de vários santos e heróis cristãos. No interior, as capelas se configuram como uma cruz de lados iguais medindo 85 metros, cada uma repleta de ícones dourados e afrescos. Passeando na cavernosa capela principal, com capacidade para dez mil pessoas é difícil não ficar abismado com a beleza dessa casa de adoração. Olhando mais de perto, porém, alguns aspectos inquietantes começam a emergir.

A catedral original comemorava a chamada intervenção divina que levou à vitória russa sobre Napoleão em 1812. De fato, a *Overture 1812,* de Tchaikovsky, estreou na Catedral de Cristo o Salvador em 1882. Quando Boris Yeltsin aprovou a reconstrução da catedral, o edifício deveria ser uma réplica mais parecida possível da catedral, incluindo seus temas russos profundamente patrióticos. Portanto, esse grande edifício consegue ser um espaço religioso e, ao mesmo tempo, um monumento histórico ao poderio militar da Rússia. Há afrescos que deificam figuras e eventos históricos. As galerias de dois andares que cercam a igreja principal são dedicadas à história russa e à guerra de 1812 especificamente. De fato, os painéis de mármore do primeiro andar celebram os participantes daquela luta sangrenta. Os afrescos da galeria no segundo andar retratam vários eventos históricos e personagens que desempenharam um papel decisivo na Igreja Ortodoxa ou na história da Rússia. Embaixo, há um grande salão para as reuniões da igreja. Ali o último czar russo e sua família foram glorificados como santos em 2000. O rosto de Jesus, portanto, repousa ao lado do incompetente czar Nicolau II, que testemunhou o cruel massacre de manifestantes desarmados no Domingo Sangrento, em 1905.

Quando Michael saiu da catedral e rumou através da neve para a estação de metrô mais próxima viu uma mulher idosa ajoelhada sobre o pavimento congelado implorando alguns trocados aos transeuntes desinteressados. Embora fosse difícil ver Jesus nos afrescos da catedral, não era difícil recordar as palavras de Jesus afirmando que o que fosse feito ao "menor deles" seria como se fosse para ele. De acordo com as próprias palavras de Jesus, ele deveria ser muito mais identificável na rude imagem da miserável que esmolava fora da catedral do que na estupenda iconografia dourada de seu interior.

Iniciamos esse livro com essas três histórias tão diferentes – o massacre em Neshoba County em 1964 e nossas visitas ao Vaticano e à catedral ortodoxa russa – para ilustrar nossa preocupação com o que tem sido promulgado em nome de Jesus através da história. No Mississipi, em Roma e em Moscou, o nome de Jesus tem sido invocado como o centro de movimentos que não parecem estar de acordo com o Jesus que encontramos nas páginas dos Evangelhos. Nas descrições do reino de terror pseudobíblico da KKK, no Mississipi, ficamos perplexos com o fato de que os homens pudessem tentar santificar suas ações com orações a Jesus. No Vaticano, um dos arquetípicos edifícios dedicados à religião fundada em Jesus Cristo não conseguimos localizar o simples, audacioso e revolucionário carpinteiro retratado de forma impressionante nos Evangelhos. Na catedral de Cristo, o Salvador, o Jesus dos Evangelhos compete com czares e generais pela afeição dos devotos. Todas essas são inquietantes percepções que falam diretamente ao propósito deste livro porque levantam perguntas perturbadoras sobre a continuidade entre Jesus e a religião subsequente estabelecida em seu nome.

Ao dizer isso, não é nossa intenção igualar a igreja católica e ortodoxa à Ku Klux Klan. Simplesmente desejamos identificar exemplos nos quais o retrato da pessoa de Jesus feito por um grupo é incongruente para nós. De fato, a descontinuidade entre Jesus e a religião que leva seu nome que encontramos em Roma e Moscou está de forma alguma limitada a essas igrejas ou denominações. Tanto católicos quanto protestantes até o presente momento, e inclusive os movimentos cristãos mais novos, têm trocado o jeito radical de Jesus pelo aparentemente maior esplendor dessas expressões religiosas.

Esses exemplos sugerem perguntas que podem, na verdade, deveriam, ser feitas por todos os cristãos, igrejas e denominações em todo tempo em todo o lugar:

⇒ Que papel permanente Jesus, o Messias, representa na moldagem do *ethos* e do autoconhecimento do movimento que se originou nele?

⇒ Como a religião cristã, se é que podemos legitimamente chamá-la dessa forma, foi moldada e informada pelo Jesus que encontramos nos Evangelhos?

⇒ Como acessamos a continuidade exigida entre a vida e o exemplo de Jesus e a subsequente religião chamada cristã?

⇒ De quantas maneiras domesticamos o Revolucionário radical a fim de sustentar nossa religião e religiosidade?

⇒ E, talvez, o mais importante: como a redescoberta de Jesus pode renovar nosso discipulado, a comunidade cristã e o andamento da missão da igreja?

Essas não são perguntas insignificantes porque nos levam ao âmago do significado da igreja. Elas nos conduzem à definição central do movimento que toma seu exemplo em Jesus. Em vez de chamar isso de Reforma, chamaremos essa tarefa de "refundação" da igreja, porque levanta a questão do verdadeiro fundador ou fundamento da igreja. Em nossa opinião, nada é mais importante para a igreja de nossos dias do que tornar a fundar o cristianismo. Há uma distinta angústia no alvorecer do século 21 para tentarmos coletivamente abordar o declínio endêmico e antigo do cristianismo ocidental. Parecemos um pouco perdidos, verdade seja dita, e nenhuma solução de crescimento instantâneo pode ser encontrada a fim de interromper a hemorragia. Não há dúvida de que enfrentamos uma crise espiritual, teológica, missional e existencial no Ocidente.

Precisamos admitir que nós dois somos, de certa forma, obcecados pela missão e o que significa ser uma pessoa missional. No entanto, ambos continuamos convencidos de que a cristologia é fundamental e, portanto, o assunto primordial. Temos afirmado em todo lugar que a cristologia (a exploração da pessoa, dos ensinos e do impacto de Jesus Cristo) é o que determina a missiologia (nosso propósito e função no mundo), o que, por sua vez, determina nossa eclesiologia (as formas e as funções da igreja).[6] Não encontramos uma razão para revisar nossa opinião a esse respeito, mas, com o passar do tempo, estamos cada vez mais convencidos da prioridade dessa fórmula. Nós dois (juntos e separadamente) temos escrito livros sobre uma forma distintivamente missional de discipulado e eclesiologia[7]. Ao escrever este livro sentimos que agora chegamos ao X da questão. Estamos voltando ao fundador e recalibrando toda a empreitada junto às linhas cristológicas.

A principal tarefa deste livro, no entanto será explorar a conexão entre o caminho de Jesus e a religião do cristianismo. Tentaremos acessar o movimento cristão à luz da revelação bíblica de Jesus e propor formas pelas quais a igreja pode reconfigurar a si mesma e realmente calibrar sua missão em torno do exemplo e ensino do Rabino radical de Nazaré. Onde está a continuidade? Por que o que experimentamos como cristianismo está descontinuado com o caminho de Jesus? O quanto nosso testemunho é consistente com sua vida e seu ensino? Podemos nos afastar de seu protótipo de espiritualidade sem causar danos irreparáveis à integridade da nossa fé? Como saberemos se fomos longe demais?

6 Mais recentemente, Alan Hirsch. *Caminhos esquecidos: reativando a igreja missional.* (Curitiba: Esperança, 2015); Michael Frost e Alan Hirsch. *The Shaping of Things to Come: Innovation and Mission for the 21st-Century Church.* (Peabody: Hendrickson, 2003): 16 ss.

7 Michael Frost. *Exiles.* (Peabody, Mass.: Hendrickson, 2006). Veja também Neil Cole, *Primal Fire: Reigniting the Church with the Five Gifts of Jesus.* , que estuda Efésios 4.11. (Wheaton: Tyndale, 2014.)

De modo semelhante, Jacques Ellul, o filósofo e teólogo francês, levanta um problema histórico perturbador para solucionarmos. Um problema que ele chama de "A subversão do cristianismo".

Siga-me - torne-se um pequeno Jesus

Seguir Jesus envolve mais do que apenas aceitá-lo como seu Salvador através de alguma oração de compromisso, não importa o quão sincera essa oração tenha sido. Para seguir Jesus você também precisa imitá-lo, usando a vida dele como padrão para a sua vida. Chamamos a essa imitação "tornar-se um pequeno Jesus".

Quando nos chamamos de pequenos Jesus não estamos afirmando que podemos andar sobre as águas ou morrer pelos pecados do mundo. Não, ser um pequeno Jesus significa que adotamos os valores encarnados expressos pela vida e pelos ensinos de Jesus. Só Jesus podia alimentar milhares de pessoas com pequenas quantidades de pão e peixe, mas nós, como pequenos Jesus podemos adotar os valores de hospitalidade e generosidade. Talvez não possamos pregar para as multidões, mas podemos nos comprometer a falar a verdade e não a mentira. Não podemos morrer pelos pecados de ninguém, mas podemos viver uma vida de altruísmo, sacrifício e sofrimento.

Esperamos ver uma conspiração de pequenos Jesus desencadeada por todo o mundo, transformando as suas comunidades como Jesus transformou a dele. Para dar exemplos concretos do que significa imitar Jesus, apresentaremos por todo este livro minirretratos de pequenos Jesus que têm nos inspirado.

> A questão que desejo esboçar neste trabalho é uma das coisas que mais me preocupam. Hoje, vejo que ela é insolúvel e assume um sério caráter de peculiaridade histórica. Vou colocá-la em poucas palavras: Como é possível que o desenvolvimento do cristianismo e da igreja tenha dado à luz uma sociedade, uma civilização, uma cultura que são completamente o oposto do que lemos na Bíblia, aquilo que é, acima de qualquer dúvida, o texto da lei, dos profetas, de Jesus e de Paulo? Digo propositadamente "completamente o oposto". Não há apenas contradição em um ponto, mas em todos os pontos. Por um lado, o cristianismo tem sido acusado de uma longa lista de culpas, crimes e enganos que não se pode encontrar no texto e na inspiração original.

> Por outro, a revelação tem sido progressivamente modelada e reinterpretada de acordo com a prática da cristandade e da igreja... Isso não é apenas um desvio, mas contradição radical e essencial ou verdadeira subversão.[8]

Embora isso pareça exagero, Ellul prossegue sustentando suas conclusões com enervante erudição. A nosso ver, ninguém conseguiu responder a essas perguntas de modo satisfatório. Mesmo assim, não podemos evitá-las se desejamos nos restabelecer como uma igreja autêntica no século 21. Portanto, entre outras coisas, decidimos assumir a tarefa de ir mais fundo nessas questões e continuar a fazer as perguntas que Ellul elaborou.

Essa busca não está limitada ao campo da erudição e da filosofia. Por exemplo, em um âmbito mais popular, Erwin McManus toma um tema semelhante em *The Barbarian Way* (O caminho bárbaro), no qual critica a transformação do cristianismo de força espiritual revolucionária e perigosa em uma "civilização religiosa". E ele tem razão. É essa civilização, associada à religião civil, que Jesus pretendia criar com o movimento a que ele deu início? Sua intenção era produzir uma religião domesticada, com todo um corpo sacerdotal mediador, rituais esquisitos e teologias densas juntamente com todas as outras armadilhas de religiões com conexões ambíguas com a sociedade e a cultura que a cerca? Era essa a intenção de Jesus quando veio proclamar a chegada do Reino de Deus ou quando o véu se rasgou no templo no momento de sua morte?[9]

Afinal, qual é o assunto deste livro? O assunto deste livro é Jesus, com diretas implicações para o nosso discipulado, algumas mudanças radicais para as nossas igrejas e algumas sugestões para a reformulação de nossa espiritualidade. Em resumo: é "rejesusar" a igreja.[10]

---

8 Jacques Ellul. *The Subversion of Christianity.* (Grand Rapids: Eerdmans, 1986): 3.

9 Não concordamos. A ideia de "uma nação sob Deus" é o chamado de Israel e não da igreja. Uma igreja sob Deus é mais apropriada. A igreja é chamada para viver entre as nações, dando testemunho, influenciando, mas nunca dominando.

10 A organização cristã na Inglaterra chamada Rejesus tem um excelente site interativo (ReJesus.co.uk) sobre a vida, o caráter e os ensinos de Jesus e seus seguidores. Recomendamos. (Site em inglês. Acesso em 03/03/2015.)

Tudo se resume a Jesus

Já de início queremos afirmar que cremos que a única forma de nos autenticarmos realmente como uma expressão do cristianismo é, de alguma forma, nos medirmos pela vida e pelos ensinos de Jesus Cristo, nosso Senhor. É para ele que devemos retornar agora se desejamos lidar fielmente com os profundos desafios do século 21. E certamente não é isso que a igreja tenta fazer em cada era e cada contexto? Com certeza, todas as expressões do cristianismo procuram chamar Jesus de Senhor e ter um lugar especial reservado para ele em sua vida e teologia. Poderíamos argumentar que, enquanto, confessionalmente, isso possa corresponder à verdade, a igreja por toda a história luta para moldar concretamente sua vida com a vida e os ensinos radicais de Jesus. Não dizemos isso em tom de crítica, pois estamos conscientes de como é difícil viver uma vida completamente baseada em Jesus. Não é fácil porque o caminho que Jesus nos convida a seguir é inerentemente subversivo contra todas as tentativas de controlar e, por conseguinte, institucionalizar a revelação que ele tão poderosamente nos conduz a trilhar. Em outras palavras, é muito difícil criar uma religião a partir do caminho de Jesus.

Portanto, esse livro é dedicado à recuperação da absoluta centralidade da pessoa de Jesus Cristo na definição de quem somos e do que fazemos. Embora seja difícil, afirmamos que devemos constantemente retornar a Jesus para nos autenticarmos e nos legitimarmos como seu povo. Não possuímos outro "*Punctum Archimedis*" no qual possamos estabelecer nossas coordenadas ou qualquer outro critério pelo qual possamos acessar a perpétua validade de nossa fé e verificar se somos cristãos autênticos. O amor de Jesus e nosso compromisso de viver em conformidade com ele são, com efeito, um mecanismo espiritual interno no coração da teologia e da experiência da igreja que oferece um instrumento de renovação contínua. Parece-nos que um retorno constante a Jesus é absolutamente essencial para qualquer movimento que deseja ser chamado por seu nome.

No entanto, é raro manter uma visão clara do verdadeiro caminho de Jesus, particularmente quando você vive dentro de uma cultura que está muito afastada deste caminho. O missiólogo David Bosch foi criado como um orgulhoso racista africâner perto da cidade de Kuruman, na África do Sul. Olhando com vergonha para seu passado, ele conta como em 1948, o mesmo ano em que entrou na faculdade de pedagogia, o Partido Nacional pró-apartheid foi levado ao poder. Para africâneres como Bosch, "a vitória do partido Nacionalista foi a realização de um sonho. Não tínhamos nenhum tipo de restrição".[11] Foi exatamente nessa mesma época que o jovem David Bosch começou a sentir um forte chamado para o ministério sem perceber conflito algum entre seu apoio ao apartheid e sua fé nos ensinos de Jesus.

Bosch, porém, não é o único teólogo com boas intenções a ser culpado de tal dissonância. No início do século passado, o conhecido historiador Adolf von Harnack comentou: "Há algo tocante no esforço de cada indivíduo de abordar esse Jesus Cristo a partir da perspectiva de sua personalidade e interesses individuais e encontrar nele ninguém mais além de si mesmo ou receber pelo menos uma pequena parte dele".[12] Por "algo tocante" Harnack quer dizer alguma coisa triste, patética ou deplorável. Como um historiador do dogma, ele viu muitos ideais se apoderarem de Jesus, citando-o apenas para justificar toda a sorte de crenças e práticas. Ele se convenceu de que a semente do Evangelho tinha sido encoberta pela palha de conceitos metafísicos estranhos aos ensinos de Jesus. As primitivas histórias de Jesus tinham sido corrompidas pelo dogma oficial da igreja, afirmou Harnack.

Realmente não é difícil encontrar exemplos para apoiar seu ponto de vista. Aqueles que desejam encontrar em Jesus um mero reformador do judaísmo, ou o último dos profetas têm conseguido fazê-lo prontamente. Os que defendem a violência têm-no caracterizado como revolucionário, enquanto Tolstoi e seus discípulos o viram como um mestre da não resistência. Para os estudiosos da New Age, Jesus é o santo de uma ordem esotérica. Aos inimigos da ordem social tradicional, ele é o guerreiro que combate a rotina e para os racistas, Jesus é um galileu ariano. De fato, depois de dez anos de prisão por seu envolvimento nas mortes dos três militantes dos direitos civis, Sam Bowers

11 J. Kevin Livingston. "David Jacobus Bosch", in: *The International Bulletin of Missionary Research* 23/1 (Janeiro 1999): 26–32.

12 Adolf von Harnack. *The Essence of Christianity*, citado em Alexander Men, *Son of Man.* (Torrance, Calif.: Oakwood, 1992): 5.

retornou ao Mississipi para se dedicar ao estudo da vida de Cristo. Em quarenta anos de pesquisa, ele nunca se convenceu de que Jesus fosse qualquer outra coisa diferente do que acreditava que ele fosse quando subiu naquele púlpito em 1964.

O profeta sofredor

Martin Luther King Jr.

Como Jesus anunciando o Reino de Deus, o dr. Martin Luther King Jr. falou profeticamente sobre a possibilidade de uma nova sociedade americana – uma sociedade sem racismo, opressão e violência. Seu icônico discurso "Eu tenho um sonho", expressando sua esperança no futuro dos Estados Unidos da América ecoa Isaías 40.4: *Todo vale será aterrado, e nivelados, todos os montes e outeiros* e Amós 5.24 que não estaremos satisfeitos até que *corra o juízo como as águas; e a justiça, como ribeiro perene*. Sua inflexível posição de não violência, mesmo em face de tremenda provocação, foi influenciada pelo ativismo não violento de Mahatma Gandhi na Índia e deliberadamente expressava os ensinos explícitos de Jesus de dar a outra face e amar seus inimigos. A mensagem de esperança e justiça de Martin Luther King inspirou os afro-americanos a reivindicarem seu lugar à mesa da América, assim como a mensagem de Jesus trouxe esperança aos pobres de sua época. Como um pequeno Jesus, Martin Luther King transformou a sociedade, e seu assassinato em 1968 reflete a morte sacrificial de Jesus. Martin Luther King é um dos dez mártires do século 20 de todo o mundo representado em uma estátua sobre a Grande Porta Oeste da Abadia de Westminster em Londres.

Harnack acreditava que a única resposta ao problema da perda da semente do Evangelho sob a palha das ideias estranhas foi emancipar o Evangelho retornando a sua forma primitiva, libertando-a de séculos de catolicismo supersticioso. E nesse aspecto ele estava certo. Libertar Jesus dos nazistas, dos racistas africâneres e do dogma da igreja é essencial, mas nem Harnack foi capaz de deixar Jesus ser Jesus. Como um líder protestante liberal, ele lançou o que seria conhecido como a "busca do Jesus histórico", crendo sinceramente que, se apenas o Jesus real pudesse ser recuperado, ele seria inspiração para um cristianismo renovado. Hoje, os liberais alemães do século 20, como Harnack, são frequentemente vistos como aqueles que caíram na mesma armadilha em que eles acusaram os outros de serem enganados. Confundidos pelo humanismo liberal de seu tempo e incapazes de escapar dos rigores da nova ciência e história, limitaram sua redescoberta de Jesus a uma figura puramente humana. A busca de Harnack por um Jesus emancipado o levou a um Cristo desprovido de conceitos como revelação, encarnação, milagre e ressurreição, que eram considerados não científicos. Na opinião frequentemente citada do católico George Tyrrell "O Cristo que Harnack vê, olhando para nove séculos de trevas católicas, é apenas o reflexo da face do protestantismo liberal mirando--se em um poço profundo".[13]

Com certeza, o desafio para a igreja de hoje é ser capturada pela agenda de Jesus, em vez de procurar moldá-lo a fim de ajustá-lo às nossas agendas, não importa o quão nobres elas sejam. Reconhecemos que nunca poderemos afirmar que o conhecemos completamente. Todos nós trazemos nossos pressupostos para a tarefa, mas cremos que seja inerente à fé continuar tentando e nunca desistir dessa busca santa. O desafio que está diante de nós é deixar Jesus ser Jesus e permitir que sejamos arrebatados nessa extraordinária missão para o mundo.

Seja pelo grandioso projeto eclesiástico das igrejas institucionais, simbolizado pelos excessos ostensivos do Vaticano, seja pelo confisco espalhafatoso dos corações e mentes da aspirante classe média pelo pentecostalismo ao estilo da prosperidade, o movimento cristão tem sido subvertido. Como um presépio esquecido em um shopping center dominado pelo Papai Noel, personagens da Disney, festão, bugigangas e neve falsa, é difícil encontrar o Jesus bíblico. Jesus, porém, ainda nos chama a virmos e nos juntarmos a ele em uma aventura muito mais arriscada e excitante do que a mera frequência à igreja. Quando lhe é permitido ser como ele aparece nas páginas das Escrituras, Jesus não nos conduzirá ao ódio, violência, avareza, excessos, poder terreno ou riqueza material. Em vez disso, ele nos chama a uma fé existencial genuinamente bíblica que crê nele e não simplesmente em ideias como

13 George Tyrrell. *Christianity at the Cross-Roads.* (Londres: Allen & Unwin, 1963): 49.

as muitas expressões do evangelicalismo. Isso exige um contínuo encontro com Jesus. Isso levantará questões nos caminhos do saber que farão surgir uma verdadeira transformação espiritual, que exploraremos mais adiante neste livro.

E assim, tudo tem a ver com Jesus, com alguma implicação direta para nossas vidas como seguidores de Jesus.

Implicações diretas para o nosso discipulado

Porque este é um livro sobre Jesus, tem que ser também um livro que explora nosso relacionamento vivo com ele. Portanto, tem que tratar também de discipulado – nossa experiência de redenção que ele traz, sendo incorporados dentro de seu corpo, seguindo o seu caminho, nos tornando como ele e abraçando sua causa. Então, qualquer tentativa de "rejesusar" a igreja deve também recuperar um verdadeiro senso da natureza radical e revolucionária do que significa seguir Jesus no contexto ocidental atual. Ser livre em Jesus precisa, de alguma forma, significar que os ídolos do nosso tempo devem se submeter a um sério questionamento. Por exemplo, ser livre em Jesus certamente significará a liberação das cadeias de um predominante e onipresente consumismo de classe média que pesa sobre nós. Ser livre em Jesus significa permitir que Jesus seja Jesus e, fazendo isso, permitir que Jesus desafie nossa religiosidade, nossa autojustificação, nossa avareza ou coisa pior.

Desafios radicais para nossas igrejas

Seguir Jesus terá também implicações para uma religião restringida por formas e expressões institucionais degeneradas. Nesse ponto, este é um livro que tem implicações diretas para a eclesiologia missional (nossa compreensão e prática de igreja). Exploraremos as implicações do amor de Jesus e do segui-lo para a igreja missional ao alvorecer daquele que pode ser o século mais missionalmente desafiador de todos. Pelo fato de que estamos preocupados principalmente com a maneira pela qual Jesus molda nossa missão e nossa experiência de igreja, cremos que, se não lidarmos com a cristologia, como poderemos trazer para a missão, até mesmo, e talvez especialmente, uma visão correta de eclesiologia? Quantos assim chamados novos movimentos a igreja protestante tem visto na história recente? Seja o pentecostalismo, teorias de crescimento de igreja, o movimento carismático da terceira onda, o movimento paraeclesiástico, a multiplicação rápida de igrejas, a igreja emergente, a igreja simples ou o movimento Passion, muitos deles têm apresentado novas formas de se fazer igreja. De nosso ponto de vista, isso é colocar o carro diante dos bois. Vamos acertar nossa cristologia e, então, ousar colocar todos os nossos anseios profundamente arraigados de como fazer uma igreja a seu serviço, e não vice-versa.

Estamos fundamentalmente alinhados com os propósitos e vontade de Jesus para sua comunidade na terra? Esta é uma boa pergunta e precisamos fazê-la nesse momento crítico da história. Quando dirigimos essa pergunta a nosso fundador, achamos a resposta um pouco perturbadora. O único meio que possuímos para propor uma resposta viável é comparar a 'religião' de Jesus com a religião dos cristãos para ver se elas coincidem. De que outra forma poderíamos avaliar nossa autenticidade? Se desejarmos tomá-lo como o protótipo cristão e se, afora os aspectos singularmente messiânicos de sua obra, devemos tomar suas palavras e ações como exemplo e autoridade para todos os seguidores em todo lugar, não nos resta outra opção a não ser fazer essa perigosa comparação. De fato é perigoso, porque cremos que tal comparação revelará que a igreja está do lado errado do tipo de religião e espiritualidade bárbara de Jesus, precisamente porque sua forma de espiritualidade dificilmente pode ser considerada civilizada. Devemos ser chamados de subversivos por tudo aquilo que se chama civilizado. É o que Ellul chama de "antirreligião". Jesus enfraquece o status quo que não está edificado sobre as exigências totalmente abrangentes do Reino, e isso precisa colocar em discussão muito de nossos códigos religiosos, instituições e comportamento.

Algumas sugestões de reformulação da nossa espiritualidade

Pelo fato deste livro ser a respeito de Jesus, também é, portanto, um livro que explora a natureza da espiritualidade e adoração cristã em nosso contexto. Se Jesus é nosso ponto central, nosso guia e mediador entre a humanidade e Deus, não podemos passar ao largo das implicações que isso terá para nossa espiritualidade.

Justo perdão

Fannie Lou Hammer

Filha de arrendatários da zona rural do Estado do Mississipi, Fannie Lou Hamer alcançou proeminência como ativista afro-americana do movimento pelos direitos civis nos anos 1960. Como outros ativistas, Fannie era profundamente espiritual e, como um pequeno Jesus, defendeu os desprivilegiados e perdoou aqueles que a perseguiram. Em 1962, aos quarenta e quatro anos compareceu a um comício patrocinado pelo Comitê Coordenado de Estudantes pela Não Violência (SNCC, uma organização dedicada à luta pelos direitos civis através da desobediência civil). Inspirados por aquelas ideias, ela e seu marido foram se registrar para a eleição. No caminho Fannie cantava hinos como "Go Tell It on the Mountain" (Falai pelas montanhas) e "This Little Light on Mine" (Minha pequena luz). Por isso, ela e o marido foram despejados de sua casa e Fannie perdeu o emprego. No entanto, sua tenacidade também atraiu a atenção da SNCC, que a recrutou como secretária de campo. No ano seguinte, ela foi presa juntamente com três outros ativistas sob falsas acusações, sofrendo espancamento quase fatal nas mãos da polícia. Fannie, porém, cantava hinos e se recusou a odiar seus carrascos. "Não adiantava nada odiar os brancos só porque eles me odeiam", explicou. Pelos quinze anos seguintes até sua morte, Fannie continuou seu trabalho no Movimento pelos Direitos Civis. Ela participou da organização do *Mississipi Freedom Summer* (Verão de liberdade do Mississipi) de 1964 e foi delegada nas Convenções Democráticas Nacionais em 1964 e 1968, sempre colocando sua fé na justiça bíblica de sua causa. Ela ficou conhecida pela frase: "Estou cansada de ficar cansada". Afirmava que não era suficiente dizer: "Eu sou cristão". "Se você não está colocando isso à prova na prática, é hora de parar de falar sobre ser cristão".

É verdade que Jesus é como Deus, mas a verdade maior, uma verdade mais próxima da revelação de Deus que Jesus nos apresenta, é que Deus é como Cristo. Como A. Michael Ramsey, ex-arcebispo anglicano, percebeu, "Deus é semelhante a Cristo e nele não há nenhuma diferença de Cristo".[14] Nas palavras de Jesus "*Quem me vê a mim vê o Pai [...] Não crês que eu estou no Pai e que o Pai está em mim?*" (Jo 14.9; 1.14,18). Isso tem enormes implicações para nós, especialmente sobre o nosso entendimento de Deus, mas não exaure a extensão da revelação que encontramos em Jesus porque ele não somente redefine nosso conceito de Deus, mas também nos mostra a perfeita expressão da humanidade como era a intenção de Deus. Em outras palavras, ele modela para nós o que um verdadeiro ser humano deveria ser. Portanto, focar nosso discipulado em Jesus nos obriga a levar a sério as implicações de segui-lo, de nos tornarmos como ele é. Isso estabelece os parâmetros de nossa espiritualidade. Isso reconhece que Jesus, como nosso modelo, nosso mestre e nosso guia é normativo para a vida cristã. Ele é o padrão pelo qual medimos a nós mesmos, a qualidade de nosso discipulado e, portanto, a nossa espiritualidade.

Se o coração da espiritualidade cristã é tornar-se gradativamente como nosso fundador, então uma autêntica compreensão de Jesus se torna crítica. Por demasiadas vezes o ponto central de nossa vida corporativa e individual se move de seu verdadeiro centro em Jesus, resultando em várias anomalias em nossa espiritualidade. Uma verdadeira expressão cristã se molda em Jesus e é o inequívoco alvo de Deus nos fazer ser mais como seu Filho. De fato, esse é o nosso destino eterno: *para serem conformes à imagem de seu Filho* (Rm 8.29). Em seu livro *Caminhos esquecidos*, Alan chama isso de a "conspiração dos pequenos Jesuses" e cremos que ela é fundamental para os planos e propósitos de Deus para seu mundo.

Se isso nos preocupa, se achamos que isso poderia de alguma forma prejudicar o delicado equilíbrio da ecologia de nossa espiritualidade, talvez possamos recompor a questão trazendo-a em forma de pergunta: Se Jesus é humanidade aperfeiçoada – a imagem humana de Deus – quão maus nos tornaremos se nos tornássemos como ele? O mundo

14 A. Michael Ramsey. *God, Christ and the World: A Study in Contemporary Theology.* (Londres: SCM, 1969): 99.

não seria um lugar melhor se houvesse "pequenos Jesuses" por aí? Portanto, nos atinge como um assunto de fundamental importância para nossa humanidade, nossa espiritualidade e nosso testemunho, que regularmente obtenhamos uma perspectiva mais verdadeira do ponto central e definitivo de nossa fé.

Finalmente, fazendo isso, esperamos poder, de alguma forma, restaurar a cristologia para a igreja em geral, fazê-la aplicável a todo o povo de Deus, pois por tempo demais a cristologia tem sido o reduto de cristãos acadêmicos e profissionais, que parecem estar muito mais preocupados com um exame de como o divino e o humano estão relacionados na pessoa de Jesus do que com os detalhes de sua vida ou o conteúdo de seus ensinos e visão. Enquanto os teólogos tentaram usar a filosofia e a ontologia especulativa para explorar as duas naturezas de Cristo, a cristologia se tornou algo como uma ciência complexa que, com efeito, exclui a pessoa teologicamente não iniciada. Quando o estudo da extraordinária vida e ensinos de Jesus se torna território exclusivo de teólogos e religiosos profissionais, quando é realizado abstratamente e divorciado de nossas preocupações diárias e do contexto missional da igreja, ele tende a degradar a vitalidade de nosso cristianismo. O sistema que historicamente temos construído para tentar sondar a natureza de Cristo alcança proporções gnósticas e leva anos para ser compreendida de forma significativa. Apenas umas poucas pessoas muito inteligentes podem fazê-lo e o efeito cascata é devastador para a igreja como uma agência do Reino de Deus. Essa é a nossa preocupação, porque o elo vivo entre Jesus e seu povo jamais deverá ser dissolvido ou colocado além do alcance do cristão normal. Fazer isso é desligar a igreja de sua real fonte de vida (Jo 7.38). Certamente qualquer perda de uma direta e fundamentada compreensão de Jesus não deveria ser uma causa importante na degeneração do cristianismo em qualquer tempo e lugar?

Dessa forma, propomos uma redescoberta da cristologia que envolve uma preocupação com o exemplo e os ensinos de Jesus com o propósito de ser imitado por seus seguidores. Alguns dirão que essa imitação é uma tarefa difícil de ser realizada em geral e impossível no tocante a pontos específicos como sua morte e ressurreição redentoras, seus milagres e seu julgamento dos injustos. Certamente, eles argumentam, não podemos morrer pelos pecados dos outros ou julgar suas obras. E é aqui que necessitamos de uma cristologia bem mais rica do que aquela que nos tem sido oferecida no passado. Para nós, a cristologia é o estudo e o exame do completo fenômeno de Jesus, incluindo sua pessoa, sua obra e seus ensinos com o propósito de determinar de que maneiras os vários elementos de sua vida e atividade podem ser imitados por seres humanos pecadores. Por exemplo, não podemos morrer pelos outros, como Jesus fez, mas podemos nos oferecer sacrificialmente ao serviço de outros. Paulo compara os maridos amando suas esposas com Jesus morrendo pelos nossos pecados. Uma cristologia funcional nos ajudaria a entender Jesus melhor e oferecer as ferramentas para adequar seu exemplo às nossas vidas.

Portanto, este não é um livro sobre avivamento pelo avivamento em si, nem é um livro de cristologia como uma disciplina estritamente teológica. É uma tentativa de reinstalar o papel central de Jesus na vida espiritual contínua da fé e na vida e missão do povo de Deus. Mais especificamente, é uma tentativa de recalibrar a missão da igreja em torno da pessoa de Jesus. Este livro, portanto, é um trabalho de cristologia missional, se é que isso existe. É uma tentativa de revisar e revitalizar nossa visão de Jesus como Senhor da história e da igreja contra a qual, somos lembrados, as portas do inferno não prevalecerão (Mt 16.18). Em resumo, nada mais é do que "rejesusar" a igreja.

1

Como Jesus muda todas as coisas

"Jesus é Senhor" é uma declaração radical. Ela está definitivamente enraizada em questões de lealdade e da autoridade suprema da norma e padrão absolutos para a vida humana. No entanto, o cristianismo tem procurado aliar-se confortavelmente a outras autoridades, sejam elas políticas, econômicas, culturais ou étnicas.

— Lee Camp

Da mesma forma, a Igreja existe para nada mais do que atrair os homens a Cristo, torná-los pequenos Cristos. Se não estamos fazendo isso, todas as catedrais, o clero, as missões, os sermões, e até a própria Bíblia, são apenas uma perda de tempo. Deus se fez homem com nenhum outro propósito. É até discutível se todo o universo foi criado para algum propósito. A Bíblia diz que o universo inteiro foi criado para Cristo e que tudo deve ser reunido em torno dele.

— C. S. Lewis

A fim de descobrirmos o Jesus bíblico, é essencial darmos um passo que muitos cristãos parecem achar doloroso, isto é, nos prontificarmos a ler os Evangelhos com o propósito de imitarmos Jesus. Parece que uma boa criação na igreja faz maravilhas por você, mas um de seus aspectos lamentáveis é que ela também lhe convence que Jesus precisa ser adorado, mas não seguido. Em seu trabalho anterior, *Exiles* (Exilados), Michael afirmou que o retrato cristão tradicional do Jesus com pele de porcelana tem impedido nossa capacidade, e mesmo nosso desejo, de realmente ser como ele.[15] *Nós prontamente reconhecemos que nenhum de nós tem dentro de si a força, a graça, a coragem e a imaginação para ser realmente como Jesus. É uma causa perdida.* Mas é uma causa perdida dignificada pelo perdão e graça demonstrados a nós pela morte de Jesus em nosso favor. Morrendo por nós para nos libertar do castigo de nossa pecaminosidade, ele não anula o chamado para realizar boas obras e viver uma vida santa. Pelo contrário, ele nos eleva de uma tentativa sem fim e inútil de impressionarmos Deus para a alegre aventura de desfrutarmos a presença de Cristo, imitando-o. Procurar imitar Jesus não é tolice. Quando a tarefa é assumida por aqueles que sabem que estão perdoados por todos os seus caminhos nos quais fracassarão, é uma ousada façanha!

Defendendo esse mesmo ponto de vista, M. Scott Peck em seu livro *Further Along the Road Less Traveled* (Avançando na estrada menos percorrida) recorda um episódio em que o teólogo batista Harvey Cox estava discursando em uma convenção de obreiros cristãos na área da saúde – pastores, terapeutas, enfermeiros, médicos – da qual Peck participava. Durante a palestra Cox falou sobre a ressurreição da filha de Jairo, em Lucas 8. Na conhecida passagem, enquanto Jesus e seus companheiros se dirigiam para a casa da filha morta de Jairo, uma mulher que sofria há anos de hemorragia se infiltra na multidão e toca as vestes de Jesus na esperança de que ela também fosse curada. Jesus olha em volta e pergunta quem o tocou. Temerosa, a mulher se acusa timidamente e Jesus, compadecido por ela ter suportado anos de sofrimento indizível, a cura e continua seu caminho para a casa da menina já morta. Jesus, então, prontamente traz a criança de volta à vida.

Tendo relatado a história (sem dúvida muito mais detalhadamente do que fizemos), Cox perguntou à audiência de mais de seiscentos obreiros cristãos e terapeutas com que personagens na história eles mais se identificavam. A mulher com hemorragia? O pai ansioso? A multidão curiosa? Ou Jesus? Cerca de cem pessoas puderam se identificar com a mulher desesperada, algumas centenas se identificavam com Jairo, cuja filha estava morrendo e a maioria

15 Frost, *Exiles*, 28–49.

se identificava com a multidão. Apenas seis, sim, seis pessoas puderam se identificar com Jesus.

A intenção de Peck ao contar essa experiência foi demonstrar que há alguma coisa seriamente errada com os cristãos quando apenas um, em cada cem se identifica com Jesus. Ali estava a história de Jesus, aquele que curava, sendo relatada a pessoas que viviam para curar pessoas, mas quase nenhuma delas se identificava com Jesus. Será que o fizemos tão divino, tão fora deste mundo que não podemos mais nos identificar com ele? Peck sugeriu que isso nos leva à desculpa de que não se deve realmente esperar que sigamos Jesus porque temos uma percepção de nós mesmos muito aqui embaixo e Jesus lá em cima, além de qualquer identificação. Diz Peck: "É exatamente isso que devemos fazer! Devemos nos identificar com Jesus, agir como Jesus, ser como Jesus. É isso que os cristãos[16] devem ser: uma imitação de Cristo".

Fazendo Cristo parecer um ser do outro mundo e até etéreo, a igreja inadvertidamente o coloca como um exemplo e guia fora de nosso alcance como exemplo. Ainda que Jesus rotineiramente chamasse pessoas a segui-lo, a igreja tem frequentemente representado esse seguir em termos puramente metafísicos ou místicos. Nós podemos seguir Jesus "em nosso coração", mas não necessariamente com nossas ações. Mesmo depois do fenomenal sucesso da campanha "Em seus passos o que faria Jesus?", na qual os cristãos são encorajados a fazer essa pergunta antes de qualquer ação, parece que os cristãos estavam mais interessados em fazer a pergunta do que fazer o que Jesus faria. Temos pasteurizado e domado Jesus, encaixotando-o em uma teologia abstrata. Como resultado, temos removido nossa motivação para o discipulado. Quando Jesus é apenas a verdadeira luz da verdadeira luz e não carne e osso, somos chamados somente para adorá-lo, não para segui-lo.

Nesse famoso conto de Charles Sheldon, um dos personagens, o reverendo Henry Maxwell encontra um mendigo que o desafia a levar a sério a imitação de Cristo. O sem-teto tem dificuldade de entender por que, em seu ponto de vista, tantos cristãos ignoram o pobre:

16 M. Scott Peck. *Further Along the Road Less Traveled: The Unending Journey Toward Spiritual Growth.* (Nova Iorque: Simon and Schuster, 1993): 210.

> Ouvi algumas pessoas cantando na reunião de oração outra noite:
>
> *Tudo por Jesus, tudo por Jesus,*
> *Todos os poderes redimidos do meu ser,*
> *Todos os meus pensamentos, e todas as minhas ações*
> *Todos os meus dias, e todas as minhas horas.*
>
> Fiquei pensando, sentado na escadaria da igreja o que eles queriam dizer com isso. Me parece que existem muitos problemas no mundo que não existiriam se todas as pessoas que cantam canções como essas vivessem colocando-as em prática. Não entendo. Mas o que Jesus faria? É isso que significa seguir seus passos? Às vezes parece que as pessoas nas grandes igrejas têm roupas boas e casas bonitas para morar, dinheiro para gastar em luxo e viagens de férias e tudo mais, enquanto as pessoas de fora das igrejas, milhares de pessoas, morrem de frio, andam nas ruas procurando emprego, nunca tiveram um piano ou um quadro pendurado na parede e crescem na miséria, na bebedeira e no pecado.[17]

Isso leva muitos personagens à pergunta: "Em seus passos, que faria Jesus?" diante de alguma decisão importante. Tem o efeito de fazer os personagens levarem mais a sério o fato de que Jesus é a essência da consciência cristã.

A dificuldade da igreja de hoje não é encorajar as pessoas a perguntarem o que Jesus faria, mas fazer com que elas se livrem de suas ideias domesticadas e pasteurizadas sobre Jesus a fim de responderem essa pergunta. Jesus era um homem radical. Ele era uma ameaça à segurança do estabelecimento religioso. Foi batizado por um homem radical. Inaugurou seu ministério passando tempo em companhia de animais selvagens no deserto. Enfrentou imperturbável uma terrível tempestade que jogava seu barco em uma excursão pelo lago e a fúria dos demônios dos gadarenos. E quando ele trouxe paz a ambas as situações, em nenhuma delas Jesus pareceu exasperado ou assustado pelas circunstâncias. Havia um poder indomável dentro dele. Até mesmo sua narrativa frequentemente caracterizada pela igreja de hoje como contos de fundo moral morno eram perigosas, subversivas e misteriosas. Se sua resposta à pergunta "O que Jesus faria?" for convencional,

17 Charles Sheldon. *Em seus passos o que faria Jesus?* (São Paulo: Mundo Cristão, 2011.) Originalmente publicado em 1896, esse livro foi traduzido para vinte e um idiomas em 1935. Ele foi a base de uma campanha global para tomar Jesus como guia e modelo que se tornou conhecido como o movimento WWJD (O que faria Jesus?).

segura, respeitável e refinada, suspeito que você não tenha encontrado essa resposta nos Evangelhos.

Como Terry Eagleton diz: "[Jesus] está presente [nos Evangelhos] como um sem-teto, destituído de propriedades, peripatético, socialmente marginalizado, desprezado pelos parentes, desocupado, amigo de proscritos e párias, avesso a posses materiais, sem temer por sua própria segurança, uma pedra no sapato do status quo e uma praga para os ricos e poderosos"[18].

O processo de "reJesusar" a igreja começa com a redescoberta da vida impetuosa e chocante de Jesus. Muita gente se distancia da igreja porque o objeto de nossa fé parece fraco e insípido. Isso nos faz lembrar a repreensão feita pelo arcebispo que teria dito: "Em todo lugar aonde Jesus ia havia um tumulto. Em todo o lugar que eu vou me oferecem uma xícara de chá".

Essa foi a experiência do roqueiro punk, roteirista e novelista Nick Cave. Escrevendo uma introdução ao Evangelho de Marcos, Cave conta que, quando era jovem, o Jesus que lhe foi apresentado na igreja era anêmico e desinteressante. Quando se interessou pela Bíblia, concentrou virtualmente toda a sua atenção no Antigo Testamento atraído pela violência e senso de vingança. O que não é de se admirar, já que era um punk. Mais tarde, um sacerdote anglicano sugeriu que lesse o Evangelho de Marcos e Cave ficou surpreso pelo Jesus que descobriu naquelas páginas:

> O Cristo que a igreja nos oferece, o "Salvador" pacífico e sereno – o homem sorrindo benignamente para um grupo de crianças ou calma e serenamente pendurado na cruz – nega a Cristo seu grande e criativo sofrimento ou sua raiva fervente que nos confronta tão poderosamente em Marcos. Dessa forma, a igreja nega a humanidade de Cristo nos apresentando uma figura que podemos, talvez, "adorar", mas nunca nos identificar.[19]

A introdução de Cave ao Evangelho de Marcos é lindamente escrita e profundamente comovente. Ele escreve sobre "aquela parte de mim que vaia, fala mal e cospe no mundo" inicialmente tendo prazer no "maravilhoso e terrível" livro, o Antigo Testamento, antes de se suavizar mais

18 Terry Eagleton. "Was Jesus Christ a Revolutionary?", in: *New Internationalist*, 1º de maio, 2008, 24.

19 Nick Cave. *Evangelho Segundo São Marcos* com introdução de Nick Cave. (Rio de Janeiro: Objetiva, 1999.)

tarde na vida. "Você não encontra mais consolo assistindo a um Deus vingativo atormentando uma humanidade miserável quando você aprende a se perdoar e a perdoar o mundo", diz ele sendo um pouco injusto com o Antigo Testamento. De qualquer forma, depois de todas aquelas histórias sangrentas ele estava recuperado e bem pronto a se encontrar com Jesus. E encontrou-se com ele vendo Jesus em Marcos com uma nova perspectiva que muitos cristãos experientes muitas vezes deixam de perceber:

Praticando uma misericórdia perigosa

Sheila Cassidy

Um único ato de compaixão alterou o curso da vida de Sheila Cassidy. Em 1975 enquanto exercia medicina no Chile durante a opressão do regime Pinochet, a jovem australiana ofereceu cuidados médicos a um dos oponentes políticos do ditador. Presa pela polícia secreta chilena, Sheila foi severamente torturada para fornecer informações sobre as forças contrárias ao governo. Sua experiência horripilante não enfraqueceu essa católica, mas tornou-se o catalisador para toda uma vida de ativismo em favor dos direitos humanos. Depois de sua libertação, Sheila se mudou para o Reino Unido, onde atraiu a atenção para os abusos contra os direitos humanos no Chile publicando sua história e escrevendo um livro, *Audacity to Believe* (Audácia de crer). Ela também passou um período de retiro em um mosteiro e um convento antes de retornar a sua vocação de médica em 1980. Sheila continuou a atuar na defesa dos direitos humanos para aumentar a oposição internacional contra a tortura de prisioneiros políticos. Participou ativamente também do movimento para a saúde mental, servindo como Diretora do Hospital São Lucas para Doentes Mentais em Plymouth, Inglaterra, por quinze anos. Como uma verdadeira pequena Jesus, Sheila Cassidy emergiu de sua tortura e prisão para um ministério profundamente comprometido com a vida e a paz.

> A humanidade essencial do Cristo de Marcos nos oferece um padrão para nossas próprias vidas, para que tenhamos algo pelo que ansiar, em vez de reverenciar. Algo que possa nos elevar do mundanismo de nossas existências em vez de afirmar a ideia de que somos inferiores e indignos. Apenas adorar Jesus em sua perfeição nos mantém de joelhos com nossas cabeças piedosamente curvadas. Claramente não é isso o que Cristo tem em mente. Cristo veio como libertador. Ele entendeu que nós, humanos, estávamos para sempre presos ao chão pela força da gravidade – nossa mediocridade, nosso mundanismo – e foi através de seu exemplo que ele concedeu a nossa imaginação a liberdade de nos levantarmos e voar. Em resumo, ser como Cristo.[20]

Cave não é um teólogo e não finge ser, mas está certo em alguns aspectos. Veja o que acontece naqueles encontros nos Evangelhos – a mulher hemorrágica, Jairo, a mulher no poço, Maria Madalena, Pedro, Tomé – todos foram elevados por ele, transformados, fortalecidos, renovados. Jesus os ensina como viver, não somente como adorar. Hoje, precisamos aceitar Jesus como nosso guia, assim como nosso Salvador. Apenas um Salvador humano como aquele que é retratado nos Evangelhos poderia ser nosso guia.

Muito antes de Cave escrever isso, outra escritora explorou a humanidade essencial de Jesus. O prodigioso talento de Dorothy L. Sayers encontrou na história de Cristo material mais do que suficiente para ocupar sua atenção. Sayers, originalmente uma executiva da área de propaganda, é provavelmente mais lembrada por suas histórias de detetives, ambientadas entre as Grandes Guerras e tendo como personagem principal um aristocrata inglês e detetive amador, Lord Peter Wimsey. Embora ela preferisse ser conhecida por sua magistral tradução da Divina Comédia, os cristãos parecem conhecê-la apenas por sua novela de rádio de 1941, *The Man Born to be King* (O homem que nasceu para ser rei), a dramatização da vida de Jesus. A redação dessa peça não foi o único momento em que ela voltou sua atenção para Jesus. Sua correspondência pessoal está cheia de referências a ele, tanto que não é difícil concluir que ela era obcecada por Jesus. Confessava abertamente estar em busca de uma compreensão mais profunda e adequada de sua essência, seu caráter e sua missão,

20 Ibid.

afirmando que esse entendimento era a "diferença entre o pseudo-cristianismo e o cristianismo".[21]

Para Sayers, uma apreciação do Jesus de vitral não era suficiente para satisfazê-la. Ela precisava encontrar-se com o verdadeiro Jesus. O "Salvador pacífico e sereno" contra o qual Nick Cave se rebelou a repelia tanto quanto a ele. Na introdução da versão publicada de *The Man Born to be King*, ela aborda a importância de se conectar com um Messias de carne e osso:

> O escritor do Evangelho realista brinca [...] é trazido face a face com o "escândalo de particularidade". *Ecco homo* – não apenas o "Homem em geral" e "Deus a sua maneira", mas também "Deus em sua existência", e esse Homem, essa pessoa de uma alma racional e carne humana subsistindo, que andou e falou aqui e ali, cercado não por tipos humanos, mas por aqueles indivíduos. A história da vida, assassinato e ressurreição de "Deus no Homem" não é apenas o símbolo e o epítome das relações de Deus e o homem através do tempo; é também uma série de eventos que aconteceram em um ponto particular no tempo.[22]

Embora pessoas como C. S. Lewis, que lia *The Man Born to be King* toda Páscoa, apreciassem a tentativa de Sayers de descrever Deus "em sua existência", não "a sua maneira", muitos frequentadores de igreja acharam seu retrato de Jesus vulgar e descabido. A resposta de Sayers a um ouvinte que telefonou para criticá-la depois da sua peça de Advento, *Aquele que Devia Vir*, ir ao ar em 1939, resumiu sua abordagem:

> Se você convivesse tanto quanto eu com pessoas para quem a história do Evangelho parece ser nada mais do que um conto de fadas, saberia quanto de sua desdenhosa indiferença ocorre em razão de um único fato: nem por um momento elas a viram como um fato real ocorrido com pessoas vivas. Nem tampouco, realmente estão completamente convencidas de que os cristãos creem em sua realidade.[23]

Você não gostaria de cruzar com Sayers quando ela estava em pleno voo! Mas sua premissa é consistente. Até os filmes de Martin Scorcese, *A Última Tentação de Cristo*, e de Mel Gibson, *A Paixão de Cristo*, todas as versões cinematográficas da vida de Jesus o retratavam como

21 Citado em Laura Simmons, *Creed Without Chaos: Exploring Theology in the Writings of Dorothy Sayers*. (Grand Rapids: Baker, 2005): 78.

22 Dorothy L. Sayers. *The Man Born to Be King*. (Londres: Victor Gollancz, 1955): 21.

23 Simmons, *Creed Without Chaos*, 79.

uma pessoa digna e imperturbável. Ao Cristo crucificado eram dadas umas poucas manchas de sangue na sobrancelha, os pelos das axilas eram raspados e sua tanga estava firme no lugar. Parece que essa era a versão favorita da igreja. O argumento de Sayers era que enquanto o mundo via a igreja que preferia um Salvador pasteurizado, ele não tinha outra escolha além de concluir que as histórias sobre Jesus eram mitos e lendas, e não referências a uma encarnação histórica de Deus na humanidade. Enquanto a história cristã central fosse apenas um mito, não faria nenhuma exigência a respeito das vidas dos cristãos, nem dos incrédulos. Como Robin Hood ou os Cavaleiros da Távola Redonda, os Evangelhos podem ter ensinado um código moral, mas não nos apresentavam esse homem, essa pessoa que exige ser o guia da minha vida. A isso Sayers chama de "escândalo da particularidade" e permanece um escândalo até hoje.

Mas onde está o Jesus escandaloso nas igrejas de hoje? Onde está o Jesus que ridicularizou a elite religiosa (Lc 20.32-36), que provocou uma mulher cananeia (Mt 15.21-28), que escapou de ser preso (Jo 7.32-36), que elogiou a fé de um pagão (Mt 8.5ss), que esperou dias para ressuscitar Lázaro (Jo 9), que prometeu não paz, mas espada (Mt 10.34ss)? Para "reJesusar" a igreja, precisamos conduzir os cristãos em uma jornada de redescoberta, uma peregrinação até Jesus, para ver o que ele viu. Isso incluirá aceitar esse escândalo de particularidade.

Ser cativado por Jesus

O que significa, então, ser cativado pela agenda de carne e osso de Jesus? Afirmamos que uma redescoberta do Jesus bíblico transformará radicalmente nossa visão de Deus, da igreja e do mundo. Além disso, cremos que permitindo que Jesus nos transforme nessas três áreas, estaremos mais bem equipados para "reJesusar" as igrejas de que fazemos parte. Obviamente, isso envolve uma prontidão de nossa parte para resistir a capturar Jesus a fim de alcançar nossos próprios fins ou moldá-lo para encaixá-lo em nossas agendas teológicas ou políticas. Isso envolve uma exaustiva tentativa de enxergar a realidade como Jesus a enxerga: ver de fato através de seus olhos.

Através dos olhos de Jesus, veremos Deus de forma diferente, não mais como uma figura paterna indiferente e distante, mas através do paradigma da *missio Dei* para encontrar o Deus enviado e enviador. Em segundo, veremos a igreja de maneira diferente; não mais como uma instituição religiosa, mas como uma comunidade de seguidores de Jesus dedicados a participar de sua missão. Chamamos a isso de *participatio Christi*. E em terceiro, através dos olhos de Jesus veremos o mundo de forma renovada; não simplesmente como caído e depravado, mas como aqueles que levam a marca da *imago Dei*, a imagem de Deus.

Aqueles que forem cativados pela visão de Cristo devem estar preparados para uma reintegração dos conceitos teológicos de *missio Dei, participatio Christi* e *imago Dei*. Esses três conceitos são fundamentais para uma redescoberta de prática missional em nosso tempo. Eles também são essenciais para que possamos "reJesusar" a igreja no Ocidente.

Você verá Deus de maneira diferente

Quando nossa imaginação é cativada por Jesus, vemos Deus de maneira diferente. Em vez de vê-lo como um pai amoroso, porém distante, que nos chama a si e direciona os assuntos da história do alto, começaremos a ver Deus próximo, integralmente envolvido em nossas vidas, como aquele que envia a si mesmo a nós em vez de esperar que venhamos a ele. A expressão em latim *missio Dei* é usada para descrever mais a natureza divina de Deus do que simplesmente a natureza prática da missão cristã. A esse respeito, o termo é mais bem traduzido como "o Deus de missão" em vez de "a missão de Deus". Cunhado por Karl Hartenstein nos anos 1950, o termo tornou-se corrente por colocar a ideia de missão junto à doutrina de Deus e não à doutrina da igreja. Frequentemente falamos de missão como função da obra da igreja nesse mundo, mas Hartenstein estava ansioso para que a igreja entendesse que a missão pertence a Deus e descreve sua obra. Nós, a igreja, nos tornamos parceiros naquilo que Deus está fazendo, mas a iniciativa jamais é apenas nossa. Aqueles que foram cativos por Jesus veem a missão não apenas como uma prática preferida por Deus, mas como um aspecto de seu próprio caráter. Ele é missão. É indispensável ao entendimento da natureza de Deus a compreensão de que Deus não pode deixar de ser missão. Ele habita a missão como parte da própria substância de sua personalidade. De fato, ele é tanto o Deus enviado quanto o Deus enviador.

Em João, capítulo 5, Jesus cura um paralítico no sábado e provoca a ira dos líderes judeus por, de acordo com a visão deles, desconsiderar a lei de Moisés. Em sua defesa, Jesus apela para uma lei superior à de Moisés. Ele apela para a doutrina da *missio Dei*, embora nunca tenha usado esse termo, quando diz: "*Meu Pai trabalha até agora, e eu trabalho também*" (5.17). Em outras palavras: "Vocês fariseus podem recusar-se a trabalhar aos sábados, mas Deus é incessante em sua atividade redentora, não importa o dia ou a hora". Naturalmente os fariseus acharam ultrajante, não somente por ele estar ignorando o sábado, mas por se igualar no trabalho missional de Yahweh. E Jesus continua fazendo uma afirmação ainda mais provocativa: "*Em verdade, em verdade vos digo que o Filho nada pode fazer de si mesmo, senão somente aquilo que vir fazer o Pai; porque tudo o que este fizer, o Filho também semelhantemente o faz*" (5.19).

Nada poderia ser mais escandaloso! Efetivamente, Jesus está afirmando ser cativo da *missio Dei*, atendendo somente à atividade missional de seu Pai, independentemente das interpretações bitoladas da lei hebraica. Essa assombrosa declaração, que ele não estava operando com suas próprias forças ou com base em sua própria estratégia, mas inteiramente sob o impulso do Pai enviado e enviador, é um desafio para nós. Se afirmarmos ser seguidores de Jesus, devemos nos comprometer a estar no mesmo time que a *missio Dei*.

Mais tarde, em João 8, após uma longa discussão sobre sua unidade com o Pai e o significado de sua morte, Jesus conclui: "*E aquele que me enviou está comigo, não me deixou só, porque eu faço sempre o que lhe agrada*" (8.29). Anteriormente, ele tinha se referido ao seu envio pelo Pai (Jo 8.16), mas poderia ter sido interpretado como se estivesse dizendo que contava com o apoio do Pai em seus relacionamentos com as pessoas. No versículo 29, ele reitera que não está só, mas aqui deixa claro que está falando a respeito da presença pessoal do Pai com ele em todo o tempo, inclusive naquele momento. Embora seus seguidores possam desertá-lo, como muitos o fizeram (Jo 6), ele está afirmando que nunca será abandonado pelo Pai. Aqui temos um vislumbre do mistério das relações entre o Pai e o Filho, pois o Pai envia o Filho e, mesmo assim, está presente com o Filho. O envio se refere à encarnação e a presença se refere às relações eternas. Em outras palavras, o Pai é o enviador e o enviado.[24]

Imitatio Christi

Janani Luwum

Janani Luwum assumiu sua vocação como pequeno Jesus, imitando o Senhor até a morte. A Igreja Anglicana o nomeou arcebispo de Uganda, Rwanda, Burundi e Boga-Zaire em 1974, durante o regime assassino de Idi Amin em Uganda. Tomando o poder em um golpe em 1971, Amim e seus esquadrões foram responsáveis por mais de 300 mil mortes. Amin destruiu a economia enquanto amealhava fortuna para si e seus amigos. Em 1976, Luwun marcou uma reunião com líderes católicos e muçulmanos na qual aprovaram uma resolução deplorando as atrocidades de Idi Amin. Ao fazer isso, Luwun sabia que estaria marcado para morrer. Conscientemente, ele tinha iniciado sua *Imitatio Christi*. Quatro dias antes de sua prisão, Luwun encontrou-se com seus bispos pela última vez e compartilhou com eles a passagem do Evangelho em que Jesus acalma a tempestade, comparando-a com a tempestade política que enfrentavam e conclamando-os a confiar na presença tranquilizadora de Jesus. "Eles vão me matar. Não estou com medo", confidenciou. Depois de ser violentamente espancado e estuprado, o arcebispo foi fuzilado e morto. Há rumores que o próprio Amin tenha disparado os tiros finais. Sua morte foi noticiada como consequência de um acidente de carro. A humilhação e o sofrimento de Luwun encarnam a paixão de Jesus. Como Martin Luther King Jr., Luwun é reverenciado como um mártir do século 20 na Abadia de Westminster.

24 Veja Agostinho *Em João 35.5; 36.8; 40.6* e Crisóstomo *Em João 53.2*.

Observe, porém, que Jesus ressalta que a presença do Pai se apoia no compromisso do Filho em fazer tudo o que lhe agrada. Dessa forma, Jesus revela a primazia da *missio Dei* – o Pai missionário. Tudo o que existe, até mesmo o Filho e o Espírito em suas existências não criadas, são dependentes do Pai como a fonte de toda a vida. Toda a vida é uma expressão da vida do Pai. Fazer o que agrada a Deus não é simplesmente uma questão de moralidade, mas de compartilhar a vida e a missão de Deus. É outra forma de dizer que Cristo faz o que vê o Pai fazer e fala o que ouve o Pai dizer. Ele está dedicado à missão de Deus de forma que é o modelo de todo o discipulado. A vida que Jesus está ofertando inclui ser envolvido na missão do Pai.

Ninguém nos ajudou mais a entender esse conceito do que o missiólogo David Bosch. Esse é o mesmo David Bosch que celebrou a eleição ao Parlamento da África do Sul dos arquitetos da *apartheid* no final dos anos 1940 e acabou tornando-se um dos missiólogos mais celebrados do mundo. Durante aquele período ele passou por uma série de experiências que o transformaram de um africâner intolerante em um missionário profundamente compassivo que trabalhou em uma pequena comunidade negra na região de Transkei, na África do Sul. Cansado do exaustivo trabalho entre os pobres, ele aceitou mais tarde o cargo de professor de missiologia na UNISA (Universidade da África do Sul), em Pretória, onde serviu até sua morte prematura em um acidente de carro em 1992. O que ele descobriu sobre a missão de Jesus pode ser resumido na seguinte declaração:

> A missão é compreendida como derivada da própria natureza de Deus. É, portanto, colocada no contexto da doutrina da Trindade, e não da eclesiologia ou da soteriologia. A clássica doutrina da *missio Dei* como Deus, o Pai enviando o Filho, e Deus Pai e o Filho enviando o Espírito é expandida para incluir ainda outro "movimento": Pai, Filho e Espírito Santo enviando a igreja ao mundo.[25]

Esse elemento trino à *missio Dei* não se restringe ao pensamento de Bosch. Nos anos 1930, Karl Barth e Karl Hartenstein estavam advogando uma base trinitariana para a doutrina missional de Deus. Quando vemos Deus como Jesus o entendia, vemos um Deus tão

25 David Jacobus Bosch. *Missão transformadora: mudanças de paradigma na teologia da missão.* (São Leopoldo: Sinodal, 2002.)

dedicado a seu planeta ferido que enviou a si mesmo para redimi-lo. Na encarnação de Jesus, ouvimos a *missio Dei* apresentada a nós em seus ensinos e incorporada em sua carne. Além disso, o ministério do Espírito continua a testificar o caráter de Deus e sua orientação central missional. Jacques Matthew sumariza o compromisso com a ideia da *missio Dei*: "Não separamos o Pai do Filho e do Espírito. Isso tem consequências: não podemos limitar o escopo de Cristo ou do Espírito aos círculos internos da igreja".[26] Com efeito, você não pode manter a Trindade trancada na igreja. Deus escapa das criptas de vitrais e se envia pelo mundo: Pai, Filho e Espírito Santo.

Isso não significa, porém, que a igreja não esteja envolvida. Longe disso. Como Bosch disse anteriormente, o ciclo continua com o Deus trino enviando a igreja ao mundo. É essencial que recapturemos a importância do papel da igreja dentro da estrutura geral de *missio Dei*, sem reverter a uma velha abordagem eclesiocêntrica. Votaremos em breve a essa discussão.

No entanto, parte do processo de "reJesusar" a igreja envolve um desmanche de sua bem-amada teologia do templo. Enquanto Jesus incorpora o fato de que a Trindade é, ao mesmo tempo, enviada e enviadora, seus seguidores frequentemente parecem preferir uma deidade que se revela em edifícios sagrados, liturgias e práticas sacramentais. A assim chamada teologia do templo coloca Deus como uma divindade chamando rebeldes de volta ao seu templo/igreja/catedral para se reunir com ele. No entanto, um encontro com o Jesus dos Evangelhos foge diante dessa ideia. Embora encontremos Jesus reverenciando o templo de Jerusalém como "a casa de meu Pai" (Lc 2.49), não achamos que ele esteja dizendo que Deus mora naquele prédio. Pelo contrário, ele está reconhecendo que dentro do sistema judaico de sua época, o templo era visto como uma incorporação física da presença de Deus em Israel. O que ele faz, então, é igualar sua própria pessoa como tal incorporação quando disse: *"Posso destruir o santuário de Deus e reedificá-lo em três dias"* (Mt 26.61). Sabemos que ele estava falando de seu corpo e de sua iminente morte e ressurreição, mas isso não é apenas

26 Jacques Matthey, "Congress 'Mission Dei' God's Mission Today: Summary and Conclusions (Reflector's Report)", (50º Aniversário da Conferência de Missões Mundiais — 16–21 de agosto de 2002), 3.1. David Jacobus Bosch. Citado em 25 de setembro de 2008. Online: http://www.wcc-coe.org/wcc/what/mission/willingen.html. (Site em inglês. Acesso em 03/03/2015)

um comentário sobre a certeza de ser ressurreto. É um comentário sobre onde a presença física de Deus está localizada. Em vez de ser vista no templo, Jesus a vê em si mesmo. Ele é o templo. Ele é a incorporação física de Deus.

A morte física de Jesus é retratada como um momento de grande violência. Em contraste com um momento solene no qual Jesus mansamente entrega-se à morte, Mateus a descreve como uma situação de grande horror! Um terremoto é desencadeado sob a cidade. A cortina do templo é vandalizada por Deus, rasgada em duas de alto a baixo. Túmulos se abrem e os mortos levantam-se para vagar pela cidade como uma amostra da ressurreição final que ainda virá. É como uma cena do filme *A Noite dos Mortos Vivos*! Tudo sobre Jesus é intenso, até sua morte. O simbolismo é indiscutível. Alguma coisa mudou no mundo espiritual. Um tsunami cósmico foi liberado. Através da morte de Jesus, Deus entrou em nosso mundo de vez. Deus não mais morará em templos, mas nos corações daqueles que servem a Deus.

Esse tópico é novamente abordado por Paulo quando ele se refere à igreja como o corpo de Cristo. O Deus trino não habita em um templo ou em qualquer outro edifício. Em vez disso, a incorporação física da Trindade está no povo de Deus, os seguidores de Cristo. A *missio Dei* descreve o impulso que viu o Pai enviar seu Filho ao mundo para encarná-lo. Esse é também o impulso que vê o Pai, o Filho e o Espírito nos enviar ao mundo como seus embaixadores, seus representantes, encarnando-o aqui na Terra. Isso nos conduz ao segundo aspecto de ser moldado por Jesus.

Você verá a igreja de forma diferente

Através dos olhos de Jesus, a igreja é o povo enviado de Deus. Uma igreja não é um edifício ou uma organização. É uma coletividade orgânica de cristãos centrados em Jesus e enviados ao mundo para servir outras pessoas em seu nome. Quando somos feitos cativos pelo carpinteiro de Nazaré não podemos mais nos ver como participantes em um sistema semelhante ao qual viemos subverter. Jesus não somente enfraquece a teologia do templo tornando-se templo ele mesmo, mas também mina o sistema sacrificial perdoando o pecado sem referência às purificações cerimoniais, rituais ou liturgias (Vá em paz, teus pecados estão perdoados). Como já foi mencionado, ele também não dá bola para o legalismo da guarda do sábado. De fato, subverte todo o sistema religioso. Então, por que ele faria isso para substitui-lo pelo sistema religioso cristão? Não! Ele é antirreligioso, oferecendo a seus seguidores acesso direto ao Pai, ao perdão em seu nome e à habitação do Espírito Santo. Portanto, ser "reJesusado" é reconhecer que a igreja, como definida no Novo Testamento, não é uma instituição religiosa, mas uma comunidade dinâmica de cristãos que participam no caminho de Jesus e em sua obra neste mundo.

Como dissemos anteriormente, a missão de Deus nesse mundo é dele e somente dele. A glória de Deus, e não da igreja, é o objetivo final de missão. Nosso papel como igreja, no entanto, é uma humilde participação nesse grande esquema – o Reino de Deus. Nós nem determinamos nossa agenda nem apenas imitamos a dele, mas participamos do maravilhoso plano de Deus de acordo com o seu chamado e direção. Novamente, Bosch aborda o assunto de forma soberba:

> A missão acontece onde a igreja, em seu total envolvimento com o mundo dá testemunho na forma de serva, com relação à incredulidade, exploração, discriminação e violência, mas também em relação à salvação, à cura, à libertação, reconciliação e justiça [...] Observada dessa perspectiva, missão é simplesmente a participação de cristãos na missão libertadora de Jesus, apostando em um futuro que a experiência parece contradizer. São as Boas Novas do amor de Deus, encarnado no testemunho de uma comunidade, por amor ao mundo.[27]

A participação dos cristãos na missão liberadora de Jesus é conhecida pela expressão latina *participati Christi*. Como Bosch sugere, ela nunca poderá ser reduzida simplesmente à pregação evangelística ou à justiça social. Quando alguém menciona uma coisa que deve ser feita a fim de participar na missão de Jesus, você pode ter certeza que a pessoa não está contando a história toda. Missão envolve tudo o que Jesus significa no mundo. Isso não pode ser limitado apenas a preocupações religiosas. A missão libertadora de Jesus está se desenrolando à nossa volta. Como Robert McAfee Brown disse certa vez sobre o significado

27 Bosch, *Missão transformadora*.

da vida, é "nossa tarefa criar antecipação [do Reino de Deus] nesse planeta – vislumbres vivos do que a vida deveria ser, o que inclui arte, música, poesia, risos, piqueniques, política, indignação moral, privilégios especiais só para as crianças, encanto, humor e amor sem fim".[28]

Tanto no Evangelho de Lucas quanto no de Marcos encontramos o registro de um incidente no qual o discípulo João notifica Jesus que um estranho estava realizando exorcismos em seu nome: *Mestre, vimos certo homem que, em teu nome, expelia demônios e lho proibimos, porque não segue conosco* (Lc 9.49). Naquele tempo havia charlatães e mágicos que realizavam vários tipos de feitiçaria por um preço. Como exemplo, quando Filipe, Pedro e João visitaram Samaria (At 8), encontraram um dos personagens mais estranhos das Escrituras, Simão, o mágico, que mantinha todo o povo de Samaria sob sua influência com seus poderes mágicos. Mesmo após sua conversão e batismo, ele oferece dinheiro aos discípulos em troca de uma mágica ainda mais poderosa que eles podiam realizar. Voltando a Lucas 9, João descobriu um exorcista desconhecido usando o nome de Jesus para realizar milagres e pediu a ele que o impedisse. A resposta de Jesus, porém é surpreendente: *"Não proibais; pois quem não é contra vós outros é por vós"* (Lc 9.50). Jesus está sugerindo que, em vez de sair por aí traçando linhas de demarcação entre aqueles que estão na comunidade de Cristo e aqueles que não estão, devemos simplesmente abençoar todos os que participam conosco na obra de Jesus. A visão de Jesus a respeito do Reino tinha essa robustez. Não podia ser contido dentro de fronteiras. Era uma coisa viva, esfuziante e estava explodindo em todo lugar. Um de nossos maiores erros é igualar a igreja ao Reino de Deus. O Reino é muito mais amplo que a igreja – é de escopo cósmico. A igreja talvez seja o agente principal do Reino, mas não pode ser igualada totalmente a ele. Precisamos ser capazes de ver a atividade do Reino onde quer que ele se expresse e nos unirmos a Deus nela. Jesus nos mostra como ver Deus trabalhando nos lugares mais estranhos.

Em Mateus 13.24-30, Jesus nos apresenta uma ilustração ou metáfora que explica melhor esse fato:

---

28 Robert McAfee Brown, citado em "The Meaning of Life", *Life*, dezembro de 1988. Citado em 25 de setembro de 2008. Online: http://www.maryellenmark.com/text/magazines/life/905W-000-037.html. (Site em inglês. Acesso em 04/03/2015.)

Outra parábola lhes propôs, dizendo: O reino dos céus é semelhante a um homem que semeou boa semente no seu campo; mas, enquanto os homens dormiam, veio o inimigo dele, semeou o joio no meio do trigo e retirou-se. E, quando a erva cresceu e produziu fruto, apareceu também o joio. Então, vindo os servos do dono da casa, lhe disseram: Senhor, não semeaste boa semente no teu campo? Donde vem, pois, o joio?

Ele, porém, lhes respondeu: Um inimigo fez isso. Mas os servos lhe perguntaram: Queres que vamos e arranquemos o joio? Não! Replicou ele, para que, ao separar o joio, não arranqueis também com ele o trigo. Deixai-os crescer juntos até à colheita, e, no tempo da colheita, direi aos ceifeiros: ajuntai primeiro o joio, atai-o em feixes para ser queimado; mas o trigo, recolhei-o no meu celeiro.

É impossível separar o joio do trigo, portanto, permita que eles cresçam juntos e deixe Deus selecioná-los no final. Em outras palavras, "João, se alguém que você não conhece está expulsando demônios em meu nome, não o impeça. Meu Reino não respeita suas linhas arbitrárias de distinção".

A igreja de hoje precisa muito ser "reJesusada" a fim de apreciar isso! Os cristãos conservadores nem sequer reconhecem que o roqueiro Bono está ao lado dos anjos em sua luta contra a pobreza global. Certas denominações demonizam as outras. Para algumas igrejas trabalhar com certas outras igrejas vai contra seus princípios. Ainda assim, quem não é contra nós, é por nós, diz Jesus. Ele está ensinando João a apreciar todos os outros que servem em nome de Cristo. De fato, ele exige que abandonemos nossas cuidadosas tentativas de limpar o mato dos campos arrancando as ervas daninhas com nossas mãos. Ao contrário, ele diz, cuide do trigo. Participe do crescimento do Reino – o trigo – e deixe o problema das ervas daninhas para Deus e seus anjos.

Isso não significa que tal participação seja uma empreitada solo para cristãos individuais. Ela precisa ser vista como um compromisso comunal. A esse respeito, a doutrina do *Corpus Christi* (o corpo de Cristo) deve ser reconhecida. Deus reúne corpos de cristãos para participarem em sua missão. Ou, como John Eldridge coloca,

> Deus está reunindo pequenas comunidades do coração para lutar umas pelas outras e pelos os corações daqueles que ainda não foram libertos. A camaradagem, essa intimidade, esse incrível impacto causado por umas poucas almas de coração forte – isso está disponível. É a vida cristã como Jesus nos deu. É completamente normal.[29]

O interessante é que o termo que Jesus, e com mais frequência, Paulo, empregaram para descrever um ajuntamento de cristãos (desde que não havia tal nome coletivo naquele tempo) foi a palavra grega *ecclesia*. Hoje a traduzimos para o termo latino "igreja", mas ele veio a se referir mais a lugares de adoração cristã ou ao aspecto institucional da comunidade cristã. Ela se desviou muito do uso original de Paulo. Lembre-se, Paulo não inventou o termo "*ecclesia*". Ele já fazia parte do vernáculo de sua época. Ele toma essa palavra pré-existente e a investe de um novo significado manifestamente cristão. Seria útil, porém, recordar de que maneiras o termo *ecclesia* foi empregado pelos contemporâneos não cristãos de Paulo a fim de nos aproximarmos da matéria-prima original que Paulo emprega no desenvolvimento de sua singular eclesiologia.

A maioria dos dicionários lhe dirá que ecclesia literalmente significa "a reunião dos chamados para fora". Ela vem de duas palavras, *ek*, que significa "fora" e *kaleo*, que significa "chamar". No entanto, em seu uso original uma *ecclesia* não era apenas uma assembleia ou reunião, como muitos supõem. Se fosse somente isso que Paulo queria transmitir, poderia ter usado as palavras *agora* e *panegyris*, bem como *heorte, koinon, thiasos, synagogue* e *synago*, pois todas elas se referem a uma assembleia. A palavra *ecclesia* possuía um aspecto político. De fato, não era um termo religioso, nem seu uso era limitado a uma reunião religiosa. No tempo de Paulo, uma *ecclesia* era uma reunião de anciãos de uma comunidade. Em pequenas vilas e cidades por toda a Judeia, os anciãos locais se reuniam regularmente para discutir e deliberar sobre uma variedade de dilemas sociais e políticos enfrentados pela comunidade. Disputas envolvendo vizinhos, brigas sobre propriedades de pessoas falecidas, ações comunais a desastres naturais – essas eram o tipo de assuntos que o concílio de anciãos consideraria. Hoje, talvez

29 John Eldridge. *Coração selvagem: descobrindo os segredos da alma do homem.* (Rio de Janeiro: CPAD, 2004.)

seja semelhante a uma reunião de líderes comunitários na prefeitura de uma cidade pequena. Em outras palavras, uma *ecclesia* era um encontro de líderes sábios de uma comunidade, reunidos por sua visão comum tendo como objetivo a harmonia e o bem-estar da comunidade mais ampla.

Era mais do que um corpo de legisladores invisíveis que exercitavam autoridade e ocupavam cargos do governo através de um grande sistema burocrático. Era uma comunidade dentro da comunidade, cuja função era acrescer valor àquela comunidade. Ela ajudava a aldeia a ser melhor. É claro que ser um ancião daquela vila significava que os líderes deveriam viver com as ramificações de suas decisões. Eles estavam na aldeia e seu destino estava conectado com a prosperidade e paz daquela comunidade como qualquer um. É interessante que Paulo tome esse termo e o cristianize para suas jovens comunidades. Ele também acrescenta a ele a ideia de que *ecclesia* era um corpo, lutando por unidade e diversidade (1Co 12.12-31). Ele nos chama de família, um clã com todas as consequentes expectativas de uma antiga família hebraica – devoção, lealdade, afeição (Gls 6.8-11). Refere-se à *ecclesia* como uma noiva, enfatizando nosso compromisso com a santidade e a fidelidade (Ef 5.22-32). Há muito mais na ideia de Paulo de igreja do que apenas uma reunião. Não é interessante que a base, a matéria-prima que ele usa para desenvolver sua visão para nós, seja um grupo de anciãos acrescentando valor à aldeia, trazendo sabedoria e conectando nosso destino com o daquela comunidade? Cremos que ser o povo enviado de Deus implica termos em nossos corações os melhores interesses de nossa comunidade. Cremos que os cristãos devem ver a si mesmos como enviados por Jesus para as vilas das quais fazem parte, para acrescentar, trazer sabedoria, criar uma vila melhor. Em resumo, participar na obra de Cristo à nossa volta.

Quando Michael estava plantando a comunidade de fé da qual participa hoje, um barquinho no oceano, recebeu uma palavra profética de uma mulher em uma reunião. Ela lhe disse que chegaria o dia em que se aquela pequena comunidade seria tirada de sua vizinhança, toda a comunidade lamentaria. Para ele, essa é uma palavra preciosa. Aquelas antigas vilas na Judeia lamentariam se todos os anciãos sábios e santificados fossem, de repente, tirados dali. Eles não saberiam como ser bons, verdadeiros, nobres e pacíficos sem seu conselho. Não é impossível que Paulo tenha imaginado uma apreciação semelhante com respeito àquelas igrejas? Será que ele escolheu *ecclesia*, entre todos os outros termos que poderia ter usado porque ela continha esse elemento de serviço e valorização da comunidade? Se isso é verdade, ser enviado a participar no desfraldar do Reino em nossas comunidades significará, necessariamente, trazer sabedoria, paz e graça às nossas cidades.

Você verá o mundo de forma diferente

Reconhecemos que cada pessoa é criada à imagem de Deus e, portanto, possui uma dignidade e um valor inerentes que as acompanham. Reconhecemos, também, que Deus tem trabalhado e continua a trabalhar neles, conduzindo-os em uma jornada singular e sagrada. Em nosso livro anterior, *The Shaping of Things to Come* (A formação das coisas que virão), escrevemos sobre a importância da graça que nos induz à prática do bem, a confiança de que Deus vai adiante de nós, precedendo (preparando) nossa participação em sua obra. Mais do que isso, porém, Deus já tem tocado cada pessoa, deixando suas digitais únicas em sua alma. A expressão latina para isso é *imago Dei*, a imagem de Deus.

Afirmar que todos nós somos criados à imagem de Deus é reconhecer a existência de certas qualidades especiais da natureza humana que permitem que Deus seja manifesto em nós. É uma declaração sobre o amor de Deus pelos seres humanos, mas também uma declaração da singularidade e beleza dos homens. Crer na *imago Dei* não é uma negação da pecaminosidade inerente a todas as pessoas. Negar isso não é apenas heresia, é pura ignorância. A raça humana continua a fornecer uma miríade de exemplos de nossa depravação e potencial para o mal. Em vez disso, é reconhecer que a imagem de Deus é de tal forma indelevelmente impressa em nossa natureza que nem mesmo a queda pode apagá-la. Nós, dentre toda a criação, somos criaturas através das quais os planos e os propósitos de Deus podem ser conhecidos. Em outras palavras, quando os cristãos reconhecem a imagem de Deus em nós podemos nos enxergar como participantes ou parceiros de Deus.

E mais, podemos ver que o incrédulo leva consigo a marca de Deus, e essa marca deve ser respeitada e reconhecida até na pessoa, assim chamada, inferior. Em outras palavras, se os humanos amam Deus, devem amar os outros humanos, pois cada um deles é uma expressão de Deus. Jesus ressaltou isso em sua parábola das ovelhas e dos bodes (Mt 25.31-46). O refrão comum do rei na história: "*Em verdade vos afirmo que, sempre que o fizestes a um destes meus pequeninos irmãos, a mim o fizestes*" (v. 40) ilustra poderosamente a doutrina da *imago Dei*. Por que alimentar o faminto e vestir o nu, visitar o prisioneiro ou cuidar do enfermo? Porque mesmo esses, o menor desses, de fato, leva a imagem do rei.

A Bíblia não afirma que animais, embora criados por Deus, levem sua imagem da mesma maneira que os humanos. Os humanos têm consciência de si mesmos com a capacidade de reflexão moral, espiritual e de crescimento. Diferimos de todas as outras criaturas em razão de nossa estrutura racional – nossa capacidade de deliberação e de tomada de decisão voluntária. Essa liberdade dá ao homem a segurança de si e a plenitude que permite a possibilidade de autoconscientização e participação em uma realidade sagrada. No entanto, como já dissemos, a liberdade que marca a *imago Dei* na natureza humana é a mesma que se manifesta em estranhamento contra Deus, como a história da queda exemplifica. De acordo com essa história, os humanos podem, em sua liberdade, escolher negar ou reprimir sua semelhança espiritual ou moral com Deus. A habilidade e o desejo de amar a si mesmo e aos outros e, portanto, a Deus, pode ser negligenciada e resistida.

A visão que Jesus traz é aquela em que o cristão aprende a identificar e provocar aquela imagem nos outros. Quando Jesus reconhece a fé serena de um centurião pagão (Mt 8.10), a fé persistente de uma mulher cananeia (Mt 15.28) e a fé desesperada do ladrão na cruz (Lc 23.43) ele está encontrando a *imago Dei* nas pessoas menos prováveis – estrangeiros e criminosos. Romanos, cananeus, adúlteros (Jo 8) e samaritanos (Jo 4) eram vistos como cães pela instituição judaica. Como já mencionamos, os animais não eram vistos nas Escrituras como seres que levam a imagem de Deus, então ignorar a imagem de Deus em certas pessoas é tratá-las como animais. Você nunca vê Jesus fazendo isso. Leprosos, prostitutas, coletores de impostos, crianças e endemoninhados eram tratados com grande graça e respeito por ele. Até a mulher hemorrágica, cujo problema de saúde a tornava permanentemente impura é exposta por Jesus diante dos olhos da multidão e sua fé reconhecida pelo Salvador do mundo para que todos a vissem. Esse era o escandaloso Jesus em um de seus mais indômitos momentos.

Se "reJesusarmos" a igreja, nós a levaremos em direção a um respeito maior pelo descrente, uma graça maior por aqueles que, embora não frequentem os cultos da igreja, são marcados com a imagem de Deus. Isso nos levará a um respeito maior pelas pessoas em geral. Esse sentimento é ilustrado pela maravilhosa novela de Willa Cather, *A morte vem buscar o arcebispo*. Ambientada nos territórios selvagens do Arizona na virada do século 20, o livro retrata a vida de dois missionários católicos que traziam o Evangelho a um cadinho que misturava famílias da fronteira, colonos mexicanos e indígenas americanos. A certa altura, um dos sacerdotes, padre Vaillant, descreve uma experiência que encapsula seu chamado missionário. É uma das melhores descrições da vocação missionária:

> Perto da cidade de Tucson, um indío Pima convertido pediu que fosse ao deserto com ele porque tinha algo para me mostrar. Ele me levou a um lugar tão selvagem que um homem menos acostumado a essas coisas teria desconfiado e temeria por sua vida. Descemos um desfiladeiro de rochas negras aterrador e entramos nas profundezas de uma caverna. Ali, ele me mostrou um cálice dourado, vestimentas e galhetas, todos os paramentos para a realização da missa. Seus ancestrais tinham escondido esses objetos sagrados ali quando a missão foi saqueada pelos índios apaches, ele não sabia há quantas gerações. O segredo tinha sido entregue a sua família e eu era o primeiro sacerdote a restaurar a Deus o que lhe pertencia. Para mim, essa é a situação da parábola. A fé nessa fronteira selvagem é como um tesouro enterrado; eles a guardam, mas não sabem como usá-la para a salvação de sua alma. Uma palavra, uma oração, um culto é tudo o que é necessário para libertar essas almas em escravidão. Confesso que cobiço aquela missão. Eu desejo ser o homem que restaura esses filhos perdidos a Deus. Seria a grande alegria de minha vida.[30]

O testemunho do padre Valliant é ancorado na crença na *imago Dei*. Os objetos litúrgicos enterrados são símbolo da imagem de Deus enterrada profundamente na alma de todas as pessoas. A tarefa do missionário não

30 Willa Cather. *A morte vem buscar o arcebispo.* (Rio de Janeiro: Guanabara, 1985.)

é levar Deus a elas, mas desenterrar a *imago Dei* e ajudar as pessoas a usarem esse conhecimento para a salvação de suas almas. Valliant pressupõe que o Evangelho está enterrado profundamente no solo de todas as pessoas e que sua tarefa, através de "uma palavra, uma oração, um culto", é desenterrar esse tesouro e "restaurar a Deus o que lhe pertence".

Marcado por Jesus

Simplificando, para realizar o projeto ReJesus deve-se primeiro estar comprometido a ser marcado por Jesus, submeter-se a ser moldado e mudado para refletir mais e mais o estilo de vida e os ensinos de Jesus. Essa ideia é maravilhosamente retratada pela contista Flannery O'Connor. Essa católica devota viu sua função como escritora em parte para sacudir a catarata espiritual dos olhos seculares de seus leitores e abrir sua visão para uma fé encarnacional e uma conscientização da operação da graça no mundo cotidiano. Dentro de praticamente todas as histórias que ela escreveu estava incorporada a presença da graça, esperando para ser aceita ou rejeitada por seus personagens e por seus leitores. Ela morreu antes dos quarenta anos, tendo passado a última década de sua curta vida sofrendo os efeitos do lúpus, uma doença debilitante que levaria sua vida. Uma das últimas histórias que escreveu foi terminada em uma cama de hospital contrariando as ordens do médico de não mais esforçar seu corpo já debilitado. "Parker's Back" (As costas de Parker) é considerada a coroação de sua visão cristã como escritora porque ilustra esplendidamente o fato de que o ser humano mais completo e realizado é aquele que encarna Jesus em sua própria vida. Parece apropriado que Flannery morresse escrevendo essa história.

Obadiah Elihue Parker (o nome já é agourento por si) é um caipira tragicômico imprestável, que pula de emprego em emprego e de lugar em lugar. Seu principal interesse parece ser colecionar tatuagens e adornar quase que cada centímetro de sua pele, com exceção das costas. Inspirado por um tatuador que ele viu em uma feira quando tinha quatorze anos, Obadiah passou mais de dez anos cobrindo a frente de seu corpo com uma variedade de imagens tentando imitar o que ele recordava como a sinfonia de imagens coloridas sobre aquele homem tatuado. Mesmo assim, a cada tatuagem, sua insatisfação crescia. Enquanto as tatuagens de seu herói pareciam harmônicas e integradas, Obadias via seus desenhos como imagens aleatórias e confusas. Em Obadias Parker, a autora criou o ser humano típico, lutando por redenção e ansiando ser alguma coisa bela. Mesmo assim, a cada nova tentativa de corrigir o efeito geral de suas tatuagens o levava a um desapontamento ainda maior.

Parker nos é apresentado como um homem casado com a filha de um pregador fundamentalista, uma jovem austera chamada Sarah Ruth, que só se casara com ele no cartório porque acreditava que os edifícios da igreja eram idólatras. Sarah Ruth, exteriormente religiosa e profundamente piedosa, se torna o irônico contraponto para a busca pagã de seu marido por redenção. Ela representa aquele tipo de cristão que Dorothy L. Sayers identifica como o que prefere tirar Jesus dos contos de fadas e não direto dos Evangelhos. Ela tem regras para tudo, tendo aprendido a vida toda a julgar e achar em falta todas as experiências de todas as pessoas.

Sarah Ruth, como se pode imaginar, despreza as tatuagens de Obadiah. Mais que isso, parece aborrecida com tudo o que ele faz. Ao expressar seu desagrado abertamente, como sempre, reforça a decepção de Parker consigo mesmo. Ele deseja mais do que tudo fazer uma só coisa que a agrade. Em certo sentido, sua busca por redenção se torna localizada em seu foco de agradar a intratável Sarah Ruth. Para um homem que só tinha realizado trabalhos servis, sem dinheiro e muito poucas perspectivas, não é de se admirar que, em sua simplicidade, ele decidisse que o único meio de agradá-la seria colocar a tatuagem certa no meio de suas costas.

Ele visualizava tatuar algo a que Sarah Ruth não conseguiria resistir – uma figura religiosa. Ele pensou em um livro aberto com o título "Bíblia Sagrada" tatuado embaixo dele e um versículo escrito em suas páginas abertas. Isso lhe parecia o ideal por algum tempo, então começou a ouvi-la imaginariamente dizendo: "Não vou ter uma Bíblia de verdade? Quem disse que eu vou querer ler sempre o mesmo versículo quando posso ler a Bíblia inteira?" Ele precisava de algo melhor.[31]

31 Flannery O'Connor, "Parker's Back", in: *The Complete Stories of Flannery O'Connor.* (Nova Iorque: Noonday, 1992): 519.

Ansioso e temeroso em fazer a escolha errada, ele acaba no atelier do tatuador folheando um catálogo de imagens religiosas antes de se deter pelo olhar penetrante de uma imagem bizantina da face de Cristo. O'Connor descreve como Parker sentiu-se "voltando à vida por um poder sutil" conforme a imagem de Jesus foi tomando conta dele. Decidiu, então, que a melhor maneira de agradar sua esposa seria tatuar suas costas inteiras com a face de Cristo. O simbolismo de "As costas de Parker" não é contido. O'Connor está obviamente retratando um homem sendo marcado por Jesus gravado com a expressão da imagem de Deus. Ainda que de forma secular, ela, no entanto, está descrevendo o batismo de Parker, sua iniciação na família de Jesus. Como certamente qualquer batizando está sendo marcado por Jesus no batismo, Obadiah Parker está igualmente anunciando que pertence a ele. Como nenhuma outra tatuagem de sua descuidada coleção podia satisfazê--lo, suas costas agora levam a imagem de Deus.

No entanto, como você deve esperar, nem mesmo esse doloroso ato de sacrifício pode ganhar a aprovação de Sarah. Quando ele volta e revela o Cristo Bizantino em suas costas, ela inicialmente fica confusa. "Não conheço essa pessoa", ela diz fazendo-se de desentendida. A ironia é amarga. A devota mulher cristã não consegue reconhecer a face de Jesus enquanto o recalcitrante pagão está marcado por Jesus para sempre.

> "É ele," diz Parker.
>
> "Ele quem?"
>
> "Deus!" Gritou Parker.
>
> "Deus? Deus não é assim!"
>
> "Como é que você sabe como ele é?" gemeu ele, "você nunca o viu".
>
> "Ele não se parece com ninguém, é espírito!", disse Sarah Ruth. "Ninguém verá sua face... Idolatria!", Sarah Ruth gritava. "Idolatria... Não quero nenhum idólatra nesta casa!" E pegando uma vassoura começou a bater nele... e grandes arranhões se formaram na face do Cristo tatuado. Então ele cambaleou e foi em direção à porta...[32]

32 Ibid., 529.

Sarah Ruth não podia nem entender, nem apreciar a encarnação. Para ela, Deus é um espírito e ninguém pode ver sua face. A ideia de que Deus tenha tomado a carne humana e caminhado entre nós está além de sua compreensão e de sua espiritualidade. Ela prefere sua Deidade longínqua e distante. É até menos provável que pudesse compreender a ideia de que seu marido tenha escolhido encarnar Deus em seu próprio corpo. As marcas que ela deixou na face tatuada de Jesus espelham os açoites que o Jesus real experimentou em sua paixão. A história termina de forma comovente. Ainda agarrada à vassoura e cheia de ódio, Sarah Ruth olha para uma nogueira em seu quintal. "Seus olhos se endureceram ainda mais. Ali estava ele— aquele que se chamava de Obadiah Elihue – apoiado contra a árvore, chorando como um bebê."[33]

Nessa frase final da história, O'Connor nos relembra do nome completo de Parker. Obadias, que significa "servo de Deus", Elihue, "Deus é ele". Segurando-se em uma árvore, açoitado por uma mulher que não reconhece sua identidade, levando o ódio e a condenação da mulher que olha para ele, Parker é o retrato da encarnação. Ele é o servo sofredor, o crucificado e talvez O'Connor esteja sugerindo que finalmente assumiu o significado de seu nome, vivendo seu chamado de nascimento de ser marcado por Deus.

Confessamos que esse chamado é nosso também. Como o padre Valliant, no livro *A morte vem buscar o arcebispo*, e Obadias Parker, nós também nos sentimos marcados por Jesus e, como resultado de ver Deus, a igreja e nosso mundo de forma diferente. Vemos Deus como a *missio Dei*, a igreja como a *participati Christi* e o mundo como a *imago Dei*. Dizemos juntamente com o padre Valliant: "Confesso que desejo essa missão. Desejo ser o homem que devolve esses filhos perdidos a Deus. Essa será a maior alegria da minha vida".

33 Ibid., 530.

2

ReJesus e renovação pessoal

Minha missão é apresentar o cristianismo aos cristãos
— Søren Kirkegaard

Temos que admitir que há uma distância imensurável entre o que lemos na Bíblia e a prática da igreja e dos cristãos. É por isso que posso falar legitimamente de perversão ou subversão, pois, como demonstrarei, a prática tem sido o completo oposto do que é exigido de nós.
— Jacques Ellul

Cremos que não é possível ser um seguidor do Jesus bíblico e não acabar sendo moldado pela *missio Dei, participati Christi e imago Dei*. Quando somos capturados por Jesus, não podemos fazer nada além de ver Deus, a igreja e o mundo de maneira bem diferente. Eles são elementos fundamentais de um povo com a forma de Jesus. Portanto, tomando-os como nosso ponto de partida, vamos olhar de maneira mais profunda para a natureza dinâmica do nosso estilo de vida e fé que Jesus ensinou e exemplificou. Não fazemos isso para esboçar os contornos de seus ensinos – muitos livros têm feito um trabalho melhor do que poderíamos realizar – mas para experimentar e encontrar os núcleos espirituais, tocar a energia poderosa e essencial que irradia de Jesus. Fazendo isso, cremos que podemos começar a entender a razão pela qual seu povo historicamente tem obscurecido a dinâmica de sua mensagem de várias maneiras. A partir da ampla estrutura que exploramos até aqui, voltemos nossa atenção para uma exploração da conexão entre Jesus, o discípulo e a comunidade de discípulos, ou seja, a igreja. Usamos o termo "discípulo" deliberadamente porque ele enfatiza o tipo de relacionamento que é decisivo para a manutenção de uma viva conexão com Jesus. Pois, o que é a igreja senão uma comunidade de discípulos dedicada a seguir Jesus? Se o Novo Testamento é o nosso guia nesses assuntos, então o discipulado deveria ser a característica que define a vida cristã. E se esse é o caso, jamais poderemos abandonar um compromisso mais essencial do que tornar-se seu seguidor.

Ainda assim, o *ethos* do discipulado e a presença do vigoroso Messias não estão prontamente associados com a igreja e a cristandade de nossos dias. Longe disso, nossas expressões de igreja variam geralmente do que podemos chamar de escalões do cosmos, até o mais predominante modelo contemporâneo sensível aos que buscam, no qual a mensagem radical de Jesus é facilmente trivializada em alguma forma de acessório espiritual em um paraíso do consumo. Da co-opção fundamentalista de Jesus como um fanático religioso até sua redução liberal em um piegas moralista, é provavelmente justo dizer que, em geral, perdemos o contato com nosso amoroso, loucamente apaixonado, perigoso, radicalmente misericordioso e sempre surpreendente Redentor e Senhor. Esse é o Jesus tão poderosamente retratado nos Evangelhos. A perda da presença e do poder desse Jesus radical deve, com toda a certeza, ser em parte culpada pela falência espiritual da igreja ocidental. Portanto a importância de "reJesusar" a espiritualidade e a missão não pode ser subestimada.

Reiniciando para Jesus

Se ainda não ficou claro, deixe-nos declarar enfaticamente: cremos que a cristologia é a chave para a renovação da igreja em qualquer era e em toda situação possível que ela possa se encontrar. A igreja precisa de um constante retorno para Jesus a fim de se renovar. Quando, por qualquer razão, a igreja fica empacada ou perde seu caminho no mundo, necessita recuperar sua identidade essencial em seu fundador. Não é suficiente retornar ao fundador de qualquer que seja a denominação ou organização à qual pertençamos, embora uma revitalização desse tipo tenha seu mérito. É válido que os membros do Exército de Salvação redescubram o fogo e a luta em William Booth ou que os metodistas tenham um reencontro com a paixão e a teologia de John Wesley. No entanto, quando há algo fundamentalmente errado na equação básica da fé, é hora de recuperar o sentido vital e ativo de Jesus: quem ele é, o que fez por nós, o caminho de vida que deixou para seguirmos. Suas paixões e preocupações precisam se tornar as nossas. Em outras palavras, como afirmamos anteriormente, a cristologia precisa determinar a missiologia (nosso propósito e função nesse mundo), que, por sua vez, deve determinar a eclesiologia (as formas culturais e expressões de igreja).

Deixando de lado o tópico de como a missiologia precisa informar a teologia (que já foi trabalhado em nossos livros anteriores, especialmente *The Shaping of Things to Come* e *Caminhos esquecidos*), cremos que a cristologia é o fator mais importante na moldagem de nossa missão no mundo e nas formas de *ecclesia* e ministério que resultam desse engajamento. É preciso que haja um contínuo retorno a Jesus a fim de nos certificarmos de que estamos no Caminho. Não é suficiente apenas rejuvenescer nossa missiologia ou inventar novas formas culturais de *ecclesia* a menos que tenhamos, em primeiro lugar e acima de tudo, relacionado essas ações com a cristologia. Essa tem se tornado a tarefa equivocada de tantos assim chamados projetos de renovação da igreja atualmente em andamento. Alguns desses projetos sustentam que precisamos acertar nossa teologia e pregação, e a renovação fluirá dali. Outros insistem na adoração cheia do Espírito, adoração alternativa, plantação de igrejas ou uma abordagem pós-moderna da fé. Somos céticos a esse respeito. Se essas estratégias não forem ancoradas diretamente em uma cristologia bíblica, estão fadadas a uma efetividade limitada.

Portanto, permita-nos apresentá-la dessa forma:

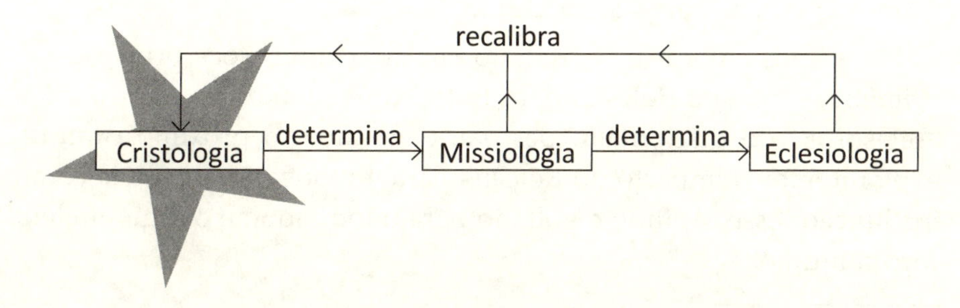

Antes que haja qualquer consideração sobre os aspectos particulares da eclesiologia, como a liderança, evangelismo ou adoração, deve haver um esforço minucioso para reconectar a igreja com Jesus; ou seja, "reJesusar" a igreja como a primeira providência a ser tomada, porque ela está ligada à recuperação de uma cristologia radical do Novo Testamento. A missão da igreja também como sua experiência de comunidade só pode ser revitalizada por um encontro renovado com Jesus, o Senhor. E isso não é algo casual e intermitente, mas exige uma constante atenção ao Senhor da igreja. Como Wilhelm Visser T'Hooft disse certa vez: "Isso faz parte da própria vida do povo de Deus que precisa aceitar, vez após vez, ter sua vida renovada por uma nova confrontação com seu Senhor e sua santa vontade".[34]

Pense nisso como uma forma de recalibragem. Quando uma máquina emperra, a única forma de fazer com que ela volte a funcionar é reiniciá-la à sua formatação original. É como um computador. Quando as coisas dão errado e tudo o mais falha, nós o reiniciamos. Ao reiniciar o computador, restauramos suas configurações operacionais originais, permitindo, dessa forma, que volte a funcionar de maneira correta. O software voltou a estar sincronizado com o hardware. Essa é precisamente a imagem que desejamos transmitir – reiniciando a igreja para Jesus, ela se recuperará e se tornará totalmente operacional outra vez.

A Bíblia descreve Jesus como o Alfa e o Ômega (Ap 1.8; 21.6; 22.13). Também o descreve como autor e consumador da fé (Hebreus 12:2). Certamente esses títulos divinos (funções?) devem dizer algo sobre o papel constante de Jesus na vida do discípulo e na vida da comunidade cristã. Se Jesus é quem diz ser, o Início e o Fim, com certeza é uma indicação de que a cristologia reclama seu lugar central em nosso autoconhecimento. Se ele é o fundador e o aperfeiçoador, não somente estabelece a forma matriz da fé autêntica, mas também ajuda a nos trazer para uma expressão madura.

Desejamos enfocar esse assunto em duas dimensões primárias. A primeira, o projeto ReJesus para indivíduos seguidores de Jesus é o "reJesusar" do discipulado pessoal. Segundo, no próximo capítulo exploraremos o impacto do ReJesus para a renovação da igreja como instituição. Esse capítulo é voltado para o indivíduo e o seguinte tem foco comunal.

34 Willem Visser T'Hooft, *The Renewal of the Church.* (Londres: SCM, 1956): 1.

A captura de nossa imaginação

Inácio de Loyolla, o fundador dos jesuítas (uma das mais importantes ordens missionárias católicas), desenvolveu um conjunto de exercícios espirituais para a iniciação de candidatos jesuítas. A novidade, e talvez o aspecto mais importante dos exercícios, era a exigência de que o noviço e o membro estabelecido, ativassem sua imaginação a fim de encontrar com Jesus mais diretamente. Voltaremos ao que isso significava em um capítulo mais adiante, mas no momento é suficiente ressaltar a importância de buscar Jesus através da imaginação.

Pergunte a você mesmo que estímulo provocou sua imaginação em certo dia. Em outras palavras, que elemento, proveniente do mundo em que vive, mais despertou ou inspirou você e sua cosmovisão? Televisão? Cinema? Vídeo games? Esportes, novelas, negócios, internet? Esses entretenimentos não são benignos nem sem valor. Eles pertencem ou são controlados por forças poderosas em nossa sociedade. Elas contribuem para a imaginação coletiva que molda todos nós: consumismo, materialismo, individualismo. No livro *Exiles*, Michael argumentou que nossa cultura pós-cristã não é muito diferente dos impérios em que os exilados do Antigo Testamento, Daniel, Esther e José, foram expatriados. O império dos nossos dias não é mais simpático à nossa fé do que a Babilônia foi para a fé de Daniel. Como todos os impérios, nossa sociedade procura manter o controle de diversas maneiras. Entre elas estão:

⇒ a ameaça de violência (ter um exército poderoso ajuda)

⇒ dominação do sistema econômico

⇒ a captura da imaginação das pessoas de várias maneiras (por exemplo, a forma onipresente com que a imagem de César era usada por todo o império em moedas, artefatos e estátuas).

Resistindo ao mal

Dietrich Bonhoeffer

Como um pequeno Jesus, Dietrich Bonhoeffer se recusou a curvar-se ao nazismo, o império de seu tempo. Sua resistência pública, em 1933, à política de levar todas as igrejas protestantes a formarem uma única igreja do Reich pró-nazista colocou-o em risco desde o começo. Bonhoeffer declarou desafiadoramente que a igreja não é um órgão do Estado, mas estava sujeita somente a Jesus Cristo e sua missão. Em 1939, diante da convocação para servir o exército, aceitou lecionar no Union Seminary, em Nova Iorque. Retornou um mês depois convencido de que nunca teria voz na Alemanha depois da guerra se não permanecesse com seu povo durante ela. Ele encontrou uma oportunidade de enfrentar Hitler através de seu cunhado, Hans von Dohnanyi, um oficial da inteligência militar Abwehr e uma figura-chave do movimento secreto de resistência. Von Dohnanyi arranjou para que Bonhoeffer viajasse para o Vaticano e Suíça onde ajudou um grupo de judeus a cruzar a fronteira, e também para a Suécia, onde encontrou-se com o bispo inglês George Bell a fim de tentar conseguir apoio aliado para um plano de golpe contra Hitler. Quando o dinheiro usado para contrabandear os judeus pela fronteira da Suíça foi rastreado até Bonhoeffer, os nazistas o prenderam em 1943. Enquanto estava na prisão, um grupo da Abwehr, incluindo Dohnanyi, tentou assassinar Hitler sem sucesso. Os nazistas ligaram Bonhoeffer a esse complô e em 1945, um mês antes da rendição alemã, ele foi executado por enforcamento. Os escritos de Bonhoeffer têm inspirado milhões de pessoas, mas sua coragem em resistir ao mal e pagar o preço por sua fidelidade ao Evangelho é seu maior e mais duradouro legado.

Em nosso último ponto, qual a diferença entre a onipresente imagem de César e a natureza intrusiva e totalmente invasiva dos instrumentos empregados por nosso império atual para manipular nossa imaginação? Como todos os sistemas invasivos, ele procura obter toda a nossa lealdade manipulando nossa imaginação. Brian Walsh e Sylvia Keesmaat aborda esse assunto em seu comentário da Carta de Paulo aos Colossenses. Eles sugerem que, a fim de vencer as exigências onipresentes e dominadoras do império romano, os cristãos colossenses organizaram suas vidas e seus pensamentos em torno do centro cristológico. Cultivaram uma imaginação alternativa à imaginação dominante e, fazendo isso, estruturaram suas vidas em torno de Jesus.[35] Como vimos no capítulo 1, essa reorientação muda tudo.

Umas das razões mais urgentes por que precisamos renovar nossa visão é o fato de a nossa imaginação ser facilmente cativada pelas forças dominantes de nossa cultura, sejam elas econômicas, políticas, religiosas ou ideológicas. Além disso, como já observamos, nossa percepção de Jesus é prontamente domesticada através da familiaridade, medo de mudança, indolência espiritual ou qualquer coisa que nos impeça de nos comprometermos com Jesus como nosso Senhor vivo.

A idolatria ainda tem seus atrativos. Na sociedade moderna e no sistema econômico globalizado baseado no mercado em que todos nós vivemos ela parece ter se tornado quase totalmente invasiva e, ao mesmo, tempo ainda mais sutil.

Parece haver poucas alternativas ideológicas ou religiosas à dominação do consumismo baseado no mercado livre a não ser o Islã. A igreja ocidental parece ter capitulado quase totalmente à ideologia econômica de nossos dias. Tom Sine diz:

> Essa imagem de vida boa e um futuro melhor que permeia a sociedade ocidental nasceu no Iluminismo e no surgimento da modernidade. Essencialmente, os contadores de histórias do Iluminismo tomaram a busca vertical do Reino de Deus, que tem sido a peça central da cultura europeia e usou isso a seu favor. Ela se tornou uma busca horizontal de progresso ocidental, domínio tecnológico e crescimento econômico.
>
> Essa visão de um futuro melhor é chamada de Sonho Ocidental ou Sonho Americano, e agora é o mito motivador por trás da nova ordem econômica imperial global. De fato, como veremos, os marqueteiros da nova ordem global chamada de McMundo e os mercadores do "legal" estão buscando influenciar pessoas em todo lugar desse planeta para viver nesse sonho. E estão tendo um sucesso assombroso.[36]

35 Brian J. Walsh e Sylvia C. Keesmaat. *Colossians Remixed.* (Downers Grove, Ill.: InterVarsity, 2004): cp. 2–3.

36 Tom Sine. *The New Conspirators.* (Downers Grove: InterVarsity, 2008.)

Além disso, Walsh e Keesmaat afirmam: "Todas as mensagens contam a mesma história [...] o crescimento econômico é a força motriz da história, a escolha de consumo é o que nos faz humanos e a avareza é uma coisa normal. Se vivemos em um império, ele é o império do consumismo global."[37] E esse império tem um plano para nossas vidas.

Dentro desse império profundamente religioso, feito da atração idólatra ao dinheiro, sexualidade, competição de ideologias e visões vem uma visão alternativa da realidade em forma de Jesus. A campanha "O que faria Jesus?" nos convida a imaginar como Jesus reagiria às questões culturais e religiosas de nossos dias. No entanto, esse questionamento tendeu a se tornar cativo de um pietismo religioso que limitava a questão à moralidade privada e então foi trivializada em uma campanha internacional que se concentrou quase totalmente em ética sexual de jovens adultos cristãos. Isso é uma pena porque a "O que faria Jesus?" tem a capacidade de se tornar um movimento global que toma as declarações que Jesus faz sobre toda a vida realmente a sério. Gostaríamos de relançar a campanha, mas dessa vez mantendo também as questões mais amplas em mente. O que faria Jesus no mundo consumista em que vivemos? Como ele responderia à crise ambiental? O que Jesus faria com as depravações banalizadas dos *reality shows*? O que Jesus faria com o nosso dinheiro e recursos em um mundo de pobreza necessitado de graça e misericórdia? Como veremos em um capítulo mais adiante, o senhorio de Jesus não pode ser limitado à piedade pessoal e deve ser extensivo a todos os problemas comuns da experiência humana. "O que faria Jesus?" deve se estender às questões econômicas, ambientais e políticas se desejamos verdadeiramente liberar o inerente poder dessa pergunta capaz de renovar o mundo.

Nossa imaginação é essa força poderosa. Jesus declarou; "[...] *porque, onde está o teu tesouro, aí estará também o teu coração*" (Mt 6.21). Em outras palavras, as coisas que capturam nossa imaginação (nossos tesouros), sejam elas riqueza, sexo ou poder, arrastam nossos corações (nossas ações, nossas prioridades) com elas. É por isso que ele insistiu que ajuntássemos "tesouros no céu" (Mt 6.20). Se permitirmos que Jesus capture nossa imaginação, nossas ações e prioridades espelharão seu estilo de vida e ensino. A igreja precisa de uma imaginação alternativa à do império em que se encontra.

37 Walsh e Keesmaat, *Colossians Remixed*, 85.

A esse respeito Walter Brueggeman comenta sobre o papel do pregador como a fonte de uma imaginação alternativa centrada em Cristo. Se a igreja precisa ser constantemente "reJesusada", aqueles que dão voz à palavra pública da igreja devem estar comprometidos a imergir as imaginações coletivas da igreja no Evangelho. Diz Brueggeman:

> O evento da pregação é um evento de imaginação transformada [...] porque finalmente as pessoas da igreja são como todas as outras pessoas; não somos transformados por regras novas. Os lugares profundos em nossas vidas, lugares de resistência e aceitação, são alcançados somente por histórias, metáforas e frases que delineiam o mundo além de nosso medo e nossa dor.[38]

Estamos cansados de ouvir sermões sobre como sermos cidadãos melhores. Muita pregação tem a ver com a criação de uma capitulação à moral e aos valores de um império pós-cristão em vez de um chamado que permita que nossa imaginação seja dominada por Jesus e focada em tesouros no céu.

A conspiração dos "pequenos Jesuses"

Frequentemente o chamado de alerta para adotar uma imaginação alternativa tem que ser feito de forma completa e intransigente. O filme *"V de Vingança"*, de 2005, é ambientado em uma Grã-Bretanha totalitária em um futuro não muito distante. Os ingleses entregaram sua imaginação (por assim dizer) a um ditador cujo império é tão controlador quanto o de César. Realmente, lembra muito a Grã-Bretanha Orwelliana de *1984*. Um revolucionário mascarado, chamado apenas de V, deflagra um programa de agitação civil para sacudir o povo de seu estupor. Em uma cena ele assume o controle de uma estação de TV britânica e transmite um incendiário chamado às armas, concluindo da seguinte maneira:

> [...] a verdade é que há algo terrivelmente errado com esse país, não é? Crueldade, injustiça, intolerância e opressão. Onde antes você tinha a liberdade de objetar, pensar e falar o que achava certo, agora tem censores e sistemas de vigilância coagindo você a se conformar e exigindo sua submissão. Como isso aconteceu? Quem é o culpado? Com

38 Walter Brueggemann. *Finally Comes the Poet.* (Mineápolis: Augsburg Fortress, 1989): 23.

> certeza há pessoas mais responsáveis do que outras e elas têm que responder por isso, mas repito, verdade seja dita, se você está procurando o culpado, vai precisar olhar no espelho. Eu sei porque você fez isso. Eu sei que você estava com medo. Quem não estaria? Guerra, terrorismo, doença. Havia uma multidão de problemas que conspiraram para corromper seu pensamento e roubar o seu bom senso. O medo lhe tirou o que tinha de melhor e, em seu pânico, você se voltou para o agora alto chanceler Adam Sutler. Ele lhe prometeu ordem, ele lhe prometeu paz e tudo o que exigia em troca era seu silencioso e obediente consentimento. Na noite passada procurei acabar com esse silêncio. Ontem à noite destruí o Old Bailey[39] para lembrar a este país o que ele havia esquecido. Mais de quatrocentos anos atrás um grande cidadão desejou enterrar o Cinco de Novembro para sempre em nossa memória. Sua esperança era lembrar o mundo que justiça e liberdade são mais do que palavras, são perspectivas. Se você não viu nada, se os crimes desse governo permanecem desconhecidos para você, eu sugiro que deixe que o Cinco de Novembro passe despercebido. Mas se você vê o que eu vejo, se você sente o que eu sinto, se você busca o que eu busco, peço que se levante a meu lado uma vez por ano, fora dos portões do Parlamento e juntos daremos a eles um Cinco de Novembro que jamais será esquecido.[40]

O clímax do filme se dá quando, depois da morte de "V", milhares e milhares de ingleses, todos usando máscaras de Guy Fawkes, marcham para a Casa do Parlamento em uma onda incontrolável de resistência. V havia se duplicado nas vidas de outros. Ele tinha catalisado um movimento para a mudança, para a revolução. A esse respeito, V epitoma o que estamos falando. Ele captura a imaginação daqueles que antes estavam cativos pelo império. Ele cria a grande conspiração na qual centenas de milhares de pequenos "Vs" se levantam irresistivelmente contra o regime totalitário.

Como mencionei anteriormente, Alan cunhou a frase "a conspiração dos 'pequenos Jesuses'" para descrever a mesma ideia retratada em *V de Vingança*. Jesus prende a imaginação de seus seguidores e então replica a si mesmo neles. De fato, podemos resumir a tarefa do discipulado como um projeto de vida e, literalmente, nos tornarmos como ele, um pequeno Jesus. No entanto, todo o processo de se tornar

39 Nome pelo qual é conhecido o Tribunal Central Criminal da Inglaterra. (N. de Revisão)

40 *V de Vingança*, direção de James McTeigue. (Burbank: Warner Bros., 2005.)

mais como ele se move rapidamente do indivíduo para o grupo e dali para um movimento. Mesmo uma leitura superficial do Novo Testamento indica que foi intenção estratégica de Jesus criar um movimento consistindo em pessoas semelhantes a Cristo habitando cada canto possível da cultura e da sociedade – ou seja, a ideia de uma gigantesca conspiração.[41]

Onde quer que alguém fale sobre se tornar um pequeno Jesus ou use aquela maravilhosa expressão antiga "imitação de Cristo" seu objetivo essencial é claro: moldar nossas vidas sobre a vida dele é o centro de nossa espiritualidade. Diz Kierkgaard:

> Ser totalmente redimido por Cristo é, portanto, impor a si mesmo a tarefa de imitá-lo. Como homem, Jesus é o meu modelo porque como Deus ele é meu Redentor. O cristianismo pode ser definido como uma fé unida a uma correspondente forma de vida, a imitação de Cristo.[42]

A apoteótica cena em *V de Vingança*, com uma multidão incontável fluindo das ruelas, pulando sobre barricadas e correndo como uma torrente em direção ao Parlamento, representa o poder que reside em uma conspiração de imitação assim. Kierkgaard também disse: "Diferentemente do admirador que permanece à distância, o seguidor de Cristo luta para ser o que ele admira. Sem essa condição essencial todas as tentativas de ser cristão são inúteis".[43] Essa é a conspiração dos "pequenos Jesuses".

David Bosch corretamente afirmou "O discipulado é determinado em relação ao próprio Cristo e não pela mera conformidade a mandamentos impessoais".[44] Ele disse isso quando comentou como os pregadores tinham usado a Grande Comissão (Mt 28.18-20) para arregimentar à força os cristãos para o serviço missionário. Muitos líderes de igreja bem-intencionados têm apresentado simplisticamente as palavras de Jesus *"Ide, portanto, fazei discípulos de todas as nações"* como uma ordem distante berrada por um sargento ríspido. Se Jesus mandou, devemos obedecer! Bosch, no entanto, sugere que o serviço missionário que é motivado pela

41 Hirsch, *Forgotten Ways*, 113.

42 Louis K. Dupré. *Kierkegaard as Theologian: The Dialectic of Christian Existence.* (Londres: Sheed & Ward, 1964): 171.

43 Ronald Grimsely. *Kierkegaard: A Biographical Introduction.* (Londres: Studio Vista, 1973): 103.

44 Bosch, *MIssão transformadora.*

obediência cega a uma ordem impessoal de Jesus é edificado sobre um frágil fundamento. Se nosso compromisso com missões baseia-se apenas na ordem de Jesus em Mateus 28, a missão é uma obrigação para nós, e não um ato de graça e amor. Não é diferente da mulher que reclama que o marido nunca lhe traz flores. Quando o marido corre, compra um buquê e lhe entrega, ela ainda não está satisfeita porque não são o tipo de flores que ela queria. Ela queria que ele fosse motivado por sua devoção a ela a ponto de lhe comprar um presente. Quando nos engajamos na missão somente porque nos sentimos culpados por não agradar Jesus e atender sua ordem na chamada Grande Comissão não satisfazemos nem a Jesus, nem ao nosso próprio senso de chamado. Pelo contrário, diz Bosch, a missão emerge de um profundo e rico relacionamento com Jesus. A mulher cujo marido não traz flores, não quer flores. Ela quer ele e sua devoção. O que Jesus está dizendo a seus discípulos em Mateus 28 é que os "pequenos Jesuses" estarão natural e normalmente envolvidos com a tarefa de fazer discípulos, não para satisfazer as exigências de Jesus, mas como fruto de uma completa devoção a ele. Para parafrasear Bosch, a Grande Comissão não é uma comissão no sentido comum da palavra, mas uma afirmação criativa sobre a nova ordem das coisas. Ou, como Garrett Green ficou famoso por dizer, "Deus é aquele que conquista não pela força, mas capturando a imaginação de suas criaturas caídas".

Embora seja difícil permanecer aberto para Deus, é vital que esse relacionamento deva tomar a forma de um relacionamento direto e sem mediadores com Jesus. Isso envolve uma experiência constantemente renovada e atual com nosso Senhor. A perda do relacionamento pactual resulta em uma religião diferente da que Jesus iniciou. Embora possa tomar as formas de fé cristã, ela carece da realidade dela.

Esse discipulado é fundamental para o cristianismo e sua missão, portanto não é preciso que seja mencionado. Se fracassarmos aqui, fracassaremos em tudo.[45] Mas o papel crítico do discipulado na missão da igreja uma vez mais ressalta o papel do Jesus radical na vida de fé. Essa ligação não pode, principalmente, envolver uma mera compreensão cerebral, objetiva e indireta de Jesus e da fé cristã. Essa substituição de pensamento sobre Jesus por um encontro existencial com ele é

45 Hirsch, *Caminhos esquecidos*, 112.

uma tentação constante para o seguidor. Isso ocorre em parte porque um relacionamento vivo com o Senhor do universo é uma experiência arriscada, perturbadora e exigente. Nunca teremos o melhor dele e isso é muito mais fácil e menos custoso de pensar do que fazer. Não é suficiente que apenas sigamos seus ensinos ou um código religioso desenvolvido com seu surgimento. O discipulado exige um relacionamento direto e imediato com o Senhor e a perda dessa proximidade é catastrófica para o movimento que traz o seu nome.

Dallas Willard corretamente lamenta o fato de que há muito tempo as igrejas do ocidente não fazem do discipulado uma condição para ser cristão.

> Não se exige que alguém seja ou tenha a intenção de tornar-se um discípulo a fim de tornar-se cristão, e pode-se permanecer cristão sem nenhum sinal de progresso em relação ao discipulado. As igrejas ocidentais contemporâneas não exigem que Cristo seja seguido em seu exemplo, espírito e ensinos como uma condição para a membresia – nem para entrar nem para continuar em comunhão de uma denominação ou igreja local [...] No que diz respeito às instituições cristãs de nossos dias, o discipulado é claramente opcional [...] as igrejas estão, portanto, cheias de "discípulos não discipulados". "A maior parte dos problemas das igrejas contemporâneas pode ser explicada pelo fato de que os membros ainda não decidiram seguir Cristo."[46]

Esse elo vivo entre Jesus, discipulado e cristianismo autêntico é ressaltado por Dietrich Bonhoeffer quando ele diz:

> O discipulado significa aderir a Cristo e, porque Cristo é o objeto dessa adesão, precisa tomar a forma de um discipulado. Uma teologia abstrata, um sistema doutrinário, um conhecimento religioso geral da graça ou do perdão dos pecados tornam o discipulado supérfluo e, de fato, excluem a ideia de discipulado de qualquer tipo e são essencialmente hostis a toda a concepção de seguir Cristo [...] *Cristianismo sem o Cristo vivo é inevitavelmente cristianismo sem discipulado, e cristianismo sem discipulado é sempre cristianismo sem Cristo.* [itálico acrescentado][47]

A última sentença dessa citação resume a questão para nós. O que está em jogo no coração do discipulado é nada mais nada menos do que

46 Dallas Willard, *The Spirit of the Disciplines*, citado em R. J. Foster e J. B. Smith, *Devotional Classics*, ed. rev. (São Francisco: HarperOne, 2005): 14.

47 Dietrich Bonhoeffer, citado em John A. Phillips, *The Form of Christ in the World: A Study of Bonhoeffer's Christology.* (Londres: Collins, 1967): 100.

a personificação e a transmissão do Evangelho. Quem quer um cristianismo sem Cristo? Bem, se desejamos evitar a sempre presente possibilidade dessa forma de engano espiritual, devemos ter certeza de mantermos nosso foco em fazer discípulos como tarefa-chave. É a incorporação (nossa disposição de personificar e viver a vida e a mensagem de Jesus) que produz autoridade espiritual. Ela também dá a credibilidade muito necessária ao nosso testemunho. E na credibilidade da mensagem fornecida através de nossas vidas repousa o fundamento de sua transmissão autêntica de geração em geração e de cultura para cultura. Incorporação e (trans)missão, portanto, andam juntas e tudo está ligado inextricavelmente ao nosso relacionamento com Jesus.

Crítica ou religiosidade

Søren Kierkegaard

Como Jesus atacando o farisaísmo, Søren Kierkegaard se destacou batendo contra toda a forma falsa de cristianismo institucionalizado. "Um apóstolo proclama a verdade, um auditor é responsável por descobrir fraudes", escreveu esse filósofo e teólogo dinamarquês do século 19. Ele via como sua missão ser um auditor da cristandade, uma instituição que acusou de pasteurizar Jesus e diluir sua mensagem. Escreveu que a igreja estatal da Dinamarca "era tão genuína quanto chá feito de um pedaço de papel que ficou em uma gaveta junto a outro pedaço de papel que foi usado para embrulhar umas poucas folhas de chá que por sua vez tinham sido usadas para fazer chá três vezes". Um dos pais do Existencialismo, esse homem extremamente complexo e inteligente passou por uma profunda transformação espiritual aos trinta e cinco anos e depois disso buscou aplicar algumas de suas ideias existencialistas ao cristianismo e, assim, reapresentar Jesus à sua nação. Indivíduos, e não o estado, afirmava Kierkegaard, precisavam dar um "salto de fé" a fim de adentrar no verdadeiro cristianismo. Como um pequeno Jesus ele esperava que seus ataques virulentos contra a banalização da religião institucional enraiveceria os dinamarqueses o suficiente para fazê-los reexaminarem seu relacionamento com Jesus.

A dificuldade que enfrentamos nesse assunto de incorporação e transmissão é que elas estão diretamente ligadas à credibilidade do Evangelho. Nosso testemunho é um elo vital da comunicação das reivindicações de credibilidade de Jesus aos olhos das pessoas não cristãs. Não nos é permitido escapar da responsabilidade ética admitindo que, embora nossa prática seja ruim, a beleza, a pureza e a verdade da Bíblia não são prejudicadas. A Bíblia, afirma Jacques Ellul, insiste na unidade das duas coisas:

> Temos que entender isso. Nenhuma revelação reconhecida existe à parte da vida e do testemunho daqueles que a transmitem. A vida dos cristãos é o que dá testemunho de Deus e o significado de sua revelação. "Vê como eles se amam" – é aí que a abordagem ao Deus Revelado começa. "Se devorais uns aos outros não tendes o amor de Deus em vós", etc. Não há verdade pura de Deus ou de Jesus Cristo para a qual possamos nos voltar lavando nossas mãos do que nós mesmos fazemos. Se os cristãos não estão conformando suas vidas com a verdade, não há [efetivamente] verdade alguma. É por isso que os acusadores dos séculos 18 e 19 estavam certos em inferir a falsidade da própria revelação na prática da igreja. Isso nos faz ver que não sendo o que Cristo exige tornamos toda a revelação falsa, ilusória, ideológica e não salvífica. Somos então forçados a ser cristãos ou reconhecer a falsidade do que cremos. Essa é a prova inegável da necessidade de uma prática correta.[48]

Gostemos ou não, levamos o fardo de ter que viver a verdade de tal maneira a estabelecer sua viabilidade entre aqueles que estão nos vendo. Shane Claiborne, autor de *A revolução irresistível: gente comum, vida radical*[49], certa vez pesquisou um grupo de pessoas que se identificavam como "fortes seguidores de Jesus" e perguntou a eles: "Jesus passava tempo com os pobres?" Cerca de 80% respondeu afirmativamente, deixando a perturbadora percentagem de 20% dos assim chamados fortes seguidores de Jesus que pensavam que Jesus não dava atenção aos pobres. Isso deveria nos lembrar dos níveis de ignorância cristã a respeito de nosso fundador e Senhor. O fato mais alarmante, porém, é que Claiborne perguntou ao mesmo grupo: "Você passa tempo com os pobres?" Somente 2% responderam "sim". Há para muitos uma completa desconexão entre nossas crenças e nossas ações. Essa

48 Ellul, *Subversion of Christianity*, 6–7.

49 Shane Claiborne. *A revolução irresistível: gente comum, vida radical* (São Paulo: Garimpo, 2014)

desconexão repousa na essência do problema que a igreja enfrenta. Søren Kierkegaard o expressa dessa forma: "Cristo é a Verdade tanto quanto é o caminho. Aquele que não segue o caminho também abandona a verdade. Possuímos a verdade de Cristo apenas para imitá-lo, não para especular a respeito dele."[50]

No entanto, além das questões relacionadas à missão do povo de Jesus, todo o problema da liderança e ministério da igreja está também diretamente ligado ao discipulado. Isso não é um assunto de menor importância e um esforço em examinar esse aspecto deve levar a resultados exponenciais em termos de espiritualidade, ministério e missão porque Jesus é manifesto na vida de seu povo.

Passe tempo com Jesus

A razão pela qual a igreja tende a perder tão facilmente seu foco central no discipulado é uma peça de um quebra-cabeças histórico porque é parte estrategicamente importante de nossa tarefa como povo de Deus. Talvez o fato de ser um ato essencialmente simples nos faz perder o foco. Agir seguindo o modelo de um herói é uma atitude natural para nós. Fazemos isso inconscientemente o tempo todo. Essa tarefa de integrar a vida com nossa mensagem tem uma longa história de reflexão e prática, embora tenha sido raramente aceita pela maioria dos membros da cristandade ocidental (se é que alguma vez o foi). Uma dessas formas particularmente cristocêntricas de ver esse processo é chamada de conformação (Rm 8.29; 2Co 3.18).

A Bíblia entende a formação cristã de uma forma bastante estranha a nós. No Novo Testamento, Jesus não discipula pessoas gerando informação, desenvolvendo programas ou implantando planos. Em vez disso, o discipulado de Jesus sempre envolve um processo profundamente pessoal de ser levado a se tornar mais como a imagem ou a forma de Jesus. O grande teólogo alemão Dietrich Bonhoeffer apegou-se a essa ideia e a tornou central em seu entendimento do discipulado e da ética. Ele disse: "Vem somente como formação em sua semelhança,

50 Søren Kierkegaard, *Training in Christianity* (Princeton: Princeton Unoversity Press, 1967), citado em Dupré, *Kierkegaard as Theologian: the Dialectic of Christian Existence.* (Franklin: Sheed and Ward, 1963): 172.

como conformação com a singular forma dele que foi feito homem, foi crucificado e ressuscitou".[51] Para ele, *conformação* era a forma de Jesus continuar a se encarnar no mundo através de seu povo: "A maneira pela qual a forma de Jesus Cristo é moldada em nosso mundo é a concreta e obediente *con-formação* de seres humanos no formato do Cristo bíblico, o homem cuja existência para os outros é a verdadeira realidade do mundo".[52] No entanto, ele também afirmou que isso não pode ser assunto de teologização abstrata ou o mero desenvolvimento de programas de discipulado ou coisa semelhante, mas pelo caminho de obediência a Jesus e seus mandamentos.

A imagem de Jesus a que somos chamados a nos conformar não é um tipo de fanatismo religioso preocupado com outras religiões mundanas, como se os problemas humanos não importassem. Não, se o padrão é Jesus como o vemos nos Evangelhos, significa ser levado ao padrão da verdadeira humanidade porque Jesus modela para nós o que significa ser um ser humano no sentido mais pleno. Em Jesus, Deus nos forneceu o arquétipo do que significa ser verdadeiramente humano. Agora devemos nos tornar mais autenticamente humanos da maneira estabelecida por Jesus para nós, usando sua vida como modelo. O propósito nunca foi tornar-se uma pessoa religiosa, mas a formação de Cristo em cada pessoa e na vida da comunidade de discípulos.[53]

A ideia de conformação foca a atenção na ligação direta entre Jesus e seu povo. A perda desse relacionamento e dessa conscientização deve, certamente, levar ao declínio da intensidade da espiritualidade do cristão. Contrariamente, a restauração de nosso relacionamento com Jesus deve, certamente, levar a uma renovação de espírito. Com certeza o verdadeiro discípulo é a pessoa que reconhece Cristo como uma realidade presente em sua vida. Isso é confiar em Jesus e para isso é preciso se aproximar dele, viver sob seu senhorio, confiar em sua obra salvadora em nosso favor e, em um concentrado ato de adoração e amor responsivo, conformar nossas vidas à vida dele. Participar da vida de Deus "não acontece através de um êxtase ou qualquer estratégia bem preparada, mas através de Jesus Cristo. Os santos são aqueles que penetram dentro

51 James W. Woelfel. *Bonhoeffer's Theology: Classical and Revolutionary* (Nashville: Abingdon, 1970): 254.

52 Ibid

53 Ibid., 255, 256.

da existência de Cristo, que se elevam não por suas próprias forças, mas através da humanidade de Cristo para a divindade de Cristo."[54]

Na tentativa de transmitir essa necessidade de proximidade entre o cristão e Jesus, Kierkegaard cunhou um termo um pouco estranho, *contemporaneidade*. Embora desajeitado, esse termo é útil porque ressalta a necessidade de uma aproximação sem mediadores entre Jesus e seus seguidores. Ele percebe que, para o cristão, Jesus deve ser uma "realidade viva, vista através dos olhos da fé e contemporânea a cada geração. Sua realidade deve ser tal que transcenda tempo e espaço".[55] No pensamento de Kierkegaard, portanto, contemporaneidade é um esforço consciente do cristão em ir além de toda a tradição de dois milênios da igreja e, livre de pressuposições herdadas, encontrar-se com Jesus, vendo-o com os olhos, não dos primeiros cristãos, mas das primeiras testemunhas oculares (crucificadores e discípulos) e ali, "na dolorosa tensão daquele dilema, tomar sua própria decisão se Jesus é o Deus-Homem que tem autoridade absoluta sobre sua vida ou um louco que deve ser evitado a todo custo".[56] Se Kierkegaard estiver certo, é impossível evitar esse encontro direto com Jesus para sermos salvos e realmente o seguirmos. Um cristão precisa ser uma pessoa que encontrou e está encontrando Jesus diretamente. É somente através dessa vida inteira de imitação de Cristo, não apenas de um encontro, que a genuína contemporaneidade é plenamente alcançada.

Sem esgotar o assunto, deixe-nos reforçar nossa convicção de que essa contemporaneidade não é um caso de apenas obter uma teologia correta (seja lá o que "correta" possa significar). A fé bíblica não pode ser reduzida à crença em um conjunto de doutrinas e nem o discipulado pode ser visto nesses termos. Fé, como Lutero (re)descobriu, é mais uma aposta suprema na qual arriscamos nossas vidas em uma convicção. Não pode ser reduzida à crença em um conjunto de proposições. É um ato profundamente existencial no qual estamos completa e pessoalmente envolvidos. A contemporaneidade não pode ser obtida pela especulação, mas somente pela presença ativa de Cristo em minha própria existência.

---

54 Romano Guardini. *O Senhor.* (São Paulo: Agir, 1964).

55 Vernard Eller. *Kierkegaard and Radical Discipleship: A New Perspective.* (Princeton: Princeton University Press, 1968). Citado em 25 setembro de 2008. Online: http://www.hccentral.com/eller2/part12a.html. (Site em inglês. Acesso em 05/03/2015.)

56 Ibid., e-text.

Há muito mais em ser discípulo do que crer e confiar em Jesus no início; o cristianismo também envolve uma forma de existência bem definida, uma forma de vida que pode ser resumida na expressão "imitação de Cristo". Quando escolhemos esse caminho, assumimos o compromisso de ser seu companheiro constante, seu seguidor, seu contemporâneo. Todos os aspectos de nosso discipulado (adoração, ritual, oração, missão, teologia) são, em um sentido ou em outro, direcionados para a obtenção dessa contemporaneidade. Toda a vida de Cristo em todos os seus aspectos deve suprir a norma para a vida do seguidor cristão e da mesma forma, para a vida de toda a igreja.[57]

Quem? E o quê?

Então o que podemos usar como lanterna em nossa viagem por esse caminho em direção a Jesus? Há verdades centrais sobre ele que oferecem contornos gerais da fé que ele estabeleceu para que caminhássemos. Entendê-los nos capacita a acertar nos aspectos elementares que tornam Jesus e seu caminho tão especiais. Ele pode oferecer uma bússola, por assim dizer, que podemos consultar para ver se estamos (seguidores individuais e comunidade de fé) sendo consistentes com o indômito Senhor da igreja.

Vida e ensino de Jesus	Implicações para o discipulado/ igreja	Exemplos de como podem ser vividos
Conduz ao Reino de Deus e se concentra em sua própria pessoa. (P. ex.,Mc 1.14s; Lc 11.20)	Viver sob a autoridade do rei (veja mais tarde o capítulo sobre monoteísmo existencial, capítulo 5). O Reino de Deus é o centro e se estende para dentro e além da igreja até seu cosmos inteiro. Somos agentes do Reino em todas as esferas comuns a todo ser humano. Jesus é Senhor e Rei! Podemos viver e trabalhar onde quer que estejamos e podemos esperar que o Reino já esteja ali.	Quando estamos trabalhando, convidamos Jesus a nos acompanhar. Buscamos oportunidades de expressar as qualidades de Jesus enquanto trabalhamos. Procuramos formas de espelhar a obra de Deus, mesmo através da mais mundana e corriqueira das atividades.

57 Søren Kierkegaard, diários, 26 de novembro de 1834, citado em David J. Gouwens, *Kierkegaard as Religious Thinker.* (Cambridge: Cambridge University Press, 1996): 173.

Ordens diretas e ativas de fé/ confiança em Deus. (P. ex., Mc 1.14s; Mt 17.20)	Exige uma abertura radical para a intervenção soberana e miraculosa de Deus em nós. A fé como confiança exige uma forma distinta de abertura espiritual em nosso favor. Devemos esperar que Deus esteja envolvido em todos os aspectos de nossa vida.	Nos recusamos a desistir quando a situação parece sem esperança; temos fé que Deus está trabalhando na situação de algum modo. Não devemos sucumbir aos nossos temores.
É mediador da graça e da misericórdia de Deus. (P. ex., Mt 12.7)	Abertura para receber e repartir a graça/misericórdia de Deus aos outros. A medida que dermos será a medida que receberemos. Podemos ser generosos com nossos recursos e nosso tempo. Deus é misericordioso; devemos tentar encontrar formas de ser como Deus em nossa vida diária.	Nos recusamos a eliminar os agentes improváveis da graça em nosso meio. Seja uma pessoa sem educação formal, idosa, divorciada, um ex-detento, deficiente ou simplesmente carente ou irritante, nós humildemente aceitamos seus dons para nós como vindos de Deus.
Oferece perdão de pecados. (P. ex., Mt 9.2; Lc 7.47)	Arrependimento e perdão são um modo de vida (70X7). Abertura radical a uma santa vontade de Deus exige que estejamos constantemente conscientes de nossa pecaminosidade e a possibilidade do mal radical que espreita a alma humana. Também precisamos ser pessoas perdoadoras (Mt 6.15).	Examinamo-nos cuidadosamente para evitar qualquer amargura ou falta de perdão em relação aos outros. Colocamo-nos em relacionamentos onde damos satisfações de nossos atos. Estamos abertos à repreensão de um amigo amoroso. Confessamos nossas limitações regularmente.
Demonstra o amor de Deus por seu mundo. (P. ex., Jo 3.16; 14.21)	Exige nosso amor primário a Deus e um amor secundário aos outros em seu nome. Precisamos saber que somos um povo amado e isso deve ser expresso a outras pessoas. Esse amor deve incluir, mas vai além dos membros de nossa família atingindo até nossos inimigos. Devemos ser conhecidos como um povo que ama.	Nosso amor demonstra o amor de Deus. Demonstramos amor aos membros de nossa família e o fazemos como reflexo do derramamento do amor que recebemos de Deus. Praticamos a hospitalidade ao estranho. Criamos espaços onde outros podem crescer e encontrar graça.

Cura os enfermos e expulsa os demônios. (P. ex., Mc 1.23ss; Lc 11.20)	O ministério de cura deve ser parte do serviço da igreja para o mundo. Esses são sinais da presença do Reino (Jo 14.12). Vivemos em um mundo ferido, devemos procurar oportunidades para curar pessoas em seu corpo, psique e em seus relacionamentos.	Procuramos oportunidades para orar por pessoas, consolar e reconciliar. Não devemos nos constranger de orar pelos doentes ou nos envolvermos em batalha espiritual quando necessário.
Chama a todos a segui-lo e imitá-lo. (P. ex., Mt 4.19; 8.22)	Ele é a imagem do ser humano. Não apenas o Salvador, mas também o padrão de Deus para uma vida humana autêntica. Isso exige que o sigamos, uma imitação de Jesus... discipulado. Também envolve uma disposição em andar no contra fluxo e permanecer ao lado de Jesus e sua causa no mundo até ao ponto de enfrentar sofrimento e martírio. Isso também significará sermos mais "atraentes" aos pecadores e marginalizados (como Jesus foi).	Nós procuramos oportunidades de discipular outros cristãos. Somos voluntários para a distribuição de sopa para os moradores de rua e nos sentamos e conversamos com eles ainda que a aparência e a atitude deles sejam desconfortáveis para nós.
Radicaliza os padrões correntes de santidade (ex., o Sermão da Montanha). (P. ex., Mt 5–8)	Jesus estabelece um código moral e ético para ser seguido pela igreja/discípulo. O Sermão da Montanha é o texto mais usado no discipulado na história da igreja. Ele não somente descreve, mas prescreve a vida de discipulado. Devemos torná-lo um texto de referência básico e procurar aplicá-lo em nossa vida.	Praticamos a hospitalidade, a generosidade, a humildade e a justiça. Cremos que nossa fé nos traz não somente salvação pessoal, mas uma motivação para transformar o mundo a fim de refletir a justiça e a paz de Deus.
Apresenta um modo de amar e adorar a Deus distintamente não religioso (quase antirreligioso). (P. ex., Mt 21; Jo 4.20ss)	Forças contraculturais reais são desencadeadas no Evangelho. Nós, portanto, devemos estar dispostos, às vezes, a ir contra o fluxo e o status quo. As pessoas devem poder ver que somos seguidores de Jesus e não religiosos. As pessoas religiosas podem ser repulsivas para muitos não cristãos.	Desafiamos nossa comunidade de fé a juntar-se a grupos seculares para fazer o trabalho que Jesus aprovaria, mesmo que discordemos de alguns pontos de vista defendidos por esse grupo.

Demonstra amor e compaixão pelos pobres e oprimidos. (P. ex., Lc 4.18s; 7.22s)	Devemos servir aos marginalizados e perseguidos em nome de Jesus. Isso significa que, às vezes, estaremos em oposição a sistemas e estilos de vida que gerem opressão, sejam eles políticos, sociais ou religiosos.	Trabalhamos com um grupo que ajuda as vítimas do HIV/AIDS, embora alguns de nossos amigos achem que essa é uma causa na qual os cristãos não deveriam se envolver.
Fazer amizade com marginalizados e deslocados. (P. ex., Mt 9.9-12; Lc 19.10)	Devemos nos recusar a excluir pessoas da comunhão baseados em preferências culturais. Também deveríamos andar mais com "malucos" do que normalmente fazemos. Há coisas que temos que aprender das margens da sociedade que não podemos aprender no centro dela.	Insistimos em receber visitantes em nossa igreja que parecem estar "fora do padrão". Fazemos amizades com os "malucos" e marginalizados e procuramos aprender o que eles têm a nos ensinar sobre Jesus.
Segue o padrão de redenção de Deus. (P. ex., Lc 15.4-32)	Devemos agir de forma redentora porque Deus é redentor. Nós restauramos o que foi perdido ou quebrado. Missão envolve a redenção de um povo ferido e uma cultura perdida. Não julgamos, redimimos.	Nosso alvo é a restauração e beleza, criatividade e graça, hospitalidade e generosidade. Vivemos, amamos, brincamos e sofremos melhor do que qualquer um porque Deus é nosso Redentor.
Proclama e vive as Boas Novas do Evangelho. (P. ex., Mt 5.13-16)	Devemos proclamar e viver as Boas Novas de Jesus. Em certo sentido nós somos e devemos nos tornar as Boas Novas (somos sal/luz). Amor, perdão, misericórdia, compaixão, ira santa... são as marcas de um discípulo.	Nós socializamos com não cristãos. Oramos com eles. Modelamos uma realidade alternativa por nosso estilo de vida alternativo. Estamos sempre prontos para responder a respeito da esperança que há em nós. Reconhecemos o ministério daquele que possui o dom de evangelista.
Apresenta um chamado existencial para a pessoa como um todo. (P. ex., Mt 22.37-40)	Temos que responder a Deus com tudo o que somos e não somente crer com nossas cabeças e corpos. O amor de Deus engaja o coração, a cabeça, a mente, a vontade, o corpo, etc. Não podemos compartimentalizar nossa vida de modo a dividir nossa total devoção a Deus.	Vemos que os prazeres vêm de Deus e os dirigimos a ele, reconhecendo que ele nos deu. Nos envolvemos intelectualmente, emocionalmente e corporalmente na vida que Deus nos deu.

Oferece novos começos. (P. ex., Jo 3.1-7; Lc 7.38-50)	Precisamos nascer de novo. Somos o povo do novo começo! Devemos oferecer um novo começo aos outros. Dê oportunidades às pessoas. Aprenda a perdoar ativamente.	Lembramos que recebemos perdão e que os outros também precisam dele. Contamos aos outros o dom de Jesus de um novo começo e uma vida com Deus.
Odeia a hipocrisia. (P. ex., Mt 23.28ss; Lc 12.1)	No ensino de Jesus a justiça própria é abominação! Mencionado mais vezes do que o pecado sexual, esse é um pecado inaceitável para os discípulos de Jesus. Fomos muito perdoados, devemos estar dispostos a oferecer a mesma graça a outros.	Nós ouvimos humildemente quando os outros apontam as nossas faltas. Lembramos de não colocar os pecados sexuais no ponto mais alto da escala de pecados acima dos pecados espirituais como a hipocrisia e o orgulho, pois Jesus falou muito mais contra estes pecados.
Está voltando. (P. ex., Lc 11; Mt 25.1-13)	Um anseio cheio de adoração e expectativa por sua presença e retorno (como a virgem desposada aguarda pelo noivo). Ele nos completa. Ele também virá em juízo sobre os iníquos. Será um grande dia!	Mantemos vivo o sentimento de antecipação pela volta de Jesus e nossa necessidade de viver urgentemente. Aproveite as oportunidades! "Viva como se Jesus tivesse morrido ontem, ressuscitou hoje e virá amanhã!" (Lutero)
Entrega sua vida pelos amigos. (P. ex., Jo 15.13)	Nos chama a uma vida de sacrifício pessoal. Somos chamados a servir um mundo ferido e perdido (Mt 23.11-12).	Decidimos abandonar o luxo (talvez a TV a cabo, jantar fora, jogos no celular) e dar o dinheiro a uma boa causa.
Traz salvação. (P. ex., Lc 1.76-77; 19.9)	Precisamos ser salvos. Isso não é apenas uma decisão, é um processo que dura a vida inteira (Fl 2.12). Somos também mensageiros da salvação. A salvação na mente hebraica tem conotações de cura e totalidade. Temos que aplicar a salvação holisticamente.	Defendemos a ideia de que a salvação é um processo no qual estamos envolvidos diariamente.

Não cremos que essa lista seja exaustiva, nem acreditamos sequer que ela seja um resumo adequado da fé que tem conquistado corações e mentes de centenas de milhões de pessoas em dois mil anos de história. Na verdade, sugerimos que os leitores possam desejar compilar uma lista das ideias centrais e implicações de Jesus e seus ensinos para si mesmos. É um excelente exercício lembrar ao discípulo a essência da fé.

Seguindo o Jesus missional

Scott McKnight, estudioso da Bíblia e blogueiro, fez algo semelhante com sua série chamada "Missional Jesus". Ele não tira conclusões sobre como deveríamos viver como seguidores, mas cremos ser razoavelmente claro sobre como Jesus agiu e afetou as pessoas à sua volta – os leitores podem tirar suas próprias conclusões. Aqui está o nosso resumo/seleção da série[58]:

Texto bíblico examinado	Assunto do blog
Lucas 4.16-30	• O Jesus missional anuncia publicamente a centralidade de si mesmo para a missão de Deus (4.21) • O Jesus missional vê sua própria missão em Isaías 61.1s que indica que ela envolve justiça para os pobres, prisioneiros, cegos e oprimidos. • A missão de Jesus é uma missão de Jubileu (4.19). • A missão de Jesus cria perturbações e rejeição (4.24) • Jesus é rejeitado por seus conterrâneos (4.24-29) • A missão de Jesus se estende além das barreiras normais.
Lucas 5.1-11	• O Jesus missional é um pregador da palavra (5.1-3). • Os encontros com o Jesus missional provocam confusão, espanto e temor que leva ao arrependimento (5.5, 8, 9–10) • O Jesus missional compartilha sua missão com os que se apegam a ele (5.10). • Os que participam da missão de Jesus são chamados a recrutar outros para a missão de Jesus (5.11).

58 A série de Scot McKnight, "Missional Jesus", pode ser encontrada online em http://www.patheos.com/blogs/jesuscreed/. (Site em inglês. Acesso em 05/03/2015.)

Lucas 9.57-62	• O Jesus missional conhece o custo do corpo (9.58). • O Jesus missional conhece o custo da vida familiar a respeito de costumes sagrados (9.59s). • O Jesus missional conhece o custo da vida familiar a respeito de simples cortesias sociais (9.61s). • O Jesus missional quer tudo de seus seguidores, quer que eles tomem a decisão agora e exige tudo porque sabe que o Reino de Deus merece tudo.
Mateus 4.23-25	• Tudo o que o Jesus missional fez foi bom para os outros. • O Jesus missional lecionou em centros de ensino religioso típicos. • O Jesus missional pregava, o que significa que ele proclamou as Boas Novas sobre o Reino de Deus. O que é o Reino de Deus? Para Jesus, o Reino é "a sociedade na qual a vontade de Deus é estabelecida e transforma a vida toda". • O Jesus missional curava. • O Jesus missional atraía as pessoas.
Mateus 7.12	• O Jesus missional aceitava qualquer um que viesse a ele para ser curado. • O Jesus missional quebra as barreiras entre judeus e gentios. • O Jesus missional também curava gentios. • O Jesus missional acreditava que o que importava era a fé em Deus (através de Jesus) e não a herança étnica ou a associação religiosa. • O Jesus Missional elogia a percepção de fé nele como fé naquele que é enviado por Deus com autoridade.
Marcos 12.29-31	• O Jesus missional confronta o mal acolhido por pessoas devastadas por espíritos maus. • O mundo do mal reconhece o Jesus missional como uma ameaça de poder. • O poder do Jesus missional amedronta e inspira temor, mas isso não significa que todos os que têm essa percepção se tornem seguidores de Jesus. • O Jesus missional convoca os que foram libertos do mal a serem testemunhas da misericórdia que [o Senhor] demonstrou para com eles. • O Jesus missional sabe que sua missão é uma batalha espiritual.

Mateus 9.32-34	• O Jesus missional atrai os que estão possuídos pelo mal como a luz atrai os mosquitos. • O Jesus missional, portanto, atrai pessoas que sabem que Jesus pode curá-las. • O Jesus missional cura imediatamente. • O Jesus missional tem a oposição das autoridades religiosas ao ponto de o considerarem possesso de demônios.
Mateus 9.35 – 10.4	• O Jesus missional participa da missão de Deus. • O Jesus missional, portanto, ora a Deus por "extensores" de sua missão operante do Reino de Deus. • O Jesus missional ora porque está comovido com a opressão e a necessidade de misericórdia na vida de tantas pessoas. • O Jesus missional identifica especificamente 12 obreiros para o Reino e os nomeia seus representantes pessoais no trabalho do reino. • Nem todos os "extensores" de Jesus o seguem fielmente.
Mateus 10.5-8	• O Jesus missional tem uma audiência-alvo: os judeus. • Os missionários do Jesus missional têm uma mensagem: o Reino de Deus. • Os missionários fazem o que Jesus fez, expandem o que ele fez e dizem o que ele disse. Eles devem "ser" Jesus em um novo lugar a fim de estender Jesus e seu Reino a novos lugares.

Queremos dizer que, sem qualquer ressalva, os Evangelhos nos apresentam o retrato mais convincente de uma pessoa tão maravilhosamente humana e, ainda assim alguém que nos eleva além do meramente humano e nos mostrou a vida de Deus (Jo 14.9). Ele é o Deus a quem amamos e que é digno de adoração. Nós não desistimos e nos recusamos a subverter essa vida em lamentáveis preocupações de organizações eclesiásticas ou da mediocridade da classe média. Lutaremos para fazer qualquer coisa que estiver ao nosso alcance para assegurar que, em sua igreja, ele seja chamado de Senhor.

Outra voz que canta essa mesma letra é a compositora irlandesa Sinéad O'Connor. Em 2007 ela lançou seu álbum *Teologia*, uma antologia de reflexões sobre várias passagens do Antigo Testamento clamando angustiadamente por uma fé que não esteja manchada pela igreja que leva seu nome. Criada no catolicismo, o impacto de seus ataques tem sido invariavelmente suportado pela igreja de sua infância, mas o ferrão de suas belas canções pode ser sentido por qualquer igreja ou denominação que expulse Jesus de seu sistema religioso. Em seu ardente lamento "Out of the Depths" (Das profundezas) ela capta o clamor por misericórdia do coração ferido do salmista. Começa com uma paráfrase do Salmo 130.1:[59]

Das profundezas eu clamo a ti

Ó Senhor

Em sua canção ela imagina esse lamento sendo cantado para um Deus que está trancado fora de sua própria igreja. A música termina com os seguintes versos:

E é triste, mas verdadeiro como diz o velho ditado

Se Deus vivesse na Terra, as pessoas atirariam pedras em suas janelas

Que verso! Para realmente entender Deus precisamos vê-lo como aquele que é humilde, aquele que é atacado. As janelas de Jesus foram todas quebradas quando ele subiu a suave colina do Gólgota. Sinéad termina a canção repetindo ofegantemente várias vezes a primeira parte do verso 6 do Salmo 130:

Anseio por Ti como os guardas pelo romper da manhã

Esse é o nosso anseio também. A renovação começa com cada um de nós, mas como a conspiração dos "pequenos Jesuses", ela terá consequências para a renovação da igreja como um todo. É a esse assunto que voltaremos agora a nossa atenção.

59 Sinéad O'Connor, "Out of the Depths", in: *Theology* (Koch Records, 2007).

3

ReJesus para a igreja e para a organização

Toda a vida de Cristo, em todos os seus aspectos, deve fornecer a norma para a vida do seguidor cristão e, por conseguinte, para a vida de toda a igreja.
— Søren Kierkegaard

Tudo o que cerca o sistema religioso institucional – seja na forma de adoração no templo, sistemas sociais injustos ou práticas religiosas repressivas – é desafiado pela revelação de Deus na vida, morte e ressurreição de Jesus.
— Gail O'Day

Em Apocalipse 3.20 ouvimos as famosas palavras de Jesus: "*Eis que estou à porta e bato; se alguém ouvir a minha voz e abrir a porta, entrarei em sua casa e cearei com ele, e ele, comigo*". Geralmente interpretamos isso como Jesus atrás da porta de nossos corações nos pedindo para entrar. Embora possamos apreciar esse sentimento, o verso em si não tem nada a ver com evangelismo pessoal. A igreja específica em questão em Apocalipse 3 é Laodiceia, a famosa igreja morna que Jesus queria vomitar de sua boca. A imagem aqui é Jesus do lado de fora da igreja pedindo para entrar. A pergunta que deveria surgir em nossa mente é: "O que é que ele está fazendo do lado de fora da igreja quando deveria ser o Senhor dela?" A revelação de João das sete mensagens para as sete igrejas nos é dada como alerta para que não cometamos os mesmos erros. Jesus está do lado de fora da igreja em Laodiceia! Isso não acontece também com tantas comunidades e organizações que levam o nome de cristãs? A pergunta que fazemos ao introduzir esse capítulo deve ser: Jesus está, da mesma forma, fora de sua igreja? Nós o separamos da comunhão com aqueles que estão do lado de dentro? Qual é o resultado?

"ReJesusando" nossas organizações

Como já deve estar claro, nossa pressuposição básica é que Jesus oferece o modelo principal para nós, como seguidores individuais, mas também para a igreja como comunidade que está em Cristo e que anda em seu caminho. Como afirmamos anteriormente, cremos que a igreja deve constantemente retornar para Jesus para se encontrar novamente, se recalibrar, para testar se estamos realmente na fé. A inferência é que em geral a igreja como normalmente a experimentamos no ocidente tem, em vários graus diferentes, perdido o contato com a radical e perigosa mensagem que ela leva e tem a obrigação de vivê-la e transmiti-la. Como discípulos de Jesus somos chamados a viver uma vida à semelhança da vida de Cristo e, não importa como a configuremos, isso significa que as nossas vidas e nossas comunidades devem estar em significativa congruência com a vida, os ensinos e a missão de Jesus. O grau com que estamos vivendo a vida estabelecida por nosso Mestre é diretamente proporcional ao grau com que podemos nos chamar de discípulos autênticos.

Isso pode soar como idealismo a alguns leitores mais pragmaticamente inclinados, e talvez com razão. Eles podem apontar o fato de que, do jeito que as coisas estão, construímos e estabelecemos uma gigantesca religião global que compreende milhares de organizações com uma quantidade enorme de capital e recursos. E não podemos negar que essas organizações realmente conseguem ajudar muita gente e trazer muitos à fé. Portanto, elas podem considerar uma indulgência de nossa parte ficar tagarelando sobre a vida radical de Jesus quando, gostemos ou não, somos agora obrigados a manter essas organizações com seus programas associados, profissionais assalariados, ideologias, capital, edifícios e assim por diante. Eles têm um chamado para o pragmatismo acima do radicalismo, embora, eu suspeito que em momentos mais honestos, muitos deles provavelmente admitam que muito do que fazemos parece ter apenas uma correlação indireta com a descomplicada e não religiosa fé com orientação para a vida tão vividamente retratada nos Evangelhos. Esses objetores podem, a despeito de suas mais profundas intuições espirituais, simplesmente dizer que não temos escolha a não ser continuar a operar os serviços e manter o sistema ou todo o edifício corre o risco de ruir.

Outros podem acrescentar o fato de que, juntamente com a instituição da igreja, temos longas e complexas histórias que nos moldaram, nos carregaram e nos conduziram aqui onde estamos hoje. Eles sugeririam que somos, de fato, herdeiros de uma grandiosa tradição religiosa com rituais que evoluíram do movimento da igreja primitiva, ainda que, realmente, não se trate hoje do mesmo fenômeno. Para eles, a igreja que temos hoje é a realidade deles e eles não podem e com certeza não voltarão a uma fé cristã bíblica primitiva simples, meio inocente, esteticamente falida e semelhante a Jesus. Essas pessoas, sem dúvida, creem que, por bem ou por mal, o cristianismo agora existe envolvido em seus rituais, dogmas, sacerdócios, catedrais e outros paramentos religiosos e que o idealismo de um projeto ReJesus não tem lugar na religião cristã sensata que temos agora.

Temos que admitir a existência de substância em ambas as respostas – a pragmática e a tradicionalista. A instituição da igreja (tradicional e contemporânea) não está sem Deus, sem beleza ou sem bênção. Reconhecemos que pessoas profundamente espirituais têm trabalhado incansavelmente para o seu avanço. Não queremos sugerir que ela seja inútil (e, por favor, perdoe-nos se estamos dando essa impressão), mas não podemos escapar à pergunta: "Era essa a intenção de Jesus para esse movimento?" E não seria toda essa parafernália que, em parte, obscurece nosso acesso à fé vital que todos nós buscamos e ansiamos? O avanço no Reino de Deus se reduz a dirigir programas e cultos e/ou guiar leigos em complexidades litúrgicas a fim de ajudar as pessoas a chegarem ao Deus que deveriam acessar diretamente por meio de Jesus de qualquer forma? Era isso que Jesus tinha em mente quando estabeleceu a igreja

(Mt 16.18s)?[60] E o que aconteceu com a doutrina do sacerdócio de todos os cristãos, a que muitos dentro dos movimentos protestantes tinham a intenção de aderir (1Pe 2.9)?

Ativismo evangelístico

Alan Walker

Alan Walker, evangelista e teólogo australiano, nasceu em 1911 e dedicou toda a sua vida tanto ao ativismo social como ao evangelismo. Nos anos 1950, Alan Walker lançou-se em uma turnê evangelística de três anos pela Austrália e Nova Zelândia na qual pregou para mais da metade da população total de cada país. Campanhas evangelísticas como essa eram relativamente comuns na Austrália naquele tempo. No início do século 20, pregadores fundamentalistas dos Estados Unidos começaram a fazer visitas regulares ao país conduzindo circuitos evangelísticos semelhantes. Mas a escala de Walker era singular no sentido de que ele anunciava a integração do evangelismo e do ativismo social em um tempo em que a igreja protestante geralmente via as duas esferas como incompatíveis. Ele também tinha a coragem moral de ser um crítico aberto da política racista "Austrália Branca" desde 1938, quando a igreja mantinha silêncio sobre o assunto. Como pacifista durante a 2ª Guerra Mundial e a Guerra do Vietnã, atraiu a ira da imprensa, mas permaneceu fiel às suas convicções. Depois de sua última turnê evangelística em 1958, assumiu a liderança da Missão Metodista Central em Sidney, Austrália, e a desenvolveu até torná-la uma das maiores agências de justiça social do país. Ele foi expulso duas vezes da África do Sul por sua posição antiapartheid e recebeu o título de cavaleiro da Rainha da Inglaterra. Foi amigo de Martin Luther King Jr. e recebeu o apelido de "a consciência da nação" pelo governador geral da Austrália. Alan Walker encarnou Jesus porque seu ativismo social nunca prejudicou sua paixão evangelística. "Nunca nos esqueçamos que é Cristo que oferecemos."

60 *"Também eu te digo que tu és Pedro, e sobre esta pedra edificarei a minha igreja, e as portas do inferno não prevalecerão contra ela. Dar-te-ei as chaves do reino dos céus; e o que ligares na terra terá sido ligado nos céus; e o que desligares na terra terá sido desligado nos céus."* (Mt 16.18s)

Não somos insensíveis ao fato de que um grande número de pessoas se sente conectado com Jesus via imaginação dos vitrais de tradições eclesiásticas grandiosas. Nem discutimos que as igrejas de seguidores de estilo contemporâneo têm dado uma nova esperança a muita gente e as têm conduzido a uma experiência real com a fé cristã. Seríamos ignorantes se o fizéssemos. Deus está em todo lugar e sua graça é manifesta onde quer que ele escolha fazê-lo.

No entanto, qualquer que seja a defesa do status quo, nenhum de nós pode, ou deve, evitar o teste espiritual de exame da validade de nossa expressão preferida de igreja pelas pistas oferecidas por Jesus, o Messias. A menos que possamos validar quem nós somos e o que fazemos nos alinhando com a medida que Jesus estabeleceu em sua vida e obra, então o que, em nome de Deus, estamos fazendo? E como podemos legitimamente nos chamar de cristãos, a menos que o que estamos fazendo seja edificado exatamente sobre a rocha de Jesus e assumamos diretamente sua agenda (e as pistas diretas para sua organização e estilo de vida)? Seu modus operandi, sua crítica à religião, seu compromisso com o caminho do Reino deve se tornar nossa fonte principal de orientação. Cremos que a fim de renovar-nos (organizacional, comunal e pessoalmente) precisamos descobrir Jesus de novo, ainda que este seja um perigoso plano de ação porque questiona muito sobre o que estamos edificando nossas casas religiosas. No início deste novo século nunca precisamos tão desesperadamente redescobrir o brilho da experiência original da experiência cristã e permitir que ela arranque fora toda a parafernália desnecessária e desajeitada da cristandade.

O que nos surpreende é que nos últimos anos até nossa cultura secular tem exigido esse projeto de "reJesusar" a igreja. Vários produtores de filmes (profetas seculares de nosso tempo?) têm recentemente representado personagens cristãos em conflito com a igreja institucionalizada. Os líderes de igreja que têm desprezado esses filmes como ataques selvagens a Cristo não entenderam o ponto principal. Filmes como *Jesus de Montreal, Chocolate* e *As It Is in Heaven* (Assim como no céu) não são ataques a Jesus. São críticas mordazes ao cristianismo institucional, mas todos retratam seus protagonistas messiânicos com grande simpatia e até reverência.

O mais alegórico de todos, o filme canadense *Jesus de Montreal*, apresenta um ator desempregado, Daniel, que é convocado a trazer um novo sopro de vida à peça de Páscoa de uma igreja. Ele enraivece as autoridades religiosas quando entra em cena com sua atitude realista demais. Ao pesquisar a história de Jesus (significativamente sob o olhar da estátua de pedra de Cristo fora da igreja) a vida de Daniel começa a espelhar a vida de Cristo. Como Jesus, ele reúne à sua volta um bando de desajustados e marginalizados – um homem que dubla filmes pornôs, uma esquecida atriz de meia idade, uma modelo que só é chamada pelos agentes para papéis em que expõe os seios. Como Jesus, Daniel transforma seu grupo em uma comunidade de graça e perdão funcional e orgulhosa de si. Como Jesus, Daniel apela às pessoas comuns. Sua peça logo se torna o assunto do momento em Montreal, com centenas de pessoas que não costumam frequentar igrejas fazendo fila para comprar ingressos. Inevitavelmente, como Jesus, ele se vê em sérios conflitos com os líderes religiosos, que ficam tão indignados com seu retrato terreno e apaixonado de Cristo que decidem impedir a exibição da peça, o que resulta na trágica morte de Daniel.

Jesus de Montreal é mais do que um drama sobre um ator que se vê consumido por seu papel. É uma alegoria na qual Daniel é essencialmente uma figura de Cristo desde a cena inicial em que há um paralelo com João Batista. Enquanto nos oferece uma releitura agnóstica da vida de Jesus, não poderíamos esperar que um produtor secular pudesse fazer coisa diferente. No entanto, se tivermos sabedoria, ouviríamos à premissa básica do filme: se Jesus realmente aparecesse em Montreal a igreja seria seu maior inimigo!

Da mesma forma, nos dois outros filmes, a figura de Cristo aparece em pequenas comunidades oferecendo esperança aos marginalizados, mas acabando em um conflito com a igreja estabelecida. Em *Chocolate*, uma mulher chamada Vianne transforma uma sombria vila francesa com amor e graça (e, claro, chocolate). Ela quase é expulsa da cidade pelo prefeito que é o poder dominante por traz do gentil padre. Em *As It Is in Heaven* (Assim como no céu), um maestro internacionalmente famoso se aposenta, vai para a pequena cidade sueca de sua infância e é convencido a dirigir o coral da igreja luterana local. Seus métodos são tão radicais que ele transforma a ralé de cantores amadores em um coral de nível internacional. Ao fazer isso, porém, descobre que o ministro luterano se transformou em seu inimigo de morte. Como Daniel, ele também morre tragicamente, mas deixa atrás de si um grupo de homens e mulheres que nunca mais serão os mesmos.

Não estamos sugerindo que deveríamos fazer dos produtores cinematográficos a nossa fonte de sabedoria, mas esses filmes intuíram algo importante e são populares precisamente porque pisam no calo de suas audiências. Embora eles prefiram decididamente representar figuras não divinas de Cristo, falam a uma audiência que acredita que o Cristo verdadeiro tinha mais a ver com a transformação de um pequeno grupo de seguidores do que dirigir uma rica instituição religiosa. Esses filmes, e muitos outros além desses, insistem que uma comunidade de amigos fiéis, determinados, amorosos e honestos inspirados por uma extraordinário visionário pode mudar o mundo. O elenco de Daniel resolve levar adiante seu trabalho estabelecendo um estúdio de atores de vanguarda. Os amigos de Vianne da loja de chocolate iniciam uma revolução que finalmente vê a lúgubre aldeia transformar-se em uma vibrante e colorida comunidade. Em *As It Is in Heaven*, o maestro, que também se chama Daniel, morre de enfarto ouvindo seu coral vencer um prestigiado concurso na Áustria, sabendo que eles tinham alcançado um senso de harmonia raramente obtido pelos melhores corais.

A mensagem que esses filmes parecem estar transmitindo também foi expressa pela antropóloga Margaret Mead, quando escreveu "Nunca duvide de que um pequeno grupo de pessoas conscientes e engajadas possa mudar o mundo. De fato, sempre foi assim que o mundo mudou".[61] No que isso difere da revolução realizada por Jesus? É bom nos lembrarmos da profunda observação de Roland Allen sobre movimentos missionais e como eles são centrados em Jesus:

> A espontânea expansão da igreja reduzida a seu elemento é uma coisa muito simples. Ela não exige uma organização elaborada, nem um grande orçamento, nem um grande número de missionários assalariados. No começo pode ser o trabalho de um único homem, e esse homem não precisa ser conhecedor das coisas do mundo, nem ser rico das riquezas desse mundo. O que é necessário é o tipo de fé que, unindo um homem a Cristo, o incendeie.[62]

61 http://pensador.uol.com.br/frases_margaret_mead/.

62 Roland Allen. *The Compulsion of the Spirit* (Grand Rapids: Eerdmans, 1983): 47–48.

Sentimos que, nessa conjuntura crítica da história, quando a igreja é forçada a se encontrar novamente pelas abruptas circunstâncias do desafio de adaptação ao século 21, devemos retornar a ser aquela comunidade simples, descomplicada, apaixonada por Cristo, cheia do amor de Deus que imbuiu nossos ancestrais espirituais. Temos que reacender nossa paixão diretamente da chama de Jesus. O processo de voltar ao nosso centro generativo significará um processo de redescoberta de Jesus. Precisamos "reJesusar" nossas organizações.

Cristianismo sem Cristo é igual a religião

A fim de chegar à raiz do problema, vamos reverter a maneira de olhar para o processo do ReJesus: vamos pensar sobre o que acontece quando você tira Jesus da experiência do cristianismo. Para isso, considere a seguinte equação:

Cristianismo – Cristo = Religião

Faz sentido, não? Algumas afirmações fazem soar um imediato "alarme da verdade" e, para muitos cristãos, essa é uma delas. É óbvio que o cristianismo sem o sangue de vida, a visão, o amor do Jesus verdadeiro é uma instituição religiosa sem alma. Se você ainda não percebeu, tendemos a usar a palavra "religião" em um sentido negativo – como um conjunto de rituais herdados, regras, estruturas destituídas de espiritualidade vital. A maioria das religiões nesse sentido tende a ser muito opressiva e controladora. E é isso que queremos dizer aqui. A remoção de Jesus da fé resulta no despertar da consciência religiosa e da expressão institucional. Um estudo sobre a história da igreja europeia provará mais do que adequadamente esse fato. A Inquisição não era uma aberração da história, mas o resultado lógico de uma religião altamente coercitiva e controladora que tinha perdido a visão de sua existência – tinha perdido contato com seu fundador. Mas o que aconteceu? Como um movimento tão vivo como a igreja primitiva se viu tão longe de seu fundamento? Isso não é um caso tão misterioso assim. De fato pode ser prontamente explicado pela sociologia da religião. Os sociólogos reconhecem que o enfraquecimento do impulso fundador de um movimento não é exclusividade do cristianismo, mas ocorre com todas as expressões religiosas. Os sociólogos o chamam de "rotinização de carisma" e afirmam que ela é responsável pelo declínio das organizações religiosas e dos movimentos populares. O que acontece no começo de um movimento é que as pessoas encontram o divino de uma maneira profunda e reveladora, mas com as sucessivas gerações, esse encontro tem a tendência de se dissipar como uma fotocópia de uma fotocópia de uma fotocópia. O que começa como uma confrontação revolucionária e transformadora de vida com Jesus eventualmente é reduzida a uma religião codificada e é subsequentemente incorporada na vida social normal.

E aqui reside o dilema insolúvel para todas as pessoas de fé: embora a fé genuína seja nascida de encontros diretos com Deus, não pode sobreviver e prosperar sem alguma forma de estabilidade e ordem. Vistos positivamente, os rituais, credos e organizações podem ajudar as pessoas a estruturarem seu relacionamento com Deus. De fato, cremos que foi para isso que eles foram criados, mas, a menos que o adorador seja muito cuidadoso, o encontro com a glória de Deus irá se dissipar e os rituais, os credos e as regras cujo objetivo era preservar o encontro, tomarão o lugar dele. A crise surge quando as formas exteriores de adoração não mais combinam com a experiência interior e a condição espiritual dos participantes. A essa altura, o declínio se torna inevitável, o cristianismo autêntico é subvertido e constantes renovações se tornam necessárias... por essa razão precisamos "reJesusar".

Isso, como O'Dea diz, é um dilema nascido da tragédia inerente na condição humana em um mundo caído. Para o discípulo, porém, a verdade simples deve permanecer: não se pode apagar, controlar ou mediar o encontro essencial com Deus em rituais, sacerdócios e fórmulas teológicas. Todos nós precisamos constantemente entrar em contato com o Deus que nos enerva, desestabiliza e, mesmo assim, nos atrai. O mesmo é verdade para o nosso relacionamento definido com Jesus. É como a história dos israelitas no deserto. Eles tentaram estocar o maná do céu para outro dia. A religião pode cair na mesma tentação de tentar estocar e depender das lembranças de uma experiência espiritual do passado. Por quantos anos a igreja dependeu mais do sistema das santas relíquias cristãs – um osso do dedo de Pedro, uma lasca de madeira da cruz de Cristo, catedrais e edifícios sagrados, rituais herdados e até fórmulas de credos – do que dependeu do encontro renovado e diário com Jesus? Nós, como Israel, somos chamados para estar dispostos a coletar o maná fresco todos os dias – e temos que fazer isso sem nos tornarmos caçadores de emoções, mas adoradores por toda a vida. Agir de outro modo é "terceirizar seu encontro com Jesus", reduzindo-o a um sistema religioso de lembranças, ritual e parafernália religiosa. Maurice Friedman disse:

> A teofania acontece com o homem e ele tem sua parte nisso, e Deus tem a dele. As formas e ideias [religiosas] resultam disso, mas o que está realmente revelado não é uma forma ou uma ideia, mas Deus. A [genuína] realidade religiosa significa isto: é a relação sempre crescente com o próprio Deus. O homem não possui Deus, se encontra com ele.[63]

Quanto mais uma pessoa substitui um encontro renovado com Jesus com formas religiosas, com o tempo ele é removido de seu lugar central na vida da igreja. O resultado dessa remoção (seja qual for o meio) é a instalação da religião morta no lugar da fé viva.[64] E, para ser honesto, muito do que tem acontecido em nome da cristandade pode prontamente ser chamado de religião, e não de cristianismo como definido pela Bíblia. Séculos atrás, Blaise Pascal pronunciou essas palavras incisivas sobre a condição espiritual do cristianismo de seu tempo: "A cristandade é uma união de pessoas que, por meio de sacramentos, se desobrigam de seu dever de amar a Deus".[65] E embora as pessoas religiosas tenham a tendência de ser sinceras, usam a religião para ratificar a experiência de Deus – para amenizá-la e controlá-la. Uma das funções da religião, sociologicamente falando, é evitar Deus. Todas as tentativas de reduzir a fé ao intelectualismo, condicionar o nosso entendimento de Deus, domesticar Jesus ou reduzir o chamado para o discipulado para toda a vida, resultará em perda da experiência de Deus e a invasão de alguma forma de religião. O missiólogo anglicano John Taylor diz: "Não precisamos ir tão longe quanto Karl Barth na definição de toda a religião como incredulidade. Mas [...] é óbvio que

---

63 Maurice S. Friedman, *Martin Buber: The Life of Dialogue* (Londres: Forgotten Books, 2012). Citado em 25 de setembro de 2008. Online: http://www.religion-online.org/showchapter.asp?title=459&C=377. (Site em inglês. Acesso em 05/03/2015)

64 A palavra "religião" pode ser usada tanto no sentido positive quanto no negative. Quase todas as vezes a usamos no sentido negativo.

65 Abraham Heschel, *A Passion for Truth* (Nova Iorque: Farrar, Straus e Giroux, 1973), 169–70.

o homem usa a religião como uma maneira de escapar de Deus. Isso acontece com o cristianismo e com qualquer outro sistema religioso".[66]

Outro anglicano observou corretamente: "Jesus estava inaugurando um modo de vida no qual não havia mais a necessidade do templo".[67] Qualquer tentativa de reconstruir uma teologia de templo vai claramente contra a obra de Jesus. Ele é o novo templo.

Martin Buber, o grande articulador da espiritualidade dialógica hebraica diz que aquelas que eram originalmente as verdadeiras formas do encontro com Deus logo se deterioraram para, então, se tornarem obstáculos ou substitutos para Deus. Fazemos muito bem em prestar atenção ao alerta que ele dá:

> O maior perigo do homem é a "religião" e o êxtase místico. Pode ser que as formas pelas quais o homem originalmente consagrou o mundo para Deus tenham se tornado independentes [...] então elas finalmente cessaram de incorporar a consagração da vida do dia a dia e se tornaram o meio de seu desligamento de Deus. A vida no mundo e no culto religioso então começou a correr em linhas paralelas que jamais se aproximam. No entanto, o "deus desse culto divino" não é mais Deus, é a máscara, o parceiro real na comunhão não está mais ali, o adorador gesticula no ar vazio. Ou, pode ser aquele estado de alma que sustenta o culto divino que se torna independente, a devoção, o alcance, a absorção, o arrebatamento, que tinha o objetivo de ser uma prova fluindo da plenitude de vida, se torna, em vez disso, separada da vida. Agora a alma somente quer lidar com Deus; como se ela [a alma] desejasse exercitar seu amor por ele e somente por ele, e não por seu mundo. Agora a alma pensa que o mundo desapareceu e só ela, a alma, é deixada só. O que ela agora chama de "Deus" é apenas uma ficção de si mesma, o diálogo que ela pensa estar desenvolvendo é apenas um monólogo com papéis divididos, pois o real parceiro da comunhão não está mais ali.[68]

Embora possa parecer duro, a Bíblia hebraica mantém uma crítica constante de suas próprias formas religiosas. O Salmo 50 é um exemplo clássico de uma vituperação profética contra a "formularização" da fé. Os profetas eram os guardiões do relacionamento pactual entre Deus e seu povo. Eles eram obcecados pelo chamado à fidelidade a

66 John V. Taylor, *The Go-between God: The Holy Spirit and the Christian Mission* (Londres: SCM, 1972), 190.

67 N. T. Wright, citado em Bruxy Cavey, *The End of Religion: An Introductionto the Subversive Spirituality of Jesus* (Ottawa: Agora, 2005), 62

68 Martin Buber. *Mamre: Essays in Religion* (Melbourne: Melbourne University Press, 1946): 103–4.

Deus. Eles insistiam que a verdadeira fidelidade a Deus não poderia ser exercitada através de um ritual religioso, mas somente com um coração entregue a ele. Esse desafio fundamental é repetido por toda a luta profética. Por exemplo, Isaías clama: *O Senhor disse: Visto que este povo se aproxima de mim e com a sua boca e com os seus lábios me honra, mas o seu coração está longe de mim, e o seu temor para comigo consiste só em mandamentos de homens, que maquinalmente aprendeu...* (Is 29.13, cf. 58; Jr 7.3-16; Am 5.21). Não é contra o sacrifício em si que o profeta se lança, é contra a perda da adoração pactual. É o intento que alguém traz às formas religiosas que lhes imprime o verdadeiro significado.

O cristianismo antirreligião

Ao pensarmos sobre os perigos da religião formulada seria útil dar uma olhada nos fariseus. A maioria dos leitores do Novo Testamento concordaria que os fariseus geralmente são retratados como os vilões e não como um grupo de pessoas que gostaríamos de fazer parte. Vamos olhar de perto os fariseus. O que sabemos sobre eles?

Bem, de acordo com a Bíblia e a pesquisa histórica podemos dizer que:

⇒ Eles eram muito sinceros em seu sistema de fé.

⇒ Eles eram um grupo extremamente zeloso e apaixonado – o compromisso de um homem bomba provavelmente seria similar ao zelo de um fariseu.

⇒ Eles eram dizimistas meticulosos e davam além do que era exigido deles a (a hortelã, a arruda e o cominho não estavam arrolados como as coisas sobre as quais deveria ser dado dízimo).

⇒ Eles mantinham um forte código moral – eles eram gente decente.

⇒ Eles acreditavam na autoridade de todas as Escrituras Hebraicas. Nisso eles se opunham aos saduceus, os teólogos liberais da época, que limitavam o cânon aos primeiros cinco livros e então reduziam sua autoridade em assuntos da vida e da fé.

⇒ Eles acreditavam em milagres. Criam que Deus tinha o poder e fez uso dele para entrar no curso dos negócios humanos na forma de intervenção miraculosa. Contra o liberalismo de seus dias, eles defenderam ferozmente a doutrina da ressurreição (O milagre fundamental) que era negado pelos saduceus.

⇒ Eles eram guardiões da tradição e, portanto, tutores da identidade de Israel. É improvável que Israel tivesse sobrevivido ao tempestuoso período intertestamentário sem sua presença e contribuição.

⇒ Eles eram o que podemos chamar de missionais. Imbuídos com causas messiânicas, percorriam terra e mar em busca de um único convertido.

⇒ Eles oravam fervorosamente e, muitas vezes, com orações escritas para todas as situações possíveis da vida.

⇒ Eles eram fortemente messiânicos. Ansiavam pela redenção de Israel e do mundo.

Estaríamos errados em caracterizar os fariseus como pessoas mal-intencionadas com nada além do mal em suas mentes. Geralmente eles eram sinceros e bem-intencionados em tudo o que faziam. Ainda que o judaísmo do tempo de Jesus fosse degenerado e carente de renovação, eles eram, todavia, pessoas exemplarmente religiosas.

Podemos nos perguntar: "Que ramo do cristianismo contemporâneo mais adota essa forma de espiritualidade?" E com toda a certeza devemos responder: "São os cristãos que creem na Bíblia, os evangélicos tradicionais!" E o aspecto mais assustador dessa descoberta, como acabamos de dizer, essas pessoas foram as maiores responsáveis por colocar Jesus na cruz. E aí é que está a questão: nós somos os fariseus, ou pelo menos o que podemos nos tornar se não estivermos atentos para as dinâmicas envolvidas na lenta erosão de fidelidade na religião. Eles são espelhos vivos do que pode acontecer a todas as pessoas sinceras e bem-intencionadas quando perdem o foco dos elementos centrais da fé – "os preceitos mais importantes da Lei" (Mt 23.23). O horror dessa compreensão é completo quando lembramos que essas pessoas boas, corretas, dedicadas e religiosas – não diferente de nós – estavam muito inclinadas a assassinar Jesus.

Mas vamos mais fundo. Lembre-se de que, teologicamente falando, Jesus era um verdadeiro fariseu. Ele afirmava todas as coisas que estavam na lista a respeito da autoridade da Bíblia, a realidade dos milagres, da ressurreição, a necessidade por uma santidade ardente e assim por diante. Toda a diferença reside em como nós vivemos a teologia à qual aderimos – como nós cremos. Divorciada de amor, humildade e misericórdia ela logo se transforma em uma religião morta e opressora. E aqui, novamente Jesus é a chave. Sem a presença de um amor ativo pelo Jesus radical, o cristianismo facilmente se degenera para uma religião opressora. Não se engane, o projeto da cristandade está repleto de atrocidades perpetradas em nome da religião: a Inquisição e as Cruzadas se destacam, mas não são incidentes isolados. Alguém pode até argumentar que, em parte, Jesus veio nos salvar das armadilhas da religião. Fazemos bem lembrar o juízo que veio sobre o moralismo legalista em que o judaísmo do tempo de Jesus tinha se degenerado. As parábolas de juízo são válidas para todas as pessoas religiosas, não só para os escribas e fariseus.

Quando lecionava em um seminário da região dos Estados Unidos chamada de "Cinturão da Bíblia", Alan certa vez apresentou a questão: "O que faríamos com Jesus se ele aparecesse em nossas igrejas?" E uma alma corajosa respondeu: "Nós provavelmente o mataríamos!" E todos nós de alguma maneira sabíamos que sua resposta era perturbadoramente verdadeira. No entanto, a inquietante pergunta permanece: O que a nossa igreja local faria se Jesus, o verdadeiro, o insuperável reformador revolucionário que vemos retratados nas Escrituras viesse para nossa comunidade? Na maioria das nossas igrejas sairia faísca! Por quê? Porque Jesus e a religião simplesmente não se misturam. Jacques Ellul está absolutamente certo quando disse:

> Para os romanos o recém-nascido cristianismo não era uma nova religião. Era uma 'antirreligião' [...] O que as primeiras gerações de cristãos estavam colocando à prova não era apenas a religião imperial, como frequentemente é dito, mas todas as religiões do mundo conhecido.[69]

> O cristianismo não se declara uma religião superior às outras, mas uma antirreligião que refuta todas as religiões que tentam nos unir a um universo divino. Sem dúvida, o cristianismo constantemente se torna uma religião [...] [No entanto] a religião cristã, em si, é constantemente chamada a um questionamento pelo absoluto revelado em Jesus Cristo.[70]

69 Ellul, *Subversion of Christianity*, 55.

70 Ibid., 141.

Em Jesus temos a ruína de tudo o que chamamos de religião. No lugar de um sistema mediador com seus templos, rituais, credos e cultos sacerdotais, ele abre a experiência com Deus a todos e destrói os sistemas religiosos opressivos de seus dias (Mt 21.28-46; Lc 19.10-26; 23.45). Que o advento de Jesus tenha assinalado o término do sistema de templo está claro. Diz N. T. Wright: "Jesus estava inaugurando um modo de vida que não tinha mais necessidade do templo".[71] Mesmo uma leitura superficial de Marcos revela que imediatamente após seu batismo no Espírito e sua provação no deserto, Jesus imediatamente começa confrontando as forças que oprimem a vida humana – as forças demoníacas e o sistema religioso. Seu ataque contra a religião é incansável e profundo. No ministério de Jesus, o Reino de Deus surge entre aqueles a quem o sistema religioso tinha marginalizado – o pobre, o oprimido, as prostitutas – e as pessoas religiosas se veem sob o juízo de Deus (p. ex., Mt 23.13-39). Na resposta de Jesus à mulher samaritana vemos Jesus suprimindo a legitimidade de toda a tentativa de localizar e, portanto, mediar e controlar Deus através da operação de locais sagrados (Jo 4.21-24).[72] Além disso, todas as parábolas de Jesus sobre o juízo questionam qualquer tentativa de controlar Deus e seu povo e são, por conseguinte, implacáveis condenações da religião em todas as suas formas. É difícil ver Jesus se encaixando em qualquer sistema religioso. Nele está o desmanche de toda a religião.

Por isso, as pessoas religiosas odiavam Jesus e constantemente conspiravam para matá-lo – e finalmente conseguiram, em conivência com os políticos e a multidão. Achamos que todas as pessoas religiosas da mesma forma odiariam Jesus e procurariam removê-lo da equação porque o que ele faz está efetivamente invalidando o sistema no qual investiram tão profundamente. Para "rejesusar" a igreja, precisamos primeiro olhar no espelho e perguntar a nós mesmos se o estranho e maravilhoso Deus-Homem tem invadido nossa vida com propósito e novidade. Se o cristianismo sem Cristo é igual a religião, então o cristianismo mais Cristo é o antídoto para a religião.

71 Citado em Cavey, *End of Religion*, 62.

72 Disse-lhe Jesus: "Mulher, podes crer-me que a hora vem, quando nem neste monte, nem em Jerusalém adorareis o Pai. Vós adorais o que não conheceis; nós adoramos o que conhecemos; porque a salvação vem dos judeus. Mas vem a hora e já chegou, em que os verdadeiros adoradores adorarão o Pai em espírito e em verdade; porque são estes que o Pai procura para seus adoradores".

Hospitalidade Radical

Jean Vanier

Em meados dos seus trinta anos, Jean Vanier, nascido em Genebra, Suiça, já tinha vivido na Inglaterra, França e Canadá; servido na Marinha Britânica e na Marinha Real Canadense; completado seu doutorado em filosofia e se tornado um dinâmico jovem professor na Universidade de Toronto. Somente em 1964, porém, aos 36 anos, Vanier descobriu aquela que se tornaria a verdadeira obra de sua vida. Após testemunhar a desesperada situação de milhares de pessoas intelectualmente deficientes nos hospitais para doentes mentais, ele comprou uma velha casa em Trosly-Breuil, na França, convidou dois homens dessas instituições para viverem com ele e estabeleceu uma comunidade. Dando-lhe o nome de L'Arche, que significa "a arca" em francês, Vanier e aqueles dois homens abriram seu lar para outras pessoas, gradualmente construindo uma comunidade na qual pessoas com ou sem desordens mentais formaram uma comunidade. Desde então, 130 outros lares comunitários têm sido formados em todo o mundo. Embora internacionalmente reconhecido, Vanier ainda faz da comunidade em Trosly-Breuil o seu lar. Ele é um pequeno Jesus porque encarna a motivação, à semelhança de Cristo, de viver, ser amigo e servir aqueles que, de outra forma, seriam tratados pela sociedade como marginais em nosso mundo.

O fundador e a fundação

Parte da base para essa declaração vem de um entendimento do papel definido que Jesus representa para o movimento que surgiu de sua vida e obra. Em todos os movimentos de pessoas, incluindo os movimentos religiosos, há uma relação definida entre o originador e o movimento subsequente formado pela obra e os ensinos daquela pessoa. Em alguns raros casos, um movimento pode evoluir do padrão original estabelecido por seu fundador, tomando uma visão mais ampla ou uma nova base filosófica enquanto ainda permanece essencialmente fiel ao seu ser original (p. ex., o movimento das sufragistas evoluiu para o atual movimento feminista). Cremos que esse não é o caso da igreja. O elo vivo entre o fundador e sua criação é crítico para a saúde do cristianismo em particular, como já tentamos articular.

Max Weber, o famoso sociólogo foi um dos primeiros a formular esse conceito quando descreveu o papel do "líder carismático" na fundação de um movimento. O líder carismático, em seu ponto de vista, distingue-se dos outros tipos de líderes por sua capacidade de inspirar lealdade por si mesmo. A fonte dessa autoridade existe aparte de qualquer status obtido pela membresia em uma instituição estabelecida. Ele também percebeu que os movimentos que sobreviveram além da primeira geração foram iniciados por essa pessoa extraordinariamente dotada (carismática) que, em uma situação de crise apresentou uma visão radicalmente alternativa do mundo e, portanto, inicia uma missão para mudar o mundo a fim de cumprir essa visão. Essa anunciação de uma visão e missão radical subsequentemente atrai um grupo de seguidores que experimentam coletivamente vários êxitos e encontros que, mais tarde, validam a missão carismática. E assim descobrimos que finalmente uma equipe de dedicados seguidores emerge para levar adiante a mensagem radical do fundador.[73]

A razão de citarmos Weber aqui é que ele compreendeu corretamente os fatores críticos que contribuíram para importantes movimentos de pessoas e organizações transformacionais. Um exemplo disso é que ele claramente entendeu que o papel do fundador é decisivo, não somente para a inauguração do movimento religioso, mas também para definir a continuação da vida da organização que vive mais que ele. Também percebeu que, a fim de sobreviver à perda do fundador, o movimento tem que, de alguma forma, edificar o carisma do fundador na vida da organização.[74] Ele disse: "A genuína situação carismática rapidamente evolui para incipientes instituições, que emergem do esfriamento de extraordinários estados de devoção e fervor".[75] De fato, foi Weber quem cunhou a frase que já apresentamos: "a *rotinização* do carisma".

73 As ideias de Weber são amplamente discutidas e abertamente disponíveis. Veja, por exemplo, H. H. Gerth e C. W. Mills, *Max Weber: Ensaios de sociologia* (Rio de Janeiro: LTC, 1982).

74 Veja a obra de Ichak Adizes, *Os ciclos de vida das organizações* (São Paulo: Pioneira, 1998).

75 Citado em H. B. Jones, "Magic, Meaning, and Leadership: Weber's Model and the Empirical Literature", in: *Human Relations* 54/6 (2001): 753.

Thomas o'Dea se refere a esses encontros catalizadores que dão o pontapé inicial aos movimentos e então desaparecem com o passar do tempo. Ele comenta como consecutivas gerações tendem a construir sistemas religiosos que tomam o lugar do encontro original. Ele diz: "A adoração é a resposta religiosa fundamental [a esses encontros], mas, a fim de sobreviver, a adoração deve se estabilizar em formas e procedimentos estabelecidos".[76] De fato, ele argumenta que esse é um paradoxo inevitável para os movimentos religiosos.[77] O absoluto e o sagrado não podem ser expressos pelas estruturas institucionais sem que aquelas estruturas assumam vida própria e corrompam o que deveriam representar. Ainda assim, sem certa forma de institucionalização, as experiências religiosas por si só não sustentarão um movimento religioso.

E aí repousa um dilema insolúvel para as organizações religiosas: embora os movimentos religiosos sejam nascidos de experiências religiosas em primeira mão, elas não podem sobreviver e prosperar sem alguma forma de estabilidade e ordem. O carisma (a graça ou o dom originador) tem que ser difundido, ritualizado e mediado pela organização para que o dom original do fundador possa ser acessível através da própria organização. Embora O'Dea visse esse processo de institucionalização como inevitável e até mesmo necessário, ele também viu que, paradoxalmente, seria o processo que diluiria, ou possivelmente destruiria, a mensagem inicial e o *ethos* do fundador. Ainda assim, a rotinização do carisma tem a tendência de extinguir a vida que ela tinha o propósito de proteger e fazer crescer. A crise, inevitavelmente ocorre quando as formas exteriores de adoração não mais combinam com a experiência e a condição espiritual dos participantes. O declínio se torna inevitável. O cristianismo autêntico é subvertido e reavivamentos constantes se tornam necessários... daí a necessidade de "reJesusar".

Weber afirmou que o processo de institucionalização e renovação envolvia um constante retorno ao centro carismático a fim de legitimar novamente ou, como diríamos, refundar o movimento. Para permanecerem fiéis, todas as organizações religiosas exigem uma forma de renovação que pede um retorno ao *ethos* original e ao poder do fundador. E se isso se aplica a uma denominação ou ao cristianismo como um todo,

76 Thomas F. O'Dea, "Five Dilemmas of the Institutionalization of Religion", in: *Journal for the Scientific Study of Religion* 1/1 (Outubro de 1961): 34.

77 Ibid., 32

pode-se chamar de tradicionalismo radical essa redescoberta da mensagem original porque envolve uma volta à tradição mais profunda dessa organização e uma reinterpretação dela para um novo contexto.

De fato, há certa maneira de pensar e agir dentro de uma organização que pode ser rastreada de volta até seu fundador. A isso chamamos de cultura fundamental da organização, e é formada por três fontes:

⇒ As crenças, valores e pressuposições de seus fundadores;

⇒ A validação dessas crenças através das experiências de aprendizagem do grupo;

⇒ A expansão dessas crenças por novas crenças, valores e pressuposições trazidos pelos novos membros.

Podemos, porém, dizer categoricamente que o impacto do fundador é o fator mais importante na determinação da cultura resultante de uma organização ou religião.[78] Em relação à igreja podemos chamar esse processo de refundação da igreja ou simplesmente de ReJesus.

Na formação do cristianismo podemos ver claramente todas essas forças trabalhando. No Novo Testamento (Até a palavra "novo" implica a existência de um ponto de partida ou, pelo menos, de uma reinterpretação radical do "antigo") Jesus redefine a maneira com que as pessoas tinham entendido e experimentado anteriormente o Reino de Deus. Como o verdadeiro profeta de Deus, ele radicaliza totalmente o Reino pela negação e desprezo da instituição religiosa que tinha inadvertidamente começado a bloquear suas operações e atividade (Mt 23.13ss) e, agindo assim, abre direto acesso para o povo, para todos aqueles que iriam se aproximar (p. ex., Mt 11.28; 21.43; Jo 4.20-24). Ao fazer essas coisas, Jesus explicitamente se torna o fundador e iniciador de uma nova aliança com o povo de Deus. Ele iniciou uma forma de aproximação ao Deus de Israel que mais tarde veio a ser chamada de cristianismo, a religião que recebeu sua influência. Também sabemos através dos Evangelhos que Jesus passou um tempo significativo e estratégico dedicado a iniciar seus seguidores às novas formas do Reino, além de discipulá-los e ensiná-los a reconhecerem as dinâmicas do que significa ser um de seus seguidores. Os aspectos básicos do que significa ser um discípulo são, portanto, construídos dentro do sistema no momento de sua inserção.

78 Edgar H. Schein. *Cultura organizacional e liderança*. (São Paulo: Atlas, 2009).

Foi Peter Berger quem nos alertou para o fato de que a realidade é, na verdade, socialmente construída. O processo social é precisamente o meio pelo qual os líderes conseguem implantar suas ideias. Suas ideias são ensinadas ao grupo, até impostas, às vezes, no formato de mandamentos, como podemos perceber em alguns aspectos do ensino de Jesus. No entanto, elas são geralmente transmitidas aos seguidores através de uma combinação de socialização, através do poder carismático do fundador, e de ação, praticando e vivendo a confiança na mensagem.

Eles sabiam que estavam ligados ao ensino e à imitação. Qualquer desenvolvimento apostólico dos ensinos de Jesus é autêntico apenas na medida em que se refere diretamente à pessoa e à extensão da obra de Jesus. Eles estão todos ligados à revelação de Deus em Jesus e através de Jesus. Não têm autoridade para especular fora disso. Podem, no entanto, interpretar Jesus e seus ensinos e reaplicá-los de novas formas culturais. Dessa forma, o movimento cresce e evolui, mas o *ethos* original do fundador é mantido. É exatamente isso o que Paulo faz. O exemplo mais convincente da imaginação e prática apostólica foi dado a nós através de Paulo, que gastou suas energias para estabelecer uma nova base para o Evangelho, e exercitando a importância redentora do Messias, em termos de sua pessoa (p. ex., Efésios e Colossenses) e de sua obra (p. ex., Romanos e Gálatas). Mas ele também está conscientemente ligado à revelação dada em Jesus e através de Jesus (Gl 1.8; Cl 1.15-20; 1Co 3.11; 9.16-23). Em um sentido muito real sua obra sempre evoca o evento de Cristo para ser verdadeiro e autêntico.

Logo no início, a igreja primitiva tinha motivos para se recalibrar a Jesus. Os primeiros cristãos eram em sua maioria judeus e O Caminho era considerado uma seita sob o guarda-chuva mais amplo do judaísmo. Sendo assim, muitas de suas expectativas eram coloridas pelo nacionalismo judaico. Por exemplo, a expectativa de um reino judaico restaurado não foi atendida naquela geração. Na verdade, em vez de ser libertado do controle estrangeiro, Jerusalém e o templo foram brutalmente destruídos pelos romanos e os judeus espalhados por todo o império. Os cristãos judeus precisaram repensar seriamente as bases da fé. Suas pressuposições tiveram que ser radicalmente reconsideradas. Observe a maneira pela qual, dentro de uma geração, o movimento cristão já foi obrigado a retornar ao seu fundador para redescobrir seu carisma original. Foi um movimento de restauração judaico ou algo mais? O movimento cristão teria amplas razões para fazer isso vez após vez através da história. Esse é o significado de renovação da fé e missão da igreja.

E lembre-se, estamos falando aqui tanto do fundador quanto do seguidor. Seja qual for o processo sociológico que usemos para entender o papel do fundador de um movimento, a fim de se validar, seus seguidores devem, de alguma forma, lutar para encarnar a vida, os ideais e a realidade daquele fundador. Da mesma forma, para o movimento cristão, o fundador deve ser capaz de ser visto nas vidas dos seguidores. Esse é o processo de incorporação que é tão essencial aos movimentos.[79] Isso é o que significa para a igreja ter Jesus em seu meio. Deve certamente ser, em parte, o que significa viver "em Cristo" e ele em nós. Os observadores devem poder se encontrar com Jesus em e através da vida de comunidade de seus seguidores. As pessoas que nos observam devem ser capazes de discernir os elementos da vida de Jesus em nossas vidas. Se eles não podem encontrar sinais autênticos do Jesus histórico através da vida de seu povo, então, no que se referem a nós, eles têm todo o direito de questionar nossa legitimidade.

Tony Campolo conta a história de um bêbado que foi milagrosamente convertido em uma missão em Bowery, Nova Iorque. Como todas as histórias de Tony Campolo, sempre há um tom de piada que traz um ponto muito mais sério.

Joe, o bêbado, era conhecido por toda Bowery como o pior tipo de cachaceiro, um marginal irremediável à beira da morte certa. No entanto, depois de sua conversão, tudo mudou. Joe se tornou a pessoa mais amável que as pessoas da missão jamais tinham visto. Ele passava dia e noite nas dependências da missão e não se recusava a executar nem a mais humilde das tarefas. Ele limpava o chão sujo de vômito e urina e cuidava dos bêbados fosse qual fosse a condição deles. Nenhum trabalho era humilhante para ele.

Certa noite, quando o diretor da missão pregava uma mensagem evangelística à costumeira plateia de homens calados e sentados pesadamente com as cabeças baixas em penitência e exaustão, um homem se levantou e veio em direção ao altar. Ele se ajoelhou clamando a Deus que o transformasse. O bêbado arrependido gritava continuamente: "Oh, Deus! Faça

79 Hirsch, *Caminhos esquecidos*, 114–16.

com que eu seja como o Joe! Faça com que eu seja como o Joe!" O diretor da missão se inclinou e disse ao homem: "Filho, acho que seria melhor você orar 'Faça com que eu seja como Jesus'". O homem olhou para o diretor com uma expressão de dúvida no rosto e perguntou: "Ele é como o Joe?"[80]

Os escritores do Novo Testamento, da mesma forma, conclamavam as pessoas a seguirem seu exemplo, sabendo que tinham entregado suas vidas a Jesus e que ele realmente "vivia neles". É preciso estar muito iludido, ter uma tremenda cara de pau ou um compromisso verdadeiro com a mensagem de Jesus para poder dizer: *Sede meus imitadores, como também eu sou de Cristo*. Paulo nunca se constrangeu em dizer às pessoas para seguirem seu exemplo. Pode parecer arrogância, mas assim como o ex-drogado da história de Campolo, ele estava tão entregue ao exemplo de Cristo que tinha se tornado a encarnação viva de Jesus. Estava apontando para Jesus, mas era Jesus através de sua própria vida. Ele entendia que Jesus vivia nele e ele em Cristo. Com essa convicção, podia dizer:

> *Sede meus imitadores, como também eu sou de Cristo*. (1Co 11.1)
>
> *Irmãos, sede imitadores meus e observai os que andam segundo o modelo que tendes em nós* (Fl 3.17)
>
> *Pois* vós mesmos *estais cientes do modo por que vos convém imitar-nos, visto que nunca nos portamos desordenadamente entre vós*. (2Ts 3.7)

Observe como em Filipenses 3.17 ele também orienta seus leitores a observarem aqueles cujas vidas espelham a de Jesus. Com efeito, os seguidores precisam espelhar o fundador para com os de fora e uns para com os outros.

Para levar esse ponto um pouco mais além, considere as diferenças entre o cristianismo e o Islã. Em ambos os casos, o fundador estabelece o padrão primário para ser seguido – eles oferecem a imagem humana autenticada da pessoa espiritual para seus seguidores imitarem. Em todas as religiões há uma verdadeira expectativa de continuidade entre o fundador e o seguidor. Portanto, quando vemos uma pessoa ou organização que afirma ser cristã, mas age de forma gratuitamente violenta e sem amor podemos dizer que essa pessoa ou organização

80 Michael ouviu Tony Campolo contar essa história há muitos anos.

está claramente fora de sincronia com o caminho de Jesus. Podemos dizer, com alguma certeza, que uma pessoa não pode seguir Jesus e, ao mesmo tempo, agir de forma profundamente inconsistente com seus ensinos. É por isso que os fundamentalistas são aberrações cristãs na definição de Jesus. Eles distorcem a realidade de amor e perdão que está incorporada no Messias.

No caso do Islã, porém, o fundador estabeleceu um modelo inteiramente diferente do de Jesus. O Alcorão representa Maomé como um homem apaixonadamente espiritual que convocou as pessoas para a adoração de Alá. Há algumas excelentes percepções espirituais no Alcorão. No entanto, o mesmo Alcorão representa Maomé como um homem de moralidade rígida, uma sexualidade liberal, temperamento ruim e tendências belicosas. Então, seguindo a lógica, podemos dizer que quando o Islã age de forma semelhante não está sendo totalmente inconsistente com seu fundador nesse ponto.

No entanto, quando o cristianismo é belicoso e voraz, trai Jesus de maneira muito significativa. É por isso que o racismo, as Cruzadas, a Inquisição ou a aprovação cristã ao capitalismo desenfreado de nossos dias são distorções apóstatas da fé – apóstatas porque vão em direção contrária à expressão da fé, o padrão inicial que Jesus estabeleceu para que seguíssemos. A influência do fundador deve imbuir o movimento porque tomamos nosso senso de localização e nossa contínua identidade dele.

O seguinte quadro dará ao leitor uma ideia do que queremos dizer aqui: devemos ter uma noção dos princípios de uma religião examinando as vidas e ensinos de seus fundadores (ou figuras-chave).[81]

81 Adotado de podcasts pelo escritor e conferencista canadense, Bruxy Cavey, http://www.themeetinghouse.com/teaching/podcasts/. (Site em inglês. Acesso em 06/03/2015)

Discernindo a voz interior da organização

Além do papel do fundador na contínua renovação da igreja, devemos retornar brevemente à ideia do tradicionalismo radical. Outra forma útil de obter a renovação das organizações é falar em termos de reforma, ou ainda melhor, refundação da organização. O especialista em movimentos, Steve Addison, chama isso de discernir a voz interior da organização.[82]

Seguindo os insights do teórico organizacional Robert Quinn[83], Addison diz que ao invés de encontrarmos um propósito, é o propósito que nos encontra. Quinn afirma que toda organização tem uma voz interior que constitui seu centro moral. Seguindo essa ideia, então, podemos dizer que em várias formas de renovações organizacionais, o alvo não é tanto impor um propósito sobre os seus membros, mas ajudá-los a redescobri-lo, treiná-los a ouvir a voz interior da organização. Ainda assim podemos estar certos de que qualquer tentativa de realinhar a organização com sua voz interior ameaçará a cultura existente, cujo impulso central é a autopreservação. Todavia, como Quinn diz, essa "articulação da voz interior de uma organização é frequentemente o primeiro passo em direção à revitalização de uma companhia e a descoberta de uma visão cheia de ressonância".[84]

Semelhantemente, em seu estudo de ordens religiosas, Lawrence Cada se refere ao "carisma fundador" de uma ordem para descrever sua visão singular do mundo transformado pelo Evangelho.[85] O uso do termo "carisma" (graça) implica que o propósito de uma organização é um dom que repousa no coração da organização – um legado divino, único daquela organização em particular. A recuperação daquele dom significa um "retorno às fontes".[86] A renovação organizacional é a descoberta da verdadeira identidade e missão de uma organização. A autoridade que traz transformação à igreja não repousa na pessoa do líder ou do grupo, mas no chamado de Deus. Se isso é verdade,

82 Do trabalho excepcional, porém não publicado de Addison sobre movimentos cristãos. Material usado com permissão. Veja também seu blog *Movements That Change the World* sobre movimentos http://www.movements.net/.

83 Robert E. Quinn, *Change the World* (São Francisco: Jossey-Bass, 2000), 61.

84 Ibid., 138.

85 Lawrence Cada et al., *Shaping the Coming Age of Religious Life* (Nova Iorque: Seabury, 1979), 92.

86 Raymond Hostie, *The Life and Death of Religious Orders* (Washington: Center for Applied Research in the Apostolate, 1983), 277.

o chamado à revitalização das organizações religiosas é recuperar ou apropriar-se novamente de seu carisma fundamental.

No entanto, como mencionamos anteriormente, esse não pode ser um retorno cego ao tradicionalismo, mas um insight inovador sobre como o carisma fundador deve ser expresso no mundo contemporâneo. Isso envolve uma redescoberta da visão do fundador combinada com espetaculares inovações das quais ainda não ouvimos.[87] Addison sugere, então, que a revitalização exige um retorno inovador à tradição.

Enquanto muitas pessoas usam o termo "radical" para definir um abandono do tradicional, ele se refere a um retorno à causa raiz de algo. O dicionário de língua inglesa Webster define "radical" como "aquele que é pertencente à raiz ou origem; alcançando o centro, a fundação, aos recursos absolutos, aos princípios, ou coisa semelhante; original; fundamental; que vai até o fundo; ilimitado, extremo; como em 'uma reforma radical'; 'um partido radical'".[88]

Temos sido chamados de radicais de nosso tempo, mas usando essa definição não devemos todos ser radicais de uma forma ou de outra? Não estamos chamando a igreja a um território novo ainda não mapeado. Pelo contrário, estamos advogando um retorno à nossa causa mais fundamental. Se isso é ser radical, então, com certeza, somos radicais!

É fundamental para o processo de renovação organizacional a redescoberta da identidade da organização e, ao mesmo tempo, a interpretação inovadora da identidade em um mundo transformado. Portanto, há tanto uma continuidade quanto uma descontinuidade no processo de revitalização, envolvendo uma dimensão conservadora e uma radical. Addison ilustra esse processo referindo-se à criativa reinterpretação do Fusca pela Volkswagen. Esse ícone dos veículos automotores deixou de ser fabricado no final dos anos 70, antes de ressurgir no novo milênio. O novo Beetle que emergiu tem definitivamente continuidade com o original, mas em certo sentido é radicalmente novo. Foi um grande sucesso e uma poderosa ilustração do tradicionalismo radical envolvido na refundação das organizações.

87 Ibid., 278.

88 No *Dicionário Aurélio*: relativo a raiz; fundamental, básico, essencial. (N. de Revisão)

Podemos também aprender com a psicologia educacional desse caso. Jean Piaget, o grande psicólogo educacional conduziu muito de sua pesquisa inicial nas ruas de Genebra, entrevistando crianças e observando como elas participavam de jogos estruturados. Ele observou que crianças muito pequenas jogavam inquestionavelmente de acordo com as regras herdadas. Elas obedeciam servilmente às regras tradicionais do jogo de bolinha de gude, por exemplo, porque seus irmãos mais velhos ou seus pais tinham ensinado a jogar dessa forma. Piaget então notou que em determinado estágio no desenvolvimento da criança, ela queria ignorar as regras. Um jogo de bolinhas de gude com menos regras nas ruas da Genebra do século passado foi, como era de esperar, um caos! Mais tarde na infância, essas mesmas crianças, cansadas dos jogos caóticos que eram sempre vencidos pelos valentões ou pelos mais habilidosos, redescobriram as regras originais do jogo. Piaget notou que essas regras funcionam muito mais poderosamente nas vidas das crianças mais velhas. Elas eram as mesmas regras que lhes foram ensinadas quando eram pequenas. A diferença agora, no entanto, era que elas tinham descoberto essas regras como antídoto para a desordem. Sentiam que essas eram as regras *delas*. Em certo sentido, esse processo do desenvolvimento infantil espelha o que estávamos discutindo.

O que estávamos defendendo era um tradicionalismo radical. A igreja precisa seguir o mesmo caminho que as crianças seguiram no jogo de bolinha de gude. ReJesus, a refundação da igreja, significa partir de uma adesão cega e servil às regras religiosas herdadas de nossos pais ou antepassados. Significa andar no tumulto do caos e ousar confiar que, no fim do caminho, haverá não um pandemônio, mas uma redescoberta do caminho de Jesus, uma redescoberta das regras originais nas quais poderemos nos apropriar com maior convicção e autenticidade. Jesus, como nosso fundador, é o nosso guia nesse caminho. Suas palavras e seus exemplos são as constantes à medida que deixarmos nossas velhas tradições e procurarmos trazer a igreja e o Evangelho para novos contextos de radicalismo tradicional.

4

Eu tenho um retrato de Jesus

Já se tem dito isso muitas vezes, mas vale a pena repetir: sem o verdadeiro e humano Jesus de Nazaré, estamos à mercê de qualquer um que nos diga que "Cristo" é isso ou aquilo.
— N. T. Wright

Nossa paixão por Jesus é a única paixão que não nos destruirá.
— Larry Crabb

Abraçar o tradicionalismo radical do qual estamos falando exige uma redescoberta de nosso fundamento – a pessoa de Jesus. Isso exigirá que abandonemos as nossas muito amadas, mas imprecisas, pressuposições a respeito dele e que estejamos preparados para nos aventurar a um retorno aos Evangelhos a fim de vê-lo em todo o seu estranho radicalismo. Nem por um minuto pensamos que será fácil para muitos cristãos. As benignas imagens do Jesus gentil, manso e doce têm confortado e encorajado muitos cristãos, mas pedimos a você que seja reapresentado ao relato bíblico e seja corajoso o suficiente para encontrar o inquietante, perturbador, atordoante e desconhecido Jesus que vemos ali.

Alguém disse que Deus nos fez à sua imagem e que nós lhe devolvemos o favor (foi Voltaire?). Essa tendência inata de usar Deus para favorecer as exigências de nosso ego e de nossa agenda está profundamente enraizada na condição humana. Uma ilustração: algum tempo atrás Michael estava falando em uma conferência e cada palestra era precedida por um momento de louvor. Michael desafiava as pessoas a participarem do projeto ReJesus com todo o radicalismo imbuído nele. O líder do louvor, no entanto, caminhava em uma direção totalmente oposta. Ele falava de Jesus como um paizão fofinho, totalmente manso, gentil e perdoador. Ele conduziu a audiência a uma visualização na qual as pessoas se imaginavam voltando para Jesus e sentindo seus braços fortes envolvendo-os calorosamente. Foram convidados a afagá-lo, estarem seguros de seu amor, sabendo que ele os adorava como seus lindos filhinhos e filhinhas. Você pode imaginar o choque quando Michael se levantou depois disso e falou sobre o impetuoso, radical, misterioso e revolucionário Messias de Nazaré!

A mudança exigida dos participantes para saírem do Jesus caloroso e sentimental do líder do louvor e entrar no impetuoso e revolucionário Jesus do palestrante foi tão grande que os dois tiveram que marcar um encontro no café da manhã do dia seguinte para tentar integrar suas abordagens o melhor possível. Durante essa conversa, o líder do louvor contou que tinha crescido em uma fria e austera família alemã com um pai distante e intratável. A vida toda ele tinha tentado alcançar os elevados padrões de seu pai, mas sempre fracassava. Somente através do amor incondicional de Jesus ele, finalmente, se libertou do criticismo mordaz e debilitante herdado na infância. Essa experiência tinha sido tão formativa que moldou toda a sua visão de Jesus. O Jesus dele tinha se transformado em uma figura paterna eternamente amorosa, um pai sentimental orgulhoso de seu filho e que o elogiava entusiasticamente por qualquer conquista, por menor que ela fosse. Você percebe como a nossa compreensão de Jesus pode ser facilmente moldada por nossas necessidades psicoespirituais? Mostre-me quem é o seu Jesus e eu lhe mostro quem *você* é.

Então o líder do louvor estava errado? Jesus não nos ama incondicionalmente? Claro que sim, mas precisamos saber o que significa para Jesus nos amar ou o romantizaremos, distorcendo dessa forma o amor que ele tem por nós. É um amor doce e sentimental? Não é verdade que o amor de Jesus envolve ação e sacrifício, e não apenas sentimentos? Além disso, Jesus é só isso? Se o caráter de Jesus se resume a beijos e abraços por que as pessoas iam querer matá-lo? Ninguém quer matar uma grande bola de amor do papai. O caráter de Jesus deve ser pelo menos visto através do reconhecimento de que todo o seu ministério público foi marcado por uma marcha resoluta em direção à cruz. A morte o definiu! Ele a acolheu desde o início de seu ministério e não se esquivou dela por todo o caminho do Gólgota. Não desejamos ser insensíveis à terrível carência de aceitação que muitas pessoas sofrem por causa de uma educação ruim. Inquestionavelmente, Jesus atende a essa profunda necessidade. No entanto, se limitarmos Jesus ao suprimento de nossas carências psicológicas, acabaremos seguindo apenas uma parte de Jesus. E é assim que criamos um Jesus para os que têm fome de um pai.

Falamos anteriormente sobre a visão distorcida de Jesus difundida pela Ku Klux Klan. Como a necessidade mais profunda é justificar o medo e a aversão que sentem por negros e judeus, eles constroem um Jesus racista. Da mesma forma, muitas igrejas têm construído seu Jesus particular para suprir suas necessidades. Existe o Jesus água com açúcar, o Jesus classe média ou o Jesus bonzinho que só fala banalidades para não perturbar as vidas de pessoas extremamente controladoras. E então há aquela distorção anual do Jesus na manjedoura, a criancinha indefesa a que todo mundo diz "OOOOH" sem levar a sério. E por aí vai. Nossa preocupação aqui não é sugerir que Jesus não atende aos nossos profundos anseios e necessidades, mas afirmar que ele nunca deve ser limitado ao atendimento desses anseios. Algumas vezes ele desafia essas necessidades, Muitos de nós conhecemos a cena do *Leão, a Feiticeira e o Guarda Roupa,* de C.S. Lewis, em que Lucy está para se encontrar com Aslan, o leão, a figura alegórica de Cristo nas *Crônicas de Nárnia.* Ela pergunta ao Sr. Castor se seria seguro encontrar-se com o leão. "Seguro?", responde o Sr. Castor, "Quem falou alguma coisa sobre seguro? Claro que não é seguro, mas ele é bom. Ele é o Rei, eu lhe digo".[89] Nunca é seguro seguir Jesus em nosso estilo de vida culturalmente adotado, mas sempre é bom.

Com certeza, há momentos em que a palavra que ouvimos de Jesus é: *"Quantas vezes quis eu reunir teus filhos como a galinha ajunta os do seu*

89 C. S. Lewis. *O leão, a feiticeira e o guarda-roupa* (São Paulo: Martins Fontes, 2010).

próprio ninho debaixo das asas", mas outras vezes é mais como: *"Ainda não considerastes, nem compreendestes? Tendes o coração endurecido? Tendo olhos, não vedes? E, tendo ouvidos, não ouvis?"* Ambas as declarações aparecem nos lábios de Jesus. A primeira em Lucas 13.34 se refere ao seu amor pelo povo de Israel e a segunda em Marcos 8.17s é dirigida com frustração aos seus discípulos. Queremos dizer que Jesus estava mais do que disposto a expressar sua decepção e aborrecimento aos seus amigos, assim como seu amor e compaixão. Precisamos nos lembrar de que, embora ele amasse profundamente seus discípulos (Jo 17, por exemplo), também continuava a surpreendê-los, abismá-los, assustá-los, perturbá-los e desafiá-los. Limitar Jesus a uma torneira espiritual que pode ser aberta ou fechada de acordo com a nossa necessidade de afirmação é um terrível engano. Isso nos leva a refazer Jesus segundo a nossa imagem, em vez de sermos moldados segundo a dele.

No filme *Ricky Bobby – A Toda Velocidade*, o ator Will Ferrell em seu estilo histriônico representa o campeão fictício da Nascar, Ricky Bobby. Em um filme no estilo besteirol, repleto de cenas ridículas, uma delas nos surpreende. Ricky Bobby senta-se para jantar com Carly, sua esposa, seus dois filhos Walker e Texas Ranger, seu sogro Chip e seu companheiro de equipe, Cal e dá graças. Iniciando a oração com "Querido Senhor Menino Jesus", ele começa a agradecer pela colheita abundante de pizzas e outras comidas delivery sobre a mesa, por sua família e por seu melhor amigo Cal. Então, ele pede que Jesus use os seus "poderes de bebê para curar a perna de Chip". A essa altura, sua esposa o interrompe:

> Carly: "Você sabe que Jesus cresceu. Você não precisa chamá-lo de bebê".
>
> Rick: "Eu prefiro o Jesus bebê quando estou agradecendo pelo alimento. Quando for a sua vez você pode orar para o Jesus adulto, o Jesus adolescente, o de barba ou o que você quiser [...] [continua orando] Querido Jesus pequenino, com sua fraldinha de lã dourada e sua mãozinha gordinha com o punho fechado".
>
> Chip [gritando]: "Ele era um homem! Ele tinha barba!"
>
> Rick: "Olha aqui, eu prefiro a versão bebê de Jesus, está me ouvindo?"

Inspirado por essa discussão sobre Jesus, o amigo de Ricky, Cal, decide compartilhar também sua imagem favorita:

Cal: "Eu gosto de imaginar Jesus vestindo uma dessas camisetas pintadas como se fosse um smoking porque é como se Jesus quisesse passar uma mensagem do tipo: 'Quero ser formal, mas estou aqui para me divertir!' Eu gosto de me divertir, então gosto do meu Jesus divertido".

Walker: "Gosto de imaginar Jesus como um ninja lutando contra um samurai malvado".

Cal: "Gosto de imaginar Jesus com asas gigantes, cantando os vocais de Lynyrd Skynyrd[90] com tipo uma banda de anjos e eu na primeira fila, caindo de bêbado".

Depois que Carly põe um fim na discussão teológica pedindo a Rick que termine a oração, ele continua: "Querido Jesus bebê de quatro quilos e 170 gramas, que ainda nem sabe falar, que é só um bebezinho fofinho, mas onipotente, nós te agradecemos..."[91]

O conteúdo da oração de Rick é uma expressão de gratidão por sua bonita esposa, seu sucesso nas pistas e os milhões de dólares que ele ganhou com propaganda (ele chega a mencionar sua obrigação contratual com seu patrocinador, *Powerade*). A cena toda é um lembrete cômico da tentação sentida por aqueles que não leem os Evangelhos, de moldar Jesus à sua própria imagem.

Para parafrasear Anne Lamott, você sabe se refez Jesus à sua própria imagem quando ele odeia todas as pessoas que você odeia! Todos nós tentamos encaixar Jesus em nossas agendas fazendo com que ele odeie aqueles que odiamos, sejam eles gays, muçulmanos, liberais, católicos, fundamentalistas ou pós-modernos. No entanto, nem mesmo sua própria comunidade pode compelir Jesus dessa forma. Em Lucas 4, Jesus inaugura seu ministério público em sua cidade lendo um rolo do livro do profeta Isaías. A primeira metade do sermão daquele dia é frequentemente repetida nas igrejas de hoje: *"Hoje, se cumpriu a Escritura que*

90 Banda de southern rock estadunidense. Tornou-se conhecida no sul dos Estados Unidos em 1973, ganhando maior notoriedade internacional principalmente após a morte de diversos integrantes. (N. de Revisão)

91 *Ricky Bobby - A toda velocidade*, dirigido por Adam McKay (Culver City: Sony Pictures, 2006).

acabais de ouvir" (v. 21). A segunda metade de sua mensagem, no entanto é raramente celebrada hoje, mas em toda a sua extensão é tão radical quanto seu anúncio de que ele seria o cumprimento daquela profecia feita em Isaías 61. Ela é tão radical que a audiência se preparou para apedrejá-lo até à morte. O que ele diz?

Ele tira das páginas de 1 e 2 Reis duas histórias que já apareceram no currículo de muitas crianças na Escola Dominical que sua autoridade filtrou da narrativa. Mesmo assim, ambas são histórias subversivas e radicais. Na primeira, ele faz uma alusão ao retiro de Elias para a casa da viúva de Sarepta, em Sidom (1Reis 17.8-24). De todas as viúvas de Israel a quem Deus poderia ter enviado Elias, ele escolheu oferecer a ele um santuário na casa de uma fenícia, diz Jesus. Além disso, como se para reafirmar sua posição, pula para 2 Reis 5 e a cura do guerreiro leproso sírio, Naamã. De todos os leprosos de Israel, Deus escolheu curar o líder de um exército inimigo. O que a viúva de Sarepta e o general da Síria Naamã têm em comum? Ambos eram estrangeiros, inimigos, desprezados por Israel. Ainda assim foi a eles que a graça de Deus foi revelada. Na verdade, no caso da viúva, a graça de Deus foi revelada através dela. Jesus toma dois personagens que ele sabia que a audiência do dia de sábado da sinagoga de Nazaré teria odiado, e desafia essas pessoas a admitirem que Deus as amou tanto quanto a qualquer pessoa em Israel. Ele não cooperaria, nem mesmo com Israel, em uma causa inflamada pelo ódio e pelo racismo.

Mais tarde os líderes religiosos de Israel enviaram um emissário para tentar enganar Jesus fazendo com que fizesse declarações politicamente subversivas contra Roma. Sabemos como Jesus inteligentemente repeliu seus ardis: *"Dai, pois, a César o que é de César e a Deus o que é de Deus"* (Mt 22.21), mas é a frase inicial do emissário que chama a nossa atenção: *Mestre, sabemos que és verdadeiro e que ensinas o caminho de Deus, de acordo com a verdade, sem te importares com quem quer que seja, porque não olhas a aparência dos homens* (Mt 22.16).

Não há dúvida de que essas palavras lisonjeiras eram falsas, mas não podemos deixar de perceber a ironia dos inimigos de Jesus corretamente identificando o fato de que ele não pode se deixar levar pelas agendas dos outros, não importa quem sejam. Então, por que nós constantemente insistimos em tentar obrigá-lo a cooperar para atingir os nossos propósitos?

Tendo dito isso, não somos tolos em dizer que conhecer Jesus é uma tarefa puramente objetiva. É claro que todos nós trazemos nossas necessidades, esperanças e anseios à nossa empreitada de compreender Jesus. O poeta Robert Frost escreveu certa vez: "O céu dá os seus vislumbres àqueles que não estão em posição de olhar perto demais". Aqui temos uma profunda definição da revelação cristã. Aqueles de nós que foram tomados por Jesus têm, pela fé, tido um vislumbre dele. No entanto, quando tentamos descrever o conteúdo desse vislumbre, a visão e o que vê se tornam um. Embora o vislumbre seja real, não estamos em posição de discernir onde ela termina e onde nós começamos. Temos os Evangelhos para nos oferecer os parâmetros dos quais não podemos nos desviar ou nosso vislumbre de Jesus se parecerá mais conosco do que com ele. E, obviamente, temos o Espírito Santo.

O apóstolo Paulo teve coragem suficiente para afirmar que, se estamos no Espírito de Deus, *temos a mente de Cristo* (1Co 2.16). Se isso é verdade qualquer suposta necessidade de nos separarmos em nossa subjetividade da realidade objetiva de Jesus Cristo é questionável. A assim chamada objetividade pura é uma busca enganosa. Sempre estamos subjetivamente (pessoalmente) envolvidos no conhecimento de Deus porque ele não pode ser conhecido em pura objetividade. De fato, o desligamento do objeto da fé, que é Jesus Cristo, não é consistente com a forma bíblica de conhecimento (veja capítulo 5). Também é através de nossa subjetividade que podemos descobrir quem é o Jesus real, pois sua mente está presente no mundo. No entanto, está presente apenas em seus seguidores, como um dom do Espírito. Mobilizar ambas – nossa objetividade e nossa subjetividade – permitirá uma visualização melhor de Jesus do que uma ou outra separadamente.

Vandalizando nossos retratos de Jesus

Uma das melhores maneiras de expor nossa tentativa de obrigar Jesus a cooperar em nossos projetos religiosos pessoais é interpretar as muitas imagens que temos dele. O talento artístico do pintor espanhol

Bartolome Murillo veio à tona quando ele, ainda menino vandalizou o ícone de estimação de seus pais. Murillo converteu a imagem santa e de outro mundo de Jesus, o pastorzinho, em uma representação de uma criança espanhola brincalhona e ativa. Com a intuição de uma criança, o jovem Murillo não aguentava aquela imagem original do menino santo pendurada na parede de sua casa da infância. Ele tinha que resgatar Jesus da moldura dourada e devolvê-lo às ruas empoeiradas de Sevilha. Identificamo-nos muito com essa história.

A ideia do jovem Murillo vandalizando o ícone de família fica em nossa mente e ilustra muito do que fazemos. Vemo-nos como iconoclastas e vândalos santos desfigurando as imagens queridas, porém inúteis de Jesus. Algumas dessas imagens são relativamente benignas, como o Jesus paizão do líder de louvor que mencionamos acima. Outras são sinistras, como o Cristo ariano da Ku Klux Klan. Ambas, no entanto, são imprecisas e é a sua imprecisão que desencaminha muitas pessoas a uma trajetória nociva. Permita-nos aplicar nossas latas de spray vândalas a algumas das representações clássicas de Jesus.

O Jesus "mulher barbada"

No início dos anos 1850, William Holman Hunt, um dos fundadores do movimento de vanguarda Pré-Rafaelita pintou um retrato de Jesus muitíssimo popular intitulado *A Luz do Mundo*. Nessa imagem, Jesus está do lado de fora de uma pesada porta de madeira sob um arco de pedra. Ele gentilmente bate à porta com as costas da mão. Na outra mão ele segura uma lanterna cravejada de pedras preciosas. A cena é escura e atrás dele podemos ver a silhueta de galhos entrelaçados contra o sol que se põe. Parece que Jesus desbravou um terreno inóspito para conseguir chegar a essa porta encoberta pelas ervas daninhas. Hunt disse: "Pintei esse quadro com o que pensei ser uma ordem divina, apesar de minha indignidade, não simplesmente como um bom tema".[92] A pintura realmente evoca o Jesus do texto mencionado anteriormente. *"Eis que estou à porta e bato; se alguém ouvir a minha voz e abrir a porta, entrarei em sua casa e cearei com ele, e ele, comigo"* (Ap 3.20).

92 C. Forbes, "Images of Christ in Nineteenth-Century British Paintings in the Forbes Magazine Collection", in: *Magazine Antiques*, 12, Dezembro de 2001.

Jesus, *A Luz do Mundo*, William Holman Hunt.
Óleo sobre tela.

É difícil avaliar a popularidade dessa imagem. Na virada do século 20 já tinha sido exposta no Canadá, Austrália, Nova Zelândia e África do Sul e vista por milhares de pessoas. Na Austrália, nossa terra natal, foi vista por mais de cinco mil pessoas em Sidney e Melbourne, em uma época em que a população das duas cidades juntas não chegava a um milhão. Por todo o Reino Unido, cópias do tamanho de um postal foram feitas e as pessoas não se cansavam delas. Levavam com elas como lembrança ou relíquia. Soldados recebiam cópias para mantê-las em seus uniformes, um lembrete físico da presença de Jesus para eles em tempo de batalha. O compositor do Exército de Salvação, Sir Dean Goffin inspirou-se na pintura para compor sua famosa canção *A Luz do*

Mundo. Hoje a obra original de Hunt está exposta em uma sala lateral, junto à grande capela do Keble College, Oxford e Hunt pintou uma cópia maior que está agora na Catedral de St. Paul, em Londres.

Um exame mais apurado do Jesus de Hunt revela algumas observações interessantes. Por exemplo, a porta de madeira não possui maçaneta externa. Obviamente, ela só pode ser aberta pelo lado de dentro, dando mais peso à passagem de Apocalipse 3. Além disso, Jesus está, de certa forma, feminizado. Está usando um vestido longo de seda (não sabemos como chamar de outra forma) e uma capa real vermelha. Ele tem uma coroa dourada em sua cabeça adornando seu glorioso cabelo louro que vai até os ombros. Sua barba também é loura e seu olhar sereno faz com que se pareça mais como um rei inglês mítico do que um radical do Oriente Médio. Em sua genuína tentativa de retratar a grandeza real de Jesus, Hunt o moldou como um sábio e imperturbável monarca inglês, um rei Arthur ou Ricardo Coração de Leão. Uma clássica tentativa de arregimentação.

William Holman Hunt influenciou a percepção popular de Jesus mais do que qualquer outra pessoa da história cultural ocidental, mais até, nos atrevemos a dizer, do que os autores dos Evangelhos. Sua interpretação do Jesus batendo à porta como o rei louro barbado foi gravada nas consciências dos britânicos e a levou por todo o Império Britânico e tão longe quanto a África do Sul, a Austrália e a Nova Zelândia, até hoje. A interpretação de Hunt influenciou a imagem mais comum de Jesus que se pode encontrar no mundo de fala inglesa que é a pintura de Warner Sallman, *A Cabeça de Cristo*. Não obtivemos a permissão para incluir a foto no livro, mas é fácil encontrá-la na Internet.

Nós a chamamos de Jesus "mulher barbada". Os cachos esvoaçantes estão afastados do rosto, as maçãs do rosto são definidas, as sobrancelhas delineadas, os lábios cheios. Há um olhar celestial nos olhos gentis – ele é lindo, mas será essa uma representação válida de Jesus? Ou esse é um mero objeto de fantasia para um cristianismo cultural demasiadamente sentimental? Esse é o Messias inofensivo, limpo e bem arrumado, agradável à vista. Ele não é um perturbador de almas. Essa imagem de Jesus reflete a espiritualidade que está ancorada em uma adoração do maravilhoso Cristo, o imperturbável Jesus.

Há poucos anos, quando Michael estava ensinando em um seminário do Exército de Salvação na Nova Zelândia, ele percebeu que a maioria das pessoas na audiência usava camisetas pretas com o slogan revolucionário "Eu vou lutar" escrito em vermelho. Essa era uma alusão a um famoso sermão pregado pelo fundador do Exército de Salvação, William Booth, que declarou que, enquanto houvesse pobreza, alcoolismo e sofrimento nas ruas de Londres, ele lutaria com todas as suas forças. É um slogan motivador e dramático. No entanto, pendurado na parede do salão de conferências, dominando todo o ambiente estava um retrato de Jesus. Michael chamando a atenção para ele, perguntou se o Jesus representado naquela pintura parecia ser capaz de lutar contra qualquer coisa, imagine entrar nos becos imundos e ruelas da Londres do século 19 para servir o pobre. Um oficial ali presente admitiu que o Jesus "mulher barbada" provavelmente comunicava sua cristologia muito mais do que o exemplo de William Booth, um guerreiro santo, se é que já existiu um.

A "mulher barbada" nessas pinturas denota uma serenidade, mansidão e paz abstratas. O Jesus que encontramos nos Evangelhos, por sua vez, às vezes está frustrado, decepcionado, aborrecido e, pior ainda, furioso. Ele está cheio de santa compaixão. Exaspera seus rivais, desconcerta seus amigos e enlouquece seus inimigos. Alison Morgan diz: "Jesus era um revolucionário difícil e voluntarioso que ameaçava tanto a ordem geral que parecia não haver outra opção a não ser executá-lo".[93]

O Jesus sinistro

Outra série de imagens de Jesus que afeta a imaginação de muitos pode cair sob a classificação do que chamamos de Jesus sinistro. Elas são semelhantes ao Jesus "mulher barbada" no sentido de que apresentam um retrato de certa forma feminizado de Cristo, mas vão além acrescentando uma variedade de elementos altamente simbólicos e etéreos ao retrato. Essas figuras extremamente populares de Jesus o apresentam como um ser do outro mundo, rodeado de halos e auras sobrenaturais (provavelmente para se assegurar de que aquele que o contemple não deixe de perceber o fato de sua divindade). Esse Jesus parece quase herético. Por quê? Porque essas imagens parecem retratar a divindade de Cristo

93 Alison Morgan. *The Wild Gospel: Bringing Truth to Life*. (Oxford: Monarch, 2007): 36.

à custa de sua humanidade. É como se a natureza de Deus mal pudesse ser contida por sua inadequada e imunda casca humana. É quase como aqueles alienígenas que vestem a forma humana no filme *Homens de preto*. Vez por outra o alienígena transpassa a pele para revelar a criatura extraterrestre que se apoderou de um veículo humano, um casulo descartável, para seus propósitos.

***Sagrado Coração de Jesus*, Pompeo Bartoni. Óleo sobre tela.**

A igreja primitiva trabalhou muito para assegurar-se de que, embora afirmasse a divindade de Jesus, não havia perdido de vista sua completa e total humanidade, e foi correta em rejeitar qualquer noção que reduzisse sua humanidade. Retratos como o Jesus sinistro podem ser acertadamente chamados de docéticos (a heresia que afirmava que Jesus apenas parecia ser humano, mas não era) e deveria ser rejeitada como tal. Quando vemos o Jesus dos Evangelhos, descobrimos que, de fato, isso é exatamente o que ele não é. A encarnação enfatiza a realidade de que a humanidade de Jesus continha de tal forma a divindade que sua família, seus vizinhos, seus amigos, e até seus discípulos, não compreenderam completamente que Deus estava presente na pessoa humana de Jesus, de tão oculta sua divindade estava em sua humanidade. Halos reluzentes, corações expostos e poses dramáticas – regularmente incluídos nessas representações – nos afastam dos Evangelhos em vez de nos conduzir ao Jesus real.

Se o Jesus de William Holman Hunt é um homem bondoso, insípido e emasculado, o Jesus sinistro é um ser extraterrestre e distante. Um bate respeitosamente à porta de seu coração enquanto o outro espera serenamente que você se aproxime dele. O Jesus de Hunt se importa com você, enquanto o romanesco Jesus conhece você! Se lhe pedíssemos que mostrasse o seu Jesus e você dissesse que ele se parece com o Jesus sinistro, acharíamos que você se sente mais à vontade com os aspectos compostos do Jesus intangível, sábio, etéreo e extraterrestre.

No entanto, o Jesus que encontramos nos Evangelhos está às vezes frustrado, irado e decepcionado. Ele não está sempre sereno com suas emoções magistralmente contidas. Em nenhum outro lugar esse fato é mais bem retratado do que na noite de sua traição e prisão. Após celebrar a Páscoa, a grandiosa história hebraica de exílio e restauração, Jesus e seus amigos fazem um passeio ao jardim chamado Getsêmani tarde da noite. Ali, ao preparar-se para o sacrifício que está para fazer, Jesus pede e até implora a seu Pai três vezes por um caminho alternativo. Longe do autômato impassível como às vezes é retratado, Jesus está cheio de ansiedade e incerteza. Tendo pedido a seus amigos que aguardassem com ele e orassem durante essa hora escura, ele expressa tristeza e solidão quando eles caem no sono: "Então, nem uma hora pudestes vós vigiar comigo?" (Mt 26.40). Mais do que tristeza, podemos sentir sua frustração e aborrecimento por tê-lo abandonado para dormir.

Scott Peck percebeu certa vez que uma das principais razões pelas quais ele cria nos Evangelhos era a descrição extremamente realista que eles fazem de Jesus. Em seus dias de agnóstico, antes de lê-los, ele pressupunha que os Evangelhos fossem simplesmente obras de hagiografia, relatos exagerados desse místico homem santo, inventados por seus seguidores dedicados que criaram um culto à personalidade ao redor dele. No entanto, quando Peck leu os textos pela primeira vez, ficou surpreso ao descobrir que o Jesus daquelas páginas não era nada como os ícones romanescos que ele tinha visto antes. Ele era mais rico, tinha mais textura e era mais autenticamente humano do que qualquer herói popular inventado pudesse jamais ser. De fato, Peck chegou à conclusão de que os Evangelhos devem ser verdadeiros. Se fossem invenções dos seguidores de Jesus, eles teriam inventado um messias melhor do que aquele que encontramos nos Evangelhos. O que ele quis dizer é que eles teriam inventado um messias sem fraquezas que nunca demonstrasse medo, tristeza ou ira. O fato de não ser um Jesus "perfeito" já é prova suficiente de que os autores dos Evangelhos eram narradores fiéis e não inventores ardilosos.

O Jesus galileu comum

N. T. Wright ficou famoso por ter dito que depois que o novelista e estudioso amador do Novo Testamento A. N. Wilson acabou com Jesus, tudo o que nos restou foi um "galileu moderadamente pálido".[94] Realmente, Wilson resume aquela abordagem à cristologia que procura arrancar todo o dogma histórico para encontrar apenas um simples galileu santo, que não tinha a menor ideia de que estava lançando um gigantesco movimento de uma nova fé através de suas folclóricas parábolas e, em geral, de boa índole. Em seu livro surpreendentemente popular *Jesus: A Life* (Jesus: uma vida), Wilson conclui dramaticamente que se Jesus "tivesse previsto toda a história do cristianismo, seu desespero seria ainda maior do que quando clamou: 'Deus meu, Deus meu, por que me desamparaste?' "[95]

De acordo com Wilson, Jesus não achava que ele fosse o Messias, muito menos a segunda pessoa da Trindade. Ele nasceu da forma tradicional em Nazaré e não em Belém. Ensinou uma moralidade interior e seu reino era mais um tipo de reino interior indestrutível do que uma realidade externa. Ele tentou elevar o status da mulher e se opôs aos nacionalistas judeus extremados. No entanto, quando algumas pessoas tentaram lhe impingir certas pretensões messiânicas ele foi preso pelos romanos e sumariamente executado. Permaneceu morto e foi enterrado na Galileia. No fim, ele foi um fracasso. Sua mensagem não foi aceita. Quando seu irmão Tiago trabalhou para reabilitar sua reputação arruinada, reafirmando aos seus seguidores que tudo tinha acontecido segundo as Escrituras, algumas pessoas o

94 N. T. Wright, *Who Was Jesus?* (Londres: SPCK, 1992): 37ss.

95 A. N. Wilson, *Jesus* (Londres: Sinclair-Stevenson, 1992), citado em Wright, *Who Was Jesus?*: 38.

confundiram com seu irmão morto e um boato começou a circular de que Jesus tinha ressuscitado. O Jesus ressuscitado, porém nada mais era do que Tiago que tinha uma semelhança extrema com o seu agora falecido irmão *hasid*, ou homem santo.

Para Wilson, Paulo foi o grande inventor do cristianismo. Ele tomou as palavras de Jesus e a paixão dos primeiros cristãos e construiu a complexa teologia do Novo Testamento indo muito além dos simples ensinos de Jesus. E o resto é história!

As especulações de Wilson nos apresenta um Jesus que é um simples contador de histórias itinerante e guru religioso. Ele provavelmente se casou (alguns escritores acreditam que ele tenha se casado com Maria Madalena e tido filhos ou um filho com ela). Jesus é condenado com um fraco louvor. Ele era um "grande mestre", "um bom homem", "um santo". O que isso quer dizer é que ele é um homem comum e a única forma de explicar o incrível movimento de seguidores de Jesus que se incendiou logo após sua morte é dar o crédito a outra pessoa. Essa pessoa é o vilão da peça, o vil apóstolo Paulo. Ele tomou o judaísmo popular descomplicado de Jesus e o perverteu em um complexo sistema conhecido hoje como cristianismo.

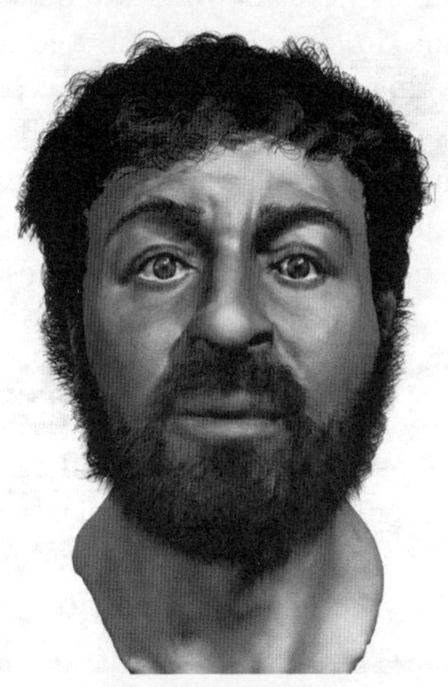

Jesus. Modelo digitalizado.
***O Filho de Deus* – BBC**

A figura acima foi criada para um especial da BBC sobre Jesus em 2001. Especialistas em medicina legal tomaram um crânio do primeiro século encontrado na Palestina e, usando técnicas de reconstrução empregadas na época pelos investigadores policiais quando estão tentando determinar a identidade de um crânio não identificado, construíram essa face. Eles acrescentaram pelos faciais de acordo com o que os historiadores conheciam sobre a moda da época e coloriram sua pele para refletir o homem do Oriente Médio de hoje. A BBC não afirmou ser esse o rosto de Jesus. Eles declararam como um judeu típico da Palestina se pareceria há dois mil anos atrás. As sobrancelhas grossas, a compleição morena e os traços rudes estão a um mundo de distância da mulher barbada ou do Jesus romântico. De acordo com Wilson esse é o galileu que confundimos equivocadamente com o salvador do mundo.

Não é preciso dizer que essa imagem não é muito popular nas igrejas. Faça essa experiência: conduza um exercício com pessoas da igreja e seminaristas. Mostre várias imagens de Jesus, incluindo aquelas que já apresentamos aqui e peça a eles que classifiquem as imagens da mais preferida até a menos preferida. Em nossa experiência, quase na totalidade das vezes o Jesus da BBC acabou em último lugar. Por exemplo, Robert Funk do *Jesus Seminar* pinta Jesus como um radical, implicante e depravado social que oferece uma construção alternativa da realidade através de suas parábolas esotéricas. O colega de Funk, John Dominic Crossan apresenta um Jesus que estava estabelecendo uma comunidade igualitária na Galileia através de curas e refeições gratuitas a todos. Para eles, é mais fácil encarar Jesus como um grande poeta ou um professor que ensina o amor. É claro que isso levanta a questão: Como é que esse meio poeta, meio assistente social, curava os enfermos? O silêncio é ensurdecedor.

Tentativas como essas de domesticar e secularizar Jesus já começam fracassadas. Quando alguém disse ao roqueiro Bono que Jesus poderia ser considerado um dos maiores pensadores do mundo, mas dizer que ele é o filho de Deus seria ir longe demais, ele deu essa excelente resposta:

> Não, para mim não é ir longe demais. Veja, a reação secular à história de Cristo é sempre assim: ele era um grande profeta, obviamente um cara muito interessante, as coisas que ele disse são comparáveis às

> palavras de outros grandes profetas, seja ele Elias, Maomé, Buda ou Confúcio. Mas Cristo não permite que você faça isso. Ele não deixa você sair dessa assim tão fácil. Cristo diz: *"Não, não estou dizendo que eu sou um mestre, não me chame de mestre. Não estou dizendo que sou um profeta. Estou dizendo: 'eu sou o Messias'. Estou dizendo: 'eu sou Deus encarnado'"*. E as pessoas dizem: *"Não, não, por favor, seja apenas um profeta. Podemos aceitar um profeta. Você é um pouco excêntrico. João Batista comia gafanhotos e mel, isso a gente aguenta, mas não mencione a palavra que começa com 'M'! Porque, você sabe, vamos ter que crucificar você"*. E ele continua: *"Não, não. Eu sei que vocês estão esperando que eu volte com um exército e os liberte desses malucos, mas eu sou o Messias de verdade"*. A essa altura, todo mundo começa a olhar para os sapatos e a dizer: *"Ai, meu Deus! Ele vai continuar falando isso"*. Então você tem que decidir: ou Cristo é quem ele disse que era – o Messias – ou um doido varrido. Estamos falando de um louco do nível de Charles Manson. Esse homem é como as pessoas que estávamos falando antes. Ele se amarrou a uma bomba e sobre sua cabeça estava escrito "Rei dos Judeus". Quando o estavam colocando na cruz ele disse: *"Ok, martírio, aí vamos nós. Manda ver. Eu dou conta"*. Não estou brincando. A ideia de que todo o curso da civilização de metade do globo pudesse ter seu destino mudado e virado de cabeça para baixo por um pirado, para mim, isso é ir longe demais...[96]

E ele está certo! O Jesus secular não faz o menor sentido quando lemos os Evangelhos e suas declarações pessoais de que ele é o Messias. Para sair dessa Wilson teve que transformar Paulo em arquiteto da fé, escrevendo o script das falsas afirmações e as colocando na boca de um insuspeitável galileu. A teóloga Bárbara Thiering e o bispo episcopal John Spong desenvolveram, cada um, toda uma abordagem à hermenêutica bíblica que exigiu um sofisticado entendimento do código de *midrash*, justificando as declarações mais embaraçosas de Jesus sobre suas reivindicações de ser o Filho de Deus. Dan Brown, autor de *O Código Da Vinci* culpa o imperador Constantino e sua equipe de falsos escritores dos Evangelhos. No entanto, se levarmos em consideração as declarações dos Evangelhos a respeito de Jesus ficamos no dilema que Bono apresenta – ou Jesus é o Cristo ou ele apenas pensava que era o Cristo.

96 "Bono: Grace over Karma", extraído de *Bono: In Conversation with Mischka Assayas* (Nova Iorque: Riverhead, 2005), in: ChristianityToday.com, August 8, 2005. Citado em 1 de Agosto de 2008. Online: http://www.christianitytoday.com/music/interviews/2005/bono-0805.html. (Site em inglês. Acesso em 06/03/2015.)

Confessamos que gostamos de Bono, mas, para darmos o crédito a quem é devido, foi C. S. Lewis quem primeiro propôs essa formulação para dispensar os que preferem a versão do Jesus "bom mestre":

> Estou tentando aqui evitar que alguém diga essa bobagem que tantas vezes ouvimos sobre ele: "Estou pronto a aceitar Jesus como um grande mestre de moral, mas não aceito sua reivindicação de ser Deus". Isso é algo que não devemos dizer. Um homem que fosse apenas um homem e dissesse o tipo de coisas que Jesus disse não seria um grande mestre de moral. Ou ele era um lunático – do mesmo nível do homem que diz ser um ovo pochê – ou ele era o diabo do inferno. Você tem que fazer a sua escolha pessoal. Ou esse homem era, e é, o Filho de Deus, ou um louco ou coisa pior [...], mas não venhamos com essa bobagem arrogante sobre ele ser um grande mestre humano. Ele não nos dá essa abertura. Não teve essa intenção".[97]

Essa é a abordagem "Mentiroso, Maluco ou Meu Deus" e tem um forte argumento a seu favor: você não pode reduzir Jesus a um bom professor ou um simples homem santo galileu. Nem pode se satisfazer com o sereno Jesus "Mulher Barbada" ou o mais extraterrestre Jesus Sinistro. Os Evangelhos não permitem.

O Jesus revolucionário

Como já mencionamos, a história do Evangelho deixa claro que aqueles que compreenderam Jesus e sua mensagem eram aqueles que mais queriam vê-lo morto. Ele era considerado uma ameaça e um perigo ao sistema religioso do judaísmo, mas presumivelmente também às massas impressionáveis. É difícil imaginar o Jesus "mulher barbada", o Jesus sinistro ou o simples Jesus Galileu ameaçando alguém. No entanto, os contemporâneos de Jesus o viam como um usurpador da religião institucional, um blasfemo, um herege, um bêbado, um comilão e um falso mestre. Ele era um rabino sem educação formal da remota região norte que saiu do controle e começou a semear confusão entre a população igualmente inculta. Na mente de seus inimigos ele era um extremista, um radical, um revolucionário.

97 C. S. Lewis, *Cristianismo puro e simples* (São Paulo: Martins Fontes, 2006).

Tem havido umas poucas tentativas no decorrer dos anos de reagir contra as insípidas representações falsas de Jesus. Nos anos 1960, o cineasta radical Pier Paolo Pasolini, um homossexual comunista e ateu até a raiz dos cabelos, fez um famoso filme baseado no Evangelho de Mateus. Seu Jesus é um homem de aparência macabra, quase sempre coberto com uma mortalha negra, que apresentava suas parábolas não como histórias comoventes, mas como tratados revolucionários. Ele é austero, brusco e exigente, insistindo que não veio para trazer paz, mas espada. Pasolini o apresenta como um subversivo mudando sorrateiramente de lugar em lugar nas proximidades do Mar da Galileia, algumas vezes atraindo multidões, algumas sendo expulso. O interessante é que o script de Pasolini para o filme intitulado *O Evangelho Segundo São Mateus* é extraído diretamente do Evangelho de Mateus e contém uma clara descrição da ressurreição. Devido ao fato de Pasolini ser considerado uma pessoa desagradável e Jesus ser retratado como um radical arruaceiro, o filme não é muito popular na maior parte dos círculos eclesiásticos.[98] Mesmo assim, Pasolini apresenta um retrato conservador de Jesus, mais de acordo com os Evangelhos, do que o do piedoso William Holman Hunt.

Jesus. Cena do filme *O Evangelho segundo São Mateus*, dirigido por Pier Paolo Pasolini.

98 Curiosamente, em 1995 esse filme foi incluído na lista de filmes do Vaticano "apropriados para serem assistidos pelos fiéis".

Então, em 1999, no final da chamada década de evangelismo da Igreja da Inglaterra, o seguinte anúncio apareceu por todo o Reino Unido. Ele retratava Jesus como um tipo de Che Guevara em um revolucionário pôster vermelho com o slogan "Manso. Suave. Até parece". Achamos legal, mas nos pôsteres originais embaixo estava escrito "Descubra o verdadeiro Jesus. 4 de abril". Achamos que aqueles que ousavam concordar com a ideia de que Jesus era um revolucionário tinham menos probabilidade de acreditar que ele seria encontrado em uma igreja anglicana em um domingo no dia 4 de abril ou em qualquer outro dia. A imagem usual da paróquia local dificilmente se correlaciona com a imagem do Che-Jesus que mostramos a seguir.

No sentido correto, Jesus era provavelmente mais um reformador do que um revolucionário. Ele não estava comprometido em derrubar todo o sistema religioso do qual fazia parte. Na verdade, como ele afirma: *"Não penseis que vim revogar a Lei ou os Profetas; não vim para revogar, vim para cumprir"* (Mt 5.17). Seu trabalho era transformar Israel e mais que isso, o mundo, não rejeitando ou abolindo a fé de Israel, mas encarnando-a e chamando Israel de volta às suas verdadeiras crenças. Essa transformação radical teria considerável impacto sobre as estruturas das instituições religiosas de Israel e aqueles que contemplavam aquelas estruturas perceberam isso a um quilômetro de distância. A esse respeito, Jesus está chamando Israel àquilo que nos referimos anteriormente como fundamentalismo radical.

Manso. Suave. Até parece.
Descubra o verdadeiro Jesus
[Jesus. Pôster da Igreja Anglicana em 1999]

Não é surpresa que aqueles que igualmente contemplam as estruturas das instituições religiosas da cristandade estejam tão preocupados que o Jesus revolucionário seja solto em suas igrejas! Nossa esperança é que os líderes reconheçam que Jesus não deseja destruir a igreja que eles têm agora – ele só quer reformá-la radicalmente.

Totalmente humano, totalmente divino

Um antigo ícone nos parece mais equilibrado. Foi encontrado no mosteiro de Santa Catarina no deserto do Sinai. Embora traga um dramático halo, o ícone de Santa Catarina representa Jesus tranquilo e imperturbável. Para ser mais exato, ele parece mais um estudioso romano do que um rabino palestino, mas o artista não mostra nada da aura "fantasmagórica" vista em outros retratos de Jesus. Ele o pintou como um mestre sábio. Sua face não é simétrica como nos muitos ícones assustadores de Jesus. É mais imperfeito, menos amável do que os outros. Esse tipo de retratação era raro, porém. A representação românica da face de Jesus caracteristicamente o retrata com uma expressão mascarada e um olhar fixo expressionista. Isso, juntamente com o halo, estava supostamente transmitindo um senso de transcendência ou santidade. Os artistas cristãos primitivos estavam conscientes de que Jesus era totalmente humano e totalmente divino, mas ao retratá-lo em ícones, pinturas, murais e vitrais, eles penderam para o lado do divino, pressupondo que um homem divino não pareceria um, bem..., "homem humano".

Jesus. Cristo Pantocrator.[99]
Ícone no Mosteiro de Santa Catarina, Sinai.
Pintura encáustica sobre tela.

99 Palavra de origem grega que significa "todo-poderoso" ou "onipotente". (N. de Revisão)

O Jesus da época

Tendo tentado desacreditar as muitas imagens inadequadas e até falsas de Jesus que distorcem nossa verdadeira apreciação dele, reconhecemos que cada época traz consigo uma nova perspectiva no multifacetado Jesus que tanto tem conquistado as mentes e os corações de milhões de pessoas através da história. Tão seletivas como essas imagens devem ser quando vistas contra sua totalidade, no entanto há mérito na pesquisa do efeito que elas têm tido na formação da cultura e das sociedades de seus dias. Jaroslav Pelikan fez precisamente isso em sua excelente obra *A imagem de Jesus ao longo dos séculos*. Neste livro ele revela como cada imagem de Jesus criada por cada época é chave para a compreensão do temperamento e dos valores daquela época – seus pontos fortes e suas deficiências. Seu sumário nos oferece uma lista de algumas imagens que têm transformado a história através de dois milênios.[100]

⇒ *O rabino*: informa o primeiro período do Novo Testamento, particularmente da cristandade judaica.

⇒ *O ponto crucial da história*: encerra a crescente importância de Jesus para os séculos 1 e 2.

⇒ *A luz dos gentios*: ressalta as antecipações pagãs de Cristo como prefiguradas em Sócrates, Virgílio e outros poetas filósofos do período pré-cristão.

⇒ *O Rei dos reis*: ressalta o senhorio de Jesus contra o senhorio de César, culminando no contrato de Constantino e o surgimento do Império Cristão.

⇒ *O Cristo cósmico*: foca no Cristo como Logos, mente e razão informando o surgimento do platonismo cristianizado dos séculos 3 e 4.

⇒ *O Filho do Homem*: comunica a psicologia e a antropologia agostiniana cristã do século 5.

⇒ *A verdadeira imagem*: Cristo é a inspiração para a verdadeira arte e arquitetura no Período Bizantino.

---

100 Jaroslav Pelikan, *A imagem de Jesus ao longo dos séculos* (São Paulo: Cosac Naify, 2000.)

⇒ *O Cristo crucificado*: na Idade Média a cruz se torna a imagem mais importante na arte e literatura, enfatizando a obra salvadora de Jesus (séculos 10 e 11).

⇒ *O monge que governa o mundo*: o triunfo da visão Beneditina do mundo representa o triunfo do monasticismo.

⇒ *O noivo da alma*: o surgimento do misticismo cristão interpreta o Cântico dos Cânticos como uma alegoria do amor entre Cristo e o cristão.

⇒ *O modelo divino e humano*: Francisco de Assis ajuda a restaurar a plena humanidade de Jesus conduzindo à transformação da igreja institucional dos séculos 13 e 14.

⇒ *O homem universal*: a imagem do período da Renascença com sua redescoberta do humanismo cristão.

⇒ *O espelho do eterno*: Cristo como espelho do verdadeiro, belo e bom que aparece no período da Reforma.

⇒ *O Príncipe da Paz*: as Cruzadas e as guerras religiosas também causam o ressurgimento do pacifismo cristão, especialmente espelhado nos círculos anabatistas.

⇒ *O mestre do bom senso*: a busca do Jesus histórico no academicismo e na filosofia do período do Iluminismo.

⇒ *O poeta do espírito*: idealismo e filosofia romântica do século 19 surgem em protesto contra a rigidez ortodoxa e a banalidade racionalista.

⇒ *O libertador*: aplica-se tanto ao século 19 quanto ao 20. De Marx a Tolstoi, de Gandhi a Martin Luther King, a oposição profética de Jesus contra a opressão econômica e política e a injustiça são ressaltadas.

⇒ *O homem que pertence ao mundo*: uma difusão sem precedentes da mensagem de Jesus no século 20 significa o ingresso de populações em massa vindas do Terceiro Mundo à igreja. Jesus se transforma em uma figura verdadeiramente mundial se dirigindo a outras religiões de forma mais significativa.

Embora acreditemos ser simplesmente impossível resumir uma época em uma imagem e que as escolhas de Pelikan pareçam arbitrárias, sua abordagem como historiador ressalta o contínuo papel de Jesus na formação da cultura e da história do Ocidente, e é útil especialmente no entendimento das imagens de Jesus que parecem capturar o espírito de uma era. O mais importante, talvez seja ver que Jesus é tudo o que foi acima citado. Ele é rabino, Rei dos reis, Cristo Cósmico, Luz das Nações e assim por diante. Aqui, porém, repousa o problema: limitá-lo a uma imagem é limitar a magnificência da pessoa que encontramos em Jesus.

Que tipo de homem é esse?

Algum tempo atrás, Michael teve a oportunidade de dirigir um workshop reunindo um grupo de pessoas que se sentiam desconfortáveis na igreja tradicional. Eles eram um grupo interessante formado por artistas, escritores e criadores culturais. Alguns tinham origem cristã, mas a tinham rejeitado totalmente, e outros nunca tinham posto os pés em um templo. Eles se reuniram por todo um verão em uma apertada galeria de arte sobre um café. Os proprietários da galeria estavam intrigados com Jesus e tinham reunido um improvável grupo heterogêneo de pessoas para louvá-lo. Alguns estavam desempregados. Alguns trabalhavam apenas ocasionalmente como artistas, outros sofriam de doenças mentais. Michael e sua esposa, Carolyn, os dirigiram em uma liturgia simples e curta de orações e música usando símbolos descomplicados como pedras, vasos quebrados, velas e, obviamente, pão e vinho.

Um dos momentos do encontro foi um breve estudo do Evangelho de João seguido de uma discussão do texto. O Evangelho de João já começa com o ministério de João Batista e sua identificação de Jesus como o Cordeiro de Deus, seguido rapidamente pela transformação da água em vinho em Caná, a purificação do templo e a conversa de Nicodemos com Jesus, tarde da noite, sobre nascer de novo.

O interessante foi a forma como o grupo abordou o texto. Eles imediatamente viram coisas que a maioria dos grupos de igreja não percebe. Viram Jesus sentado ao lado dos oprimidos e marginalizados.

Leram as cenas do Rio Jordão como João e Jesus levando os abandonados, os pobres e os destituídos para fora do deserto para as águas refrescantes que conduziam à esperança e à renovação das forças. Viram a transformação das águas cerimoniais em vinho de casamento como um ato subversivo de tomar aqueles símbolos religiosos designados a separar o santo do impuro e convertê-los em algo delicioso para ser desfrutado por todos. Eles identificaram a fúria no templo como a destruição do sistema institucional que nega o acesso e a igualdade aos pobres penitentes que eram forçados a trocar seu dinheiro e comprar os pássaros para sacrifícios religiosos. Eles ouviram Jesus relatar a Nicodemos como a transformação que ele estava iniciando começa com uma transformação do coração, as coisas interiores de que todas as pessoas podem controlar, não o mundo exterior, o qual somente o rico ou o poderoso tem a capacidade de mudar.

De fato, eles fazem uma leitura mais ampla do Evangelho interpretando-o como exílio e restauração (não que eles tenham se expressado nesses termos). Eles o leem dessa forma porque se sentem como exilados da religião institucional. Para esses exilados que se sentem sujos demais para frequentar uma igreja, as cenas do rio Jordão são um lembrete de que Jesus chama todos, não apenas o puro, para o seu lado. Para esses exilados que ouviram que precisam ser lavados antes de se aproximarem de Deus, o casamento em Caná os convenceu de que no Reino de Jesus eles eram convidados bem-vindos e havia vinho suficiente para todos. Da mesma forma, para eles a purificação do templo apresentou um Jesus que não se deteria por nada para demolir cada arco colocado no caminho da pessoa arrependida para Deus.

Em seu livro *Eles gostam de Jesus, mas não da Igreja*, Dan Kimball relata experiências semelhantes que teve com pessoas que não frequentam igrejas. O título do livro resume bem seu ponto principal e as palavras de vários jovens adultos que se sentem atraídos por Jesus e pelos Evangelhos, mas não conseguem encontrar na igreja o seu lugar.[101] Essa tem sido também a nossa experiência. Aquele grupo de pessoas desesperadas que buscam Jesus e se reuniam na galeria naquele verão não são diferentes dos judeus do primeiro século, para quem o Evangelho foi

101 Dan Kimball, *Eles gostam de Jesus, mas não da Igreja: insights das gerações emergentes sobre a igreja* (São Paulo: Vida, 2011).

escrito primeiramente. Eles se sentem exilados do cristianismo institucional, mas estão desesperados por restauração. Que tipo de Jesus pode restaurá-los? O primitivo, puro e sereno Jesus "mulher barbada"? Ele apenas os faz se sentirem mais culpados a respeito de suas inadequações. O Jesus sinistro? Ele os intriga, mas no final ele pertence à igreja do mundo dos vitrais e arcobotantes, o mesmo mundo que eles sentem estar fechado para eles. O mestre galileu comum? Pelo menos ele é seguro. Ensina compaixão e bondade e muitos exilados o prefeririam em meio a outras opções, mas ele não os leva a lugar algum. Ele pode apelar à sua experiência de exilado, mas não promete restauração.

Libertando o homem selvagem

Uma das histórias que contam a respeito de Jesus é a seguinte: dizem que as pessoas não se aventuravam a descer os precipícios do lado leste do Lago da Galileia depois de escurecer. De fato, mesmo à luz do dia, a menos que houvesse uma boa razão para estar nas altas e desoladas margens era melhor se manter afastado da beira d'água. Um homem selvagem vivia ali. Um homem insano, nu, correndo de um lado para o outro. Mais animal do que homem, comia o que conseguia tirar dos porcos que pastavam perto dali e dormia nos túmulos entre os ossos dos mortos. Seus guinchos apavorantes podiam ser ouvidos dia e noite.

Ele era o tema das lendas e provérbios locais. Os pais ameaçavam as crianças más dizendo que chamariam o homem selvagem para pegá-las. Ele tinha força de dez homens, ninguém podia prendê-lo. Meio morto de fome e demente, o corpo peludo do homem selvagem estava coberto de cicatrizes e feridas. Ele era objeto de deboche e medo genuíno para os residentes da cidade de fala grega de Gadara, e estes pensavam que ele logo morreria de fome ou infecção, o que fosse melhor.

Os judeus que viviam um pouco além dessa região davam o povo de Gadara como morto. A margem leste do Lago da Galileia era quase totalmente habitada por gentios. Tinha sido colonizada por povos de fala grega que construíram dez cidades ali. Os judeus piedosos tinham deixado a área há muito tempo para evitar a contaminação e os que permaneceram sabiam que estavam em território pagão. Não era de se admirar, alguns diziam, que fosse dominada por maníacos e lunáticos.

Quando Jesus desceu do barco na praia perto de Gadara deve ter suspeitado a razão de estar ali. Deve ter sido motivo de estranheza para muitos judeus o simples fato de que um profeta tão renomado como ele pudesse se incomodar com Gadara. "Deixe-os à sua própria sorte", teriam murmurado com desprezo. Eles não são da nossa conta, nem de Deus.

Não há dúvida de que Jesus desembarcou na desolada faixa de praia sob os elevados precipícios próximos à cidade. Com toda a probabilidade, ele tinha visto o homem selvagem de seu barco conforme se aproximava da terra. Seu patético gemido correndo sobre os penhascos tornava fácil avistá-lo. Enquanto outros barqueiros aportavam o mais longe possível do homem, Jesus foi direto para ele. Assim que pôs os pés na praia o homem selvagem correu para ele. Isso teria matado de medo um viajante desavisado, mas Jesus, como homem intrépido que era, não se moveu nem um milímetro.

"O que quer de mim, Filho do Deus Altíssimo? Jure que não vai me torturar", ele gritou. Seu pedido revelou um conhecimento que traiu sua condição. Ele era um endemoninhado, isto é, sua personalidade estava sob o domínio de um poder ou poderes maus. O efeito é a destruição do caráter humano. Ele foi colocado em isolamento pela sociedade, perdeu sua integridade moral e foi reduzido a um estado de absoluta degradação física.

Esse homem, desprezado e rejeitado pelos homens, não tropeçou por acaso em Jesus, mas foi buscado por ele. Os demônios declararam estar em grande número. "Me chamo Legião, porque somos muitos", gritou o patético homem, subjugado pelas forças malignas que tiveram a audácia de implorar a Jesus que não os expulsasse para o inferno, mas para uma vara de porcos. Surpreendentemente, Jesus negociou com os demônios, concordou com seu pedido e os enviou para os porcos, que acabaram por mergulhar no precipício para dentro do lago e se afogaram.

Que Messias é esse que acata os desejos de demônios? Que tipo de Messias destrói o ganha-pão de um criador de porcos local? Foi como jogar uma bomba em um armazém! Esses pobres fazendeiros mereciam ver seus porcos inchados, afogados boiando no Lago da Galileia?

O Messias não deveria estar do lado do pobre? Os demônios receberam mais cortesia da parte de Jesus do que os criadores de porcos. Que tipo de profeta é esse?

Esse é o tipo de profeta que encontrou roupas para o homem selvagem, o vestiu e o alimentou, tratando-o com dignidade e respeito. A atenção e o amor que todo ser humano merece. Quando correu para ver o que tinha acontecido, o povo local encontrou os porcos mortos, os fazendeiros lesados e o indomável selvagem agora vestido com roupas novas e em seu perfeito juízo. Essa cena bizarra deixou aquele povo pagão morto de medo. Uma mágica poderosa veio até sua terra e eles imploraram que o estranho mágico deixasse a área imediatamente.

Quando Jesus subiu no barco, o homem selvagem pegou em seu braço. "Deixe-me ir com você. Não há nada para mim aqui."

Embora o pedido dos demônios tivesse sido atendido, o do homem foi negado. Forçado a permanecer entre os gadarenos continuou a ser confirmado como parte do folclore local para sempre como o homem selvagem que foi reabilitado pelo impetuoso Messias de Nazaré.

Você se admira que Jesus se sente à vontade em meio às coisas mais selvagens? Ele inaugurou seu ministério público jejuando 40 dias onde as feras vagueavam. Ele é indomável e independente e seu ministério é prova disso. Ele corre livre por onde quer que vá. Jesus conduz seu ministério como um tipo de fugitivo. Como vimos, depois de seu sermão inaugural em Lucas 4 ele é empurrado pela multidão na direção de um despenhadeiro em uma tentativa de assassinato. Ele se evade da multidão barulhenta, mas, a partir daí seu ministério é conduzido ao estilo de um renegado. Então, em Marcos 3, quando Jesus retorna a sua cidade natal, seus vizinhos o repelem por causa de seus ensinos, declarando-o insano ("Ele ficou maluco!"). Até sua família está tão indignada por seu comportamento que tenta prendê-lo para o seu próprio bem. Eles estão constrangidos por suas ideias impetuosas. Em João 7, seus irmãos o repreendem porque o veem esgueirando-se ao redor da Galileia: *Porque ninguém há que procure ser conhecido em público e, contudo, realize os seus feitos em oculto. Se fazes estas coisas, manifesta-te ao mundo.* (v. 4). Mais tarde, no mesmo capítulo (v. 32), quando os fariseus enviam a guarda do templo para prendê-lo, ele evita a captura e continua a fuga.

De alguma forma, ignoramos essas indicações de que o ministério público de Jesus estava sendo rastreado e tinha um bando de jovens impressionáveis a seu lado. Um dos que faziam parte de seu círculo mais íntimo era Simão, o zelote. Os zelotes faziam parte de um movimento subversivo anti-imperialista dedicado a expulsar os romanos de Israel. Eles queriam liberdade política, mas também um estado israelita purista, tradicional e teocrático livre da interferência de Roma. Assim como o militante Simão, Jesus também atraiu Tiago e João. Alguns estudiosos do Novo Testamento acreditam que o apelido, "filhos do trovão", pode ligá-los igualmente a algum movimento separatista. Além disso, alguns dos primeiros seguidores tinham sido discípulos de João Batista. Tendo atraído esses radicais desafetos às suas fileiras, Jesus foi visto como um perigo para a sociedade.

E por que não seria? Até seus amigos se assustavam com ele às vezes. Quando Jesus pergunta quem as pessoas diziam que ele era, eles respondem que alguns pensavam que ele fosse João Batista ressurreto, ou até Elias (Lc 9.18ss). Eles não estavam dizendo que ele era o doce e bonzinho grande guru do amor e da boa vontade. Acreditam que era um homem intrépido ressuscitado, porque é isso que ele seria se fosse João ou Elias quando estavam vivos. Realmente, esses rumores chegaram até os ouvidos do rei Herodes que tinha executado João (Lc 9.7). "João Batista retornou dos mortos!" Esta seria uma ideia aterradora.

Para "reJesusar" a igreja, precisamos voltar ao ousado, radical, estranho, maravilhoso, inexplicável, indômito, bondoso e poderoso Deus-Homem. As comunidades ao nosso redor estão clamando por ele. Estão indo em massa ouvir os discursos do Dalai Lama. Estão comprando montanhas de livros de teologia popular. Estão visitando lugares sagrados em todo o globo. Estão procurando pelo "Prometido", aquele que pode oferecer restauração e paz. A igreja precisa se encontrar com Jesus e olhar perplexa para ele dizendo, com voz trêmula: "Que homem é esse? Até os ventos e as ondas lhe obedecem. Até os demônios mais violentos o obedecem. Até os fariseus tremem em pensar o que ele pode fazer se deixarem".

5

O esquema *Shema*
(um Deus, um amor)

O monoteísmo é resultado da reivindicação exclusiva de Yahweh, e não uma hipótese conceitual resultante do esforço humano de ganhar uma visão unitária desse mundo.
— Paulo Minear

R. Joshua Ben Korba disse: Por que a frase "Ouve, ó Israel" (Dt 6.4-9) precede a frase "Estas palavras que, hoje, te ordeno estarão no teu coração"? Para que o homem possa primeiro tomar sobre si o jugo do Reino dos Céus e depois, o jugo dos mandamentos.
— O Talmude

Toda essa conversa sobre Jesus, discipulado e igreja levanta uma lista de perguntas relativas a um entendimento mais abrangente de Deus. Qual é o lugar de Deus na discussão sobre cristologia e a igreja missional? Queremos voltar nossa atenção precisamente a essa pergunta e, ao fazer isso, esperamos abordar a discussão dentro da mais fundamental revelação de Deus na Bíblia, ou seja: que ele é Um, ele reivindica a nossa propriedade e essa reivindicação exclui todas as outras para que haja uma lealdade absoluta. Por isso, vamos dar uma olhada no monoteísmo (existencial) bíblico e suas implicações para uma cosmovisão missional, bem como algumas de suas atividades práticas para a vida e a fé. O monoteísmo, interpretado pela cosmovisão bíblica é a crença de que um Deus, Senhor e Criador de tudo, tem o direito de reclamar a soberania sobre todas as coisas que criou. Visto dessa forma, os ensinos de Jesus a respeito do Reino de Deus são uma forma de expressar a reivindicação do único Deus sobre toda a criação.

O leitor pode muito bem ficar tentado a deixar este capítulo de lado como excessivamente teológico e escolher pulá-lo para ler um texto mais prático. Cremos que esse consistiria em sério erro, não porque a prática não seja importante, mas porque muito da prática está ligada diretamente ao nosso entendimento de Deus. Isso vai desde a cosmovisão – se encararmos o monoteísmo de forma errada, nossa mais elementar visão de Deus, toda a empreitada está ameaçada. Precisamos estar atentos aos avisos de William Temple sobre a natureza do erro teológico quando ele percebeu que se a nossa concepção de Deus está radicalmente errada, quanto mais devotos formos, pior para nós. Cremos que a correção fundamental para a igreja ao alvorecer do século 21 deve ser a cristológica que, por sua vez, revolucionará nossa missiologia e nossa eclesiologia. Devemos ser pacientes e tão precisos quanto possível porque, quando uma nave está apontando para a Lua, um grau de diferença na partida pode nos colocar a milhares de quilômetros fora da rota. E se isso ainda não está óbvio, repetimos que essa correção teológica precisa acontecer no campo da cristologia. No entanto, para adequadamente entendermos a cristologia, precisamos sondar a mais básica premissa na revelação bíblica de Deus, ou seja, a premissa que Deus é Um e que ele redime e reclama a nossa posse em e através de Jesus Messias.

Um Deus

O mais representativo texto nesse tópico é o que o povo judeu chama de *Shema*: *"Ouve, ó Israel, o Senhor, nosso Deus,* é o único Senhor! *Amarás, pois, o Senhor, teu Deus, de todo o teu coração, de toda a tua alma, de todo o teu entendimento e de toda a tua força"*. Como um judeu correto, Jesus mesmo afirma que não há mandamento maior do que esse (Mc 12.29s).

A palavra *Shema* é a primeira palavra do texto de Deuteronômio 6.4-9 e significa "ouve" ou "preste atenção". Esse chamado à atenção ressalta o que se segue, que é mais do que uma simples declaração a respeito de Deus e do relacionamento de Deus com o povo de Deus. Ela contém também os fundamentos da cosmovisão da Bíblia porque a liga a um distintivo modo ético de viver com um distinto entendimento de Deus. O *Shema* também pressupõe a ideia de um relacionamento de aliança entre os contratantes – uma conexão profundamente pessoal e bem definida entre Deus e o povo de Israel. Os judeus praticantes de todas as linhas do judaísmo confessam o *Shema* três vezes ao dia, ressaltando assim, sua natureza como súmula prototípica da fé bíblica. Esse texto é de essencial importância porque contém a ideia fundamental de Deus para a fé judaica, é pressuposta por todos os escritores do Novo Testamento e adotada pela fé do Islã.

O conceito de unidade de Deus representa um contraste gritante com as ideias religiosas das culturas que rodeavam Israel, onde a multiplicidade de deuses levava, por sua vez, uma imensa inquietação à vida humana. Para os politeístas, ainda que uma pessoa pudesse cumprir cuidadosamente suas obrigações religiosas, não teria garantia alguma de segurança, pois se houvesse alguma discórdia entre deuses, a vida humana poderia ser radicalmente afetada. Mesmo que certo deus prometesse muitas coisas a um indivíduo, um deus mais poderoso poderia trazer uma calamidade. A tensão resultante frequentemente conduzia a um profundo pessimismo no pensamento e na vida religiosa. Isso não é tão teórico como possa parecer a princípio. Os politeístas modernos com quem convivemos carecem de um centro integrador da vida. Eles vivem debaixo de regras econômicas, nacionalismo, sexo, família e seja lá qual for o ídolo que estabeleceram para si. Não se engane: esses são ídolos que podem dominar a vida e a consciência de uma pessoa. A história é clara a esse respeito. As pessoas são capazes de matar por eles, se for necessário. Esses ídolos competem uns com os outros e exigem lealdade e obediência, mas nunca poderão conceder significado absoluto para suas vidas. Como a vida é fragmentada, distribuída entre os muitos deuses, não permite, por conseguinte, que uma visão unificada da realidade venha à tona. Em contraste radical com a crença em muitos deuses, Yahweh é o único Deus que redime seu povo e subsequentemente requer que o amem como ele os amou.[102]

102 Observe em particular o exemplo do relato do dilúvio na Epopeia de Gilgamesh, onde o dilúvio parece ser o resultado do capricho de Enlil. Foi somente através da bondade de Enki que Utnapishtim foi alertado e escapou da inundação". D. L. Christensen, *Deuteronômio 1-11* (Word Biblical Commentary 6A; Dallas: Word, 1998; edição eletrônica, Logos Library System).

A natureza desse Deus e a forma que esse amor de Deus deve tomar é revelado nas Escrituras, na natureza e na história. Ele é bom, santo, justo e compassivo, e exige que também o sejamos. Relacionar-se com ele, portanto, traz significado, objetivo, visão moral e uma realidade absoluta para a vida humana.

Liberte os cativos

William Wilberforce

A William Wilberforce é atribuído o mérito de liderar a campanha pela abolição da escravatura no Império Britânico no início do século 19. Descendente de uma família abastada, membro da Câmara dos Comuns do Parlamento inglês e de saúde frágil, Wilberforce talvez pareça um improvável pequeno Jesus. No entanto, sua conversão à fé evangélica em 1784 o levou a unir-se à Seita Clapham, um grupo de evangélicos e abolicionistas membros da igreja anglicana. Foi nesse grupo que o interesse de Wilberforce na reforma social foi despertado. Em 1789 ele fez seu primeiro discurso contra o tráfico de escravos, que o lançou naquela que seria uma monumental batalha política contra a escravidão, uma luta marcada por vários fracassos e empecilhos. Somente em 1807 a lei da Abolição do Tráfico de Escravos finalmente foi aprovada tanto pela câmara dos Comuns quanto pela Câmara dos Lordes do Parlamento inglês. Embora celebrada como a pedra fundamental na causa abolicionista, o fato de tornar o tráfico ilegal não acabou com a escravatura na prática, e muitos mercadores de escravos continuaram a desprezar as novas leis. Wilberforce ajudou a lançar uma nova fase da campanha e acabar com a escravatura de uma vez por todas. Exaurido pela campanha e por seu péssimo estado de saúde, Wilberforce aposentou-se em 1825. Em 1833, recebeu a notícia da iminente aprovação do Ato de Abolição da Escravatura. "Dou graças a Deus por viver para testemunhar esse dia no qual a Inglaterra está disposta a dar vinte milhões de libras pela abolição da escravatura", disse ele. Ele morreu dois dias depois. Como um pequeno Jesus, Wilberforce é admirado por seu esforço incansável de abolir a escravatura e promover a igualdade entre as raças em um período turbulento da história.

Essa revelação de Deus como Único fala não somente da singularidade de Deus (acima dos muitos deuses), mas também da unidade dentro de Deus e, por conseguinte, do mundo que Deus criou. O Deus do universo é o Deus da história. Afirmamos que esse conhecimento de Deus repousa na raiz de toda a cosmovisão bíblica. Ela claramente motiva e inspira a fé do Novo Testamento. As declarações monoteístas permeiam todo o Novo Testamento, sejam elas declarações de fé no Deus único (1Co 8.4-6; Ef 4.6; 1Tm 2.5; Rm 3.30; Tg 2.19), no único Deus (Rm 16.27; 1Tm 1.17; 6.15; Jd 25; Jo 17.3), ou o Deus do qual todas as coisas derivam (Rm 11.36; Hb 2.10; 1Co 8.6; Ap 4.11). Essas afirmações demonstram completa continuidade ao Velho Testamento e sua proclamação fundamental de monoteísmo tanto existencial (Dt 5.7) quanto teórico (Dt 4.35).[103] E, dessa maneira, forma a premissa mais básica pela qual operam o apóstolo, o profeta, o sacerdote e o rei.

Mas essa preocupação com o monoteísmo está especialmente presente nos ensinos de Jesus onde ele coloca forte ênfase sobre a afirmação de um Deus único. Em Marcos 12.28-34, Jesus responde à pergunta sobre o maior dos mandamentos com uma citação direta do *Shema* (Dt 6.4s), afirmando, então, a primazia da fé monoteísta. Ainda assim, a plenitude dessa citação, com sua ênfase na total devoção a Deus, e a adição de um segundo, o amor pelo próximo como a si mesmo, extrai a consequência ética de fé que é tão distintiva na fé *Shema*.

Em Marcos 10.18s essa mesma ideia é reforçada, pois a afirmação da bondade singular de Deus (*"Ninguém é bom senão um, que é Deus"*) é imediatamente seguida por uma lista de imperativos éticos que derivam do Deus unicamente bom. A fé monoteísta era, portanto, levada seriamente por Jesus não porque houvesse um questionamento racional contra ela, mas por causa da relevância de suas implicações éticas. A devoção ao único Deus, de acordo com Jesus deve ser demonstrada pela vivência das exigências éticas de Deus.[104] O livro de

103 D. N. Freedman, "God in the New Testament", in: *Anchor Bible Dictionary* (Nova Iorque: Doubleday, 1996; ed. eletrônica).

104 Ibid., edição eletrônica. Curiosamente, a estrutura da Carta de Paulo indica o mesmo compromisso à ligação irrevogável entre o entendimento de Deus e o estilo de vida. Os estudiosos do Novo Testamento falam sobre o indicativo de Paulo e a estrutura imperativa das cartas paulinas. A primeira metade se refere ao ensino sobre Deus, salvação e outros assuntos teológicos. A segunda metade invariavelmente fala de assuntos éticos.

Scot McKnight, *O credo de Jesus: crescimento espiritual, amor a Deus e ao próximo* discute como o monoteísmo fundamental no *Shema* comunica os ensinos de Jesus e o Novo Testamento.[105]

A essa conexão entre a crença em um Deus e o modo de vida do cristão tem sido dado o rótulo pouco atraente de *monoteísmo ético*. Preferimos, por razões que se tornarão óbvias, chamá-lo de monoteísmo existencial. Queremos dizer que, inerente a toda noção do monoteísmo, um genuíno relacionamento com o Deus bíblico deve resultar em um estilo de vida consistente com a natureza do Deus da aliança.[106] Portanto, o *Shema* não é tanto uma declaração sobre a unidade e unicidade de Deus quanto é uma declaração sobre o relacionamento que Deus tem com Israel e a igreja.

Dessa forma, podemos ver que, ligada ao monoteísmo ético, está toda a espiritualidade do povo nascido dessa revelação. Portanto, discipulado, adoração e missão devem receber influência direta da reivindicação do único Senhor sobre nossas vidas. Isso tem amplas consequências para nós, porque, como veremos, também implica na obliteração de todos os dualismos que restringem nossa vida (p. ex., o sagrado e o secular, o corpo e o espírito) que têm afligido o pensamento cristão na tradição ocidental.

105 Scot McKnight, *O credo de Jesus: crescimento espiritual, amor a Deus e ao próximo.* (Curitiba: Esperança, 2009).

106 "A igreja de hoje não pode esquecer que a teologia mais primitiva no Novo Testamento é relacional ou existencial, em vez de proposicional ou confessional." Marvin Wilson, *Our Father Abraham: Jewish Roots of the Christian Faith.* (Grand Rapids: Eerdmans, 1989): 138.

O diagrama mostra nossa visão de Deus no alto e nossa resposta embaixo. Nossa resposta é a maneira como agimos baseados em nossa visão de Deus. A ilustração acima representa a natureza unificante e totalmente abrangente da reivindicação que Deus faz sobre as vidas de seu povo escolhido. Tudo é englobado na soberania redentora do Único. Usamos o termo "existencial" aqui porque, para nós, ele descreve melhor as dinâmicas do monoteísmo bíblico, não tanto como filosofia e/ou doutrina, mas como o impacto que um encontro com o único Deus tem nas vidas como um todo daqueles que verdadeiramente tiveram um encontro com ele.[107]

Um amor

O monoteísmo, como os personagens bíblicos experimentaram, não é tanto uma tentativa de sondar a natureza interior do Ser eterno, mas uma resposta a um encontro com o Deus vivo. Há uma ligação clara e indissolúvel entre Deus e os estilos de vida que devem emergir de um encontro com Deus. No entanto, a fé bíblica em Deus nos move além da mera ética e do conhecimento intelectual de Deus a algo muito mais impactante e envolvente.[108] A vida como um todo é arrebatada, focada e direcionada no encontro com Deus. Tentar evitar essa reivindicação de longo alcance que Deus faz sobre as nossas vidas é perder uma experiência verdadeiramente santa. Experimentar e explicar a situação criada pela visita de Deus não nos deixa outra alternativa a não ser exclamar: "O Senhor, nosso Deus, é o único Senhor". Essa é uma profunda confissão existencial, um ato no qual todo o nosso ser, nossas próprias vidas são aproximadas e concentradas.

Há um oceano de diferença entre a visão existencial do monoteísmo e a filosófica. O filósofo propõe a questão da natureza de Deus em uma forma bem estranha à perspectiva dos escritores bíblicos. O filósofo a transforma em um problema do intelecto e não de ação, ele vê o problema especulativamente para obter entendimento objetivo de

107 Não estamos sozinhos nisso. Veja Martin Buber, Søren Kierkegaard, KarlBarth, Helmut Theilicke, Paul Minear, Emil Brunner, John McQuarrie e outros.

108 "O monoteísmo é resultado da exclusiva reivindicação de Yahweh em vez de uma hipótese conceitual resultante de esforço humano para obter uma visão unitária de seu mundo." Paul Minear, *Eyes of Faith: A Study in the Biblical Point of View*. (Filadélfia: Westminster, 1946): 24.

um conceito de Deus em vez de existencialmente em termos de um envolvimento pessoal com Deus.[109] Para nós que afirmamos o nome de Jesus, só um poder é soberano: o Deus que encontramos em nosso Senhor Jesus Cristo. E somos chamados a responder com nossas vidas. Como Paul Minear escreve:

> A única soberania de Deus é compreendida somente pela inflexível luta com outros deuses, com todas as forças que se opõem à sua vontade. Isso equivale a dizer que, para os autores bíblicos, o monoteísmo começa não no palco da especulação metafísica, não como o passo final no desenvolvimento do politeísmo, nem como a união de todos os deuses em um (como no Hinduísmo). O monoteísmo começa quando Deus se torna uma realidade decisiva para um homem em particular e, assim, convoca ao destronamento todos os seus outros deuses.
>
> Isso ajuda a explicar por que os cristãos primitivos encontraram na total obediência de Jesus a suprema e final manifestação de Deus, uma manifestação que por sua própria natureza transcende, julga e redime a história. Ela aponta para a razão por que, morrendo para o mundo, eles experimentam o verdadeiro conhecimento de Deus e o verdadeiro poder vindo de Deus. Essa mensagem da unicidade de Deus intensificou sua luta contra os falsos deuses. Para eles, o conflito com os deuses pagãos entrou em seu estágio final. Em todo lugar, o testemunho é ambivalente: não existem esses deuses para nós, embora haja muitos poderes demoníacos que nos atacam cruelmente. A ambivalência deles na luta entre Deus e as pretensas deidades desaparecerão somente quando todas elas estiverem subjugadas por Cristo e trazidas sob a soberania de Deus.
>
> A fé cristã não consiste em dizer "há só um Deus". O diabo sabe disso! Os cristãos respondem a seu Deus pela fé em suas obras, confiando em seu poder, esperando em sua promessa e apaixonadamente abandonando a si mesmos para fazer sua vontade. Somente dentro do contexto de tal vocação apaixonada vive o conhecimento do único

109 Para o filósofo, o monoteísmo pode ser definido como "a doutrina ou a crença na existência de um único Deus". Seguindo essa definição uma pessoa pode ser monoteísta ou não. Se é ou não, isso pode ser determinado por padrões objetivos. As pessoas podem sustentar uma doutrina da existência de um Deus sem nunca envolver o caráter de seu relacionamento pessoal com aquele Deus. Esse, porém, não é o entendimento bíblico (existencial) do monoteísmo. Em um estranho sentido, um monoteísmo bíblico não pode sequer ser definido e nenhum escritor bíblico tenta formular essa definição. No máximo há uma testemunha de um encontro, uma descrição da visita de Deus a uma pessoa específica (ou comunidade) que responde em fé que para ele (ou ela, ou eles) há somente um Senhor. O efeito sobre uma pessoa ou comunidade será a confissão de que somente Deus é nosso Criador e Redentor; que Deus, e somente Deus, tem o direito de determinar nosso dever e exigir nossa lealdade, que nosso destino repousa somente nas mãos de Deus. Os outros podem ter deuses, mas na realidade são ídolos.

> Senhor. Esse conhecimento não elimina, mas precisa da luta com o diabo e suas obras. Para parafrasear Kierkegaard, apenas em obediência incondicional, impulsionados por infinita paixão, infinita resignação, infinito entusiasmo é que esse "monoteísmo" é completamente manifestado na existência humana, como, por exemplo, em Jesus.[110]

Buscai primeiro o Reino de Deus

Além de definir o encontro com o único que reivindica a nossa posse, a abordagem existencial se aproxima muito mais daquilo que a Bíblia ensina sobre discipulado e fé genuína em Deus. Todos esses aspectos entram em um foco mais claro nos ensinos de Jesus sobre o Reino de Deus. Visto do ângulo de um monoteísmo existencial, o Reino de Deus pode ser visto como "negócio, trabalho, fim" da reivindicação do único Deus sobre toda a vida.[111]

O uso da frase "o Reino de Deus" pelos autores do Novo Testamento é outra forma de dizer que Deus é um, que ele é, de fato, Rei e que tem direito sobre tudo e governa tudo. Não percebemos isso porque não entendemos o monoteísmo da maneira com que os judeus do primeiro século entendiam. Embora possa haver uma diferença de opinião sobre o uso que Jesus faz dessa frase, a maioria dos estudiosos concordaria que o Reino de Deus se refere ao reinado ativo de Deus em todo lugar e sobre todos. É a atividade de Deus em todas as esferas da vida, especialmente na igreja, mas também além dela. Gostamos da forma com que Eugene Peterson coloca:

> A metáfora "política", "reino", insiste em um evangelho que inclui todas as coisas e todas as pessoas sob o governo de Deus. Deus não é um brilho religioso para aquecer uma noite escura. Cristo não é uma verdade esotérica com a qual se forma uma elite gnóstica. A fé cristã é uma totalidade absolutamente aberta, árdua, legislativa e vencedora. Deus é soberano: nada, nem ninguém está isento de seu governo.[112]

110 Minear, *Eyes of Faith*, 25–26

111 Hirsch, *Caminhos esquecidos*, 93.

112 Eugene H. Peterson, *Trovão inverso: o livro do Apocalipse e a oração imaginativa*. (Rio de Janeiro: Habacuc, 2005).

É fácil ver como os conceitos de monoteísmo e do Reino de Deus estão relacionados. A forma com que os primeiros cristãos expressavam isso era reafirmando a antiga crença de Israel no Reino de Yahweh e ligando a função ativa do reinado/soberania a Jesus. Visto sob essa luz, a confissão elementar da igreja de que "Jesus é Senhor" captura todo o significado e importância do ensino bíblico no Reino de Deus. Reconfigurando nosso diagrama anterior, podemos fazer o seguinte esquema:

Nossa visão de Deus é que Jesus é Senhor e o Reino de Deus é a arena na qual respondemos ao governo soberano de Deus sobre esse mundo. Tudo está incluído (e nada está excluído) nessa premissa. Mais uma vez, evidencia-se a natureza totalmente abrangente do monoteísmo existencial.

Vós sereis santos porque eu sou santo

O fato de que a reivindicação de Deus penetra tão profundamente no coração humano e cada aspecto da vida, ela deve, por natureza, provocar uma resposta profundamente pessoal. O *Shema* liga o cristão a um amor de Deus que exige nada menos do que o coração, a alma e toda a força como resposta apropriada ao amor iniciador de Deus. Não podemos nos encontrar com Deus e ir embora sem sermos transformados e sem sermos motivados. Não podemos confessá-lo com nossos lábios e não segui-lo com nossas vidas. O chamado à santidade adequada está implícito em todo verdadeiro conhecimento de Deus ([...] *vós vos consagrareis e sereis santos, porque eu sou santo* – Lv 11.44). Em outras palavras, um verdadeiro encontro com o único Deus gera uma ética que abrange a vida toda e engloba todos os seus aspectos. Qualquer coisa menos do que isso não é uma visão bíblica de Deus.

Por exemplo, Mark Sayers, nosso companheiro e comentarista da cultura do Evangelho, sugere que enquanto a vasta maioria das pessoas nos contextos ocidentais diz crer em alguma forma de deus,[113] o deus no qual elas creem está tão distante e a ideia que fazem dele é tão vaga que não consegue gerar nenhum impacto transformador. Sayers chama isso de "deus em-caso-de-emergência-quebre-o-vidro", o ser que invocamos quando estamos com problemas ou passamos por alguma forma de desastre. Esse deus da mente popular, porém, é tão remoto que não consegue ter impacto prático algum sobre a vida diária. Em outras palavras, as ideias populares de deus, sejam elas novos movimentos religiosos ou vagas noções de um poder superior, quase universalmente são incapazes de causar um modo de vida como resposta... uma ética, um *ethos*, um Caminho.

No entanto, essa visão de Deus distante leva a uma carência de envolvimento com Deus (indicada pelas linhas quebradas do diagrama a seguir). Isso cria um vácuo na vida de um indivíduo e, então, outras coisas correm para preencher o vácuo. Em nossos dias, o consumismo **é o ídolo principal:** o provedor de significado, identidade, comunidade e propósito. A busca espiritual pela felicidade (a boa vida) é principalmente buscada através das bênçãos de consumo. Sayers, então nota corretamente que o consumismo nos oferece uma forma definida de espiritualidade.[114] Todavia, isso combina com o outro fator que surge como o resultado da irrelevância prática da deidade, ou seja, a deificação do "eu". Com a perda do Outro santo, que é Deus, o "eu" se

113 Notas de muitas discussões com Mark Sayers em 2006 (Alan).

114 Veja também Hirsch, *Caminhos esquecidos*, "O 'pequeno Jesus' na Disneylândia": 116ss., e Frost, Exiles, 225–27, para uma análise mais completa do consumismo em relação ao discipulado.

torna a única fonte de autoridade e, portanto, a única base real de ética, orientação e escolhas. Quando isso acontece, acabamos em uma prisão a vácuo de prazer onde o "eu" está amarrado em escravidão radical à mercê pouco bondosa dos marqueteiros. O deus Mamon mostra sua cabeça feia novamente. Para ilustrar, considere o próximo diagrama.

Os cristãos não estão isentos dessa trivialização de Deus e da resultante deificação do eu. De fato, um observador independente poderia ser desculpado por crer que o cristianismo ocidental é consumista até a raiz dos cabelos. Contudo, certamente qualquer redução das reivindicações do único Deus e qualquer deificação do eu nada mais é do que outra forma de idolatria religiosa. Lembre-se do capítulo 4 onde discutimos as várias imagens que os cristãos têm de Jesus. Agora, aplique essas imagens (p. ex., do Jesus "mulher-barbada", do Jesus sinistro ou do menino Jesus fofinho de *Rick Bobby: A Toda Velocidade*) ao topo do diagrama acima. É difícil não perceber o impacto que isso teria em nossas vidas. Por exemplo, há uma imagem icônica de Jesus no filme *Dogma*. Ela se chama "Jesus amigão". O Jesus amigão é uma visão de Deus que o reduz a meu parceiro, meu camarada, um amigo que cuida de mim. Não há reverência aqui, somente familiaridade. No entanto, se minha imagem básica de Jesus é que ele é meu chapa, meu amigão, então não deveríamos nos admirar de que a religião que se desenvolve em torno disso seja falsa e profundamente consumista.

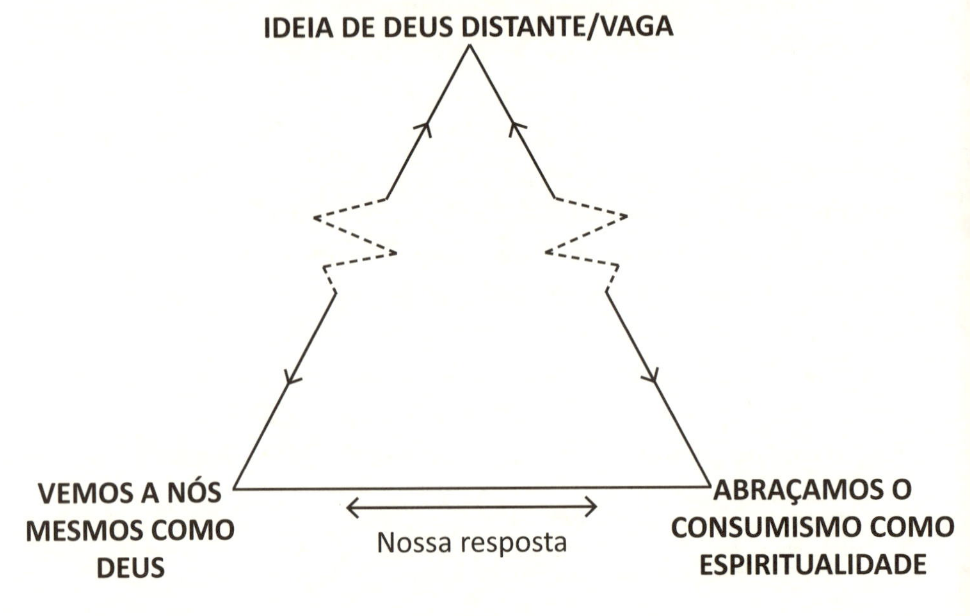

Então, como deveria ser a verdadeira espiritualidade? Como amaremos o Senhor com o coração, a alma, a mente e a força e transmitiremos essa espiritualidade às próximas gerações como o *Shema* sugere (Dt 6.5-9, Mt 22.37-40)? Permita-nos sugerir dois caminhos gerais.

A espiritualidade além do sagrado e do secular

Um dos resultados de uma visão verdadeiramente monoteísta do mundo é a aniquilação da categoria dualista do sagrado e do secular. Se o único Deus é a fonte de realidade e o ponto de referência para a vida, como a vida pode ser fragmentada? Quando realmente chamamos Jesus de Senhor, como podemos dizer que algumas áreas da vida são sem Deus... ou seculares? Isso, porém, é tentador porque integrar uma vida sob o governo de um Senhor é uma tarefa árdua. No entanto, é isso que precisamos fazer se acreditamos que somos verdadeiros monoteístas. Paulo Minear sugere que os autores bíblicos lutavam constantemente

> contra a falsa separação entre o sagrado e o secular, contra qualquer redução no território sob o governo divino. Frequentemente se observa que em nenhum dos Testamentos a ética e a religião podem ser separadas. Encontramos uma religião ética e é uma religião ética precisamente porque cada aspecto da vida é visto de um único centro e cada aspecto é, portanto, potencialmente religioso e nenhum aspecto é religioso em si.[115]

O apóstolo "glocal" (combinação de global com local), Bob Roberts, se refere ao domínio de nossas vidas e afirma que o Reino se estende a todos os domínios (religião, ciência, política, arte, negócio, educação, agricultura, segurança, família).[116] Ele vê que missão precisa implicar em um engajamento em cada domínio e não deve ser limitado à igreja e aos assuntos meramente religiosos, pois isso seria limitar a atividade do Reino à atividade da igreja. Ainda assim sabemos que o Reino de Deus é a atividade em e através de todo o cosmos, incluindo os humanos e todos os domínios da sociedade humana. É óbvio que não pode

115 Minear, *Eyes of Faith*, 21.

116 Veja especialmente Bob Roberts Jr., *Glocalization: How Followers of Jesus Engage a Flat World* (Grand Rapids: Zondervan, 2007), 40ss. Essa é uma ideia semelhante à de Abraham Kuyper sobre a esfera da soberania. Veja também Bob Roberts Jr., *Transformation: How Glocal Churches Transform Lives and the World* (Grand Rapids: Zondervan, 2006).

haver uma falsa divisão aqui. Uma das tarefas da igreja, diz Roberts, é aprender como se engajar na vida toda a fim de transformar o mundo.

> Segmentamos [nosso entendimento] de como Deus opera e o fizemos em nosso próprio detrimento. Só pode haver alguma continuidade e fluxo quando vemos o quadro todo e como as peças se encaixam. Chamo essa forma de aprendizagem de *salto de campo* [e é] o meio de unir o que antes era considerado separado [...] em vez de aprender e dominar somente o campo ou especialidade para o período de tempo dessa vida, permitimos que um campo conduza naturalmente à aprendizagem do próximo campo relacionado. Somos curiosos. Queremos saber como tudo se relaciona em vez de nos fixarmos em um único campo [o religioso].[117]

A organização de treinamento de Bob Roberts, chamada Glocalnet, utiliza o que chamamos de mapa de campos como auxílio para ensinar plantadores de igrejas a engajarem a sociedade em um nível prático. A chave é ajudar as pessoas a enxergarem que seu trabalho ou vocação as coloca em um campo e esse é, ao mesmo tempo, seu ministério principal. Esse avanço em termos de nosso entendimento do governo de Deus no mundo e o nosso papel nele só destaca como não conseguimos compreender plenamente a natureza abrangente do monoteísmo, enquanto o judaísmo tem entendido isso todo o tempo.

Quando associamos essa ideia à redefinição cristológica de monoteísmo (como devemos), então nossa tarefa no mundo é a de ser agentes de Jesus em cada esfera ou campo da sociedade. O senhorio de Jesus se estende à nossa sexualidade, nossa vida política, nossa existência econômica, família, diversão e tudo o mais que permeia essas coisas. Não deve haver limitação à reivindicação de posse que Jesus faz sobre toda a vida. Quando entendemos isso, a soberania de Jesus assume um aspecto missional. "Jesus é Senhor" é mais como um grito de mobilização de guerra do que uma mera declaração teológica.

Unidade ao único

O judaísmo compreendeu muito bem a natureza e as implicações do monoteísmo existencial e o centro da espiritualidade judaica está diretamente ligado ao *Shema*. O povo judeu sabe que, se Deus é um e se tudo

117 Roberts, *Transformation*, 37–40.

na vida está sob esse conceito de um único Deus, então a única resposta verdadeira é entregar toda a nossa vida a Deus como nosso sincero ato de adoração. Eles chamam essa atitude de *yichud*, ou unificação, e envolve tomar todos os vários elementos da vida de um indivíduo e oferecê-los a Deus. Nenhuma esfera, campo ou aspecto da existência humana deve ser deixado de fora dessa equação: política, economia, vida familiar, vida religiosa tudo se volta para ele. Nessa oferta todas as idolatrias são renunciadas, nenhuma esfera é vista como autônoma, todas as motivações devem ser redimidas e direcionadas para Deus e, ao fazer isso, o adorador unifica sua própria existência. Essa é a verdadeira santidade (Rm 12.1-3).

Sob essa ótica podemos dizer que o coração de uma espiritualidade genuinamente bíblica é encontrado em resposta ao santo chamado da Unidade. Para nós, assim como para o israelita, a adoração, o discipulado e a missão são reunidos em um único ato de unificação como resposta ao único Deus, mas, para nós, ele está focado em Jesus Cristo. Em outra reconfiguração de nosso diagrama básico, podemos ilustrar da seguinte maneira:

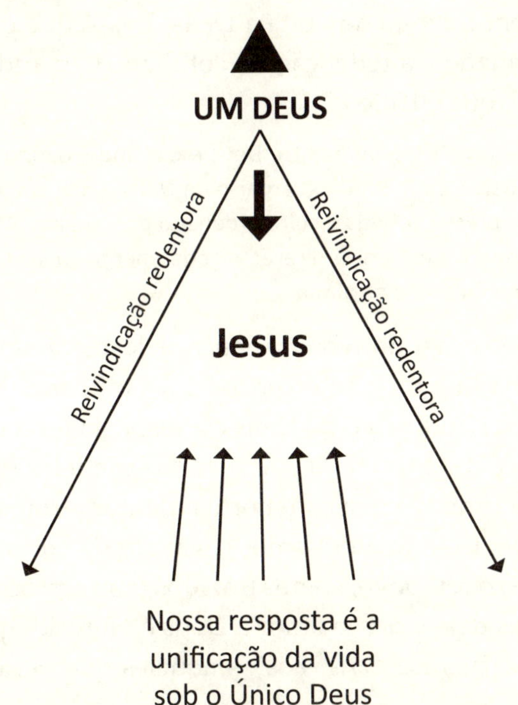

Nesse diagrama vemos a afirmação de Deus e a reivindicação redentora de Deus mediadas através de Jesus Cristo. Nossa resposta a essa reivindicação é a unificação de nossas vidas e a oferta de todos os seus vários elementos em direção a Deus através de Jesus. Aqui temos o significado espiritual de adoração, discipulado e missão.

Portanto, a adoração, como caracterizada pela Bíblia, não pode ser limitada ao louvor cantado e a canções de adoração a Deus. Embora inclua esses elementos, ela é muito mais abrangente do que isso. A adoração nada mais é do que oferecer toda a nossa vida de volta para Deus através de Jesus. É tomar todos os elementos que compõem a vida humana (família, amigos, dinheiro, trabalho, nação, etc.) e apresentá-las de volta àquele que dá a elas o significado absoluto em primeiro lugar. O que é, então, o discipulado senão o mesmo tipo de ação? Certamente, o discipulado é tomar tudo o que eu sou (corpo e alma) e, no decorrer da vida, direcioná-lo a Deus através de Jesus. O leitor com bom discernimento, no entanto, notará imediatamente que isso soa também como uma boa definição de missão, porque missão, na medida em que ela nos envolve, implica na redenção de um mundo perdido e em trazê-lo de volta a Deus. É isso que constitui a ideia bíblica de santidade – a redenção do cotidiano e de tudo; unidade em resposta àquele que é Único.

> Aquele que divide sua vida entre Deus e o mundo, dando ao mundo o que lhe pertence a fim de guardar para Deus o que pertence a ele, recusa-se a prestar a Deus o culto ordenado por ele, aquele culto que consiste em dar uma única direção a toda energia, a santificação do cotidiano no mundo e na alma.[118]

E para nós, o povo da Nova Aliança, é Jesus quem nos fornece o modelo da perfeita adoração e verdadeira santidade. Jesus é o ponto central onde a reivindicação de Deus e a resposta humana estão correlacionadas. Ele é o ser humano perfeito, o verdadeiro Israel que ofereceu a perfeita adoração e em sua morte redentora trouxe a salvação de Deus ao mundo. De fato, nós somos o seu ato de adoração, sua oferta para Deus. Nós, o seu povo, somos trazidos para a própria vida e amor de Deus através dele e nosso amor a Deus é oferecido por intermédio dele. É isso que nos faz "*crist*-ãos" – aqueles que pertencem a Jesus,

118 Buber, *Mamre*, 107–8.

o Messias. É precisamente aqui que a cristologia toma a frente outra vez. Ela foca a nossa lealdade a Deus em e através de Jesus, o Messias. Estamos ligados a ele.

Visões idólatras de Jesus

Evidentemente, isso exige uma resposta envolvendo a pessoa como um todo – o que a Bíblia descreve como uma oferta do coração. A fé monoteísta tem a ver com a rendição do coração, ou seja, perguntar e responder a seguinte questão: "Qual é o tesouro do meu coração ao qual presto lealdade?" Para Lutero, até a palavra "Deus", compreendida corretamente, requer absoluta lealdade. Esse é o significado do primeiro mandamento. Há fortes impulsos de praticar a falsa adoração que são inerentes à condição humana. A reivindicação do verdadeiro Deus é proposta contra as várias reivindicações dos muitos deuses falsos. No seguinte diagrama vemos uma visão idólatra de deus encobrindo o verdadeiro monoteísmo. Nossa resposta é partir em muitas direções, mas nenhuma delas nos leva de volta para Deus.

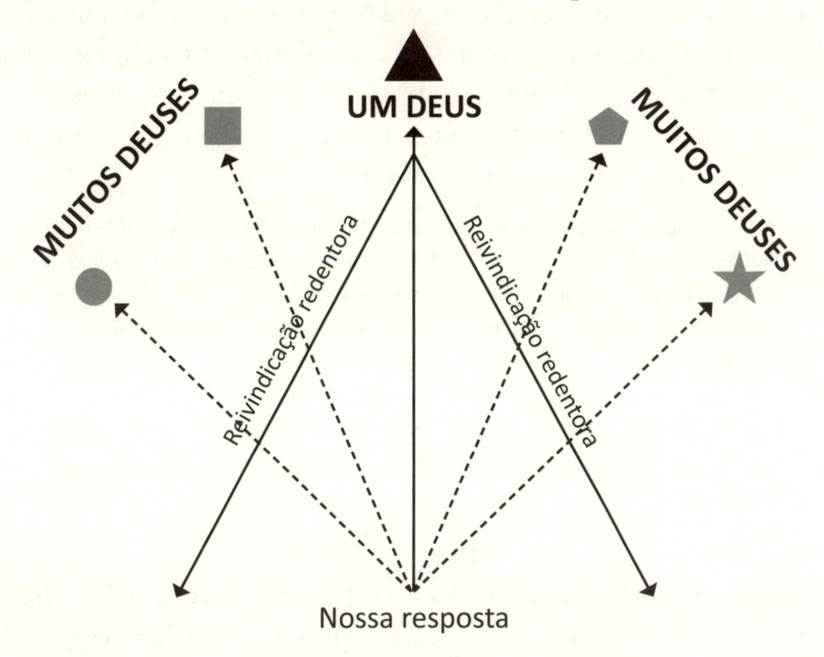

Somente o único Deus pode dar unidade, integridade e segurança a um ser humano. Portanto, o coração humano, para cumprir seu propósito original, precisa ter somente um Deus. No entanto, resistimos à reivindicação totalmente abrangente e buscamos refúgio em falsos deuses. A questão que todos nós enfrentamos é se entregaremos nosso coração ao Deus de Israel e a Jesus Cristo, ou a um ídolo. Na linguagem da teologia existencial de Paul Tillich, o monoteísmo é a nossa preocupação absoluta. Deus, o primeiro e único, pode ser objeto de nossa preocupação absoluta, pois somente Deus é absoluto. Sem uma fé monoteísta viva a vida de uma pessoa será inevitavelmente fragmentária. Parafraseando Yeats, as coisas desmoronam, o núcleo não se sustenta.

A idolatria é traiçoeira. Ela trabalha em nossas mais profundas inseguranças, apela para nossos temores e, portanto, alimenta nosso instinto pecaminoso de fugir daquele que é Santo, cujo amor nos redime, limpa e purifica. Para a pessoa de fé, a idolatria é uma constante tentação, uma ofensa contra o verdadeiro entendimento de Deus. Nunca poderemos controlar ou manipular Deus. Um relacionamento com ele, embora traga o preenchimento supremo ao ser humano, paradoxalmente também cria uma constante inquietação secreta na vida do discípulo. Ele levanta mil questões sobre como vivemos, o que valorizamos, como gastamos nosso dinheiro, o que fazemos com nossa sexualidade. A presença de Deus cria uma constante tensão em nossas vidas, porque um tipo de terror santo é despertado pelo contato com o Divino.

> [Nosso encontro com Deus] nos lança em uma participação intensamente dramática da história. Cada situação está grávida da possibilidade definitiva, cada momento é feito explosivo pela presença do poder infinito. Quando Deus [...] aparece, as reverberações na existência humana não podem ser silenciadas. Ele não é um problema a ser resolvido, ele cria problemas através de sua proximidade, suas ameaças, suas exigências insistentes, sua intenção irresistível. Não tanto pelas questões que levantamos sobre ele, mas pelas questões que ele levanta sobre nós.[119]

Encontrar Jesus é ser transformado por ele e embarcar por toda a vida em uma jornada para tornar-se como ele é. No entanto, tornar-se um pequeno Jesus não é uma tarefa simples. Ela exige um verdadeiro

119 Minear, *Eyes of Faith*, 16.

esforço moral e espiritual, e poucos a desempenham bem. Podemos reconhecer, sem muito constrangimento, que as tentativas de escapar das exigências de Jesus são comuns a todos nós, não importa a situação. Ouça Paul Tillich:

> O homem deseja fugir de Deus [...] Homens de todos os tipos, profetas e reformadores, santos e ateus [...] têm a mesma experiência [...] Um homem que nunca tentou escapar de Deus nunca experimentou Deus, ou seja, aquele Deus é verdadeiramente Deus [...] Um deus de quem se pode fugir com sucesso prova ser, pelo próprio sucesso, que é um ídolo. Deus é inescapável. Ele é Deus porque é inescapável.[120]

Uma dessas rotas de fuga é o caminho da idolatria. Temos visto como nossa imagem de Deus distorce ou esclarece nossa concepção básica de Deus e substitui a falsa experiência pela verdadeira, transformando o encontro com Deus. A idolatria também nos convida a prestar nossa lealdade àquele que não é Deus e, dessa forma, nos fragmenta espiritualmente incitando-nos à lealdade a múltiplos deuses. Tudo o que pode ser dito sobre idolatria em relação a Deus pode ser dito em relação a Jesus, porque Jesus é o nosso Senhor e o ponto central da fé cristã.

Todos têm um deus, no sentido de que todas as pessoas colocam algo em primeiro lugar na vida: dinheiro, poder, prestígio, eu, carreira, amor e assim por diante. Deve haver alguma coisa em sua vida que opera como sua fonte de significado e força, alguma coisa que você preza, pelo menos implicitamente, como o poder supremo em sua vida. Se você pensa que sua prioridade na vida é ser uma pessoa transcendente, terá um Deus com letra maiúscula. Se você pensa em seu valor mais alto como causa, ideal ou uma ideologia, você terá um deus com letra minúscula. Em ambos os casos você terá alguma coisa que é divina para você.

Crer que Jesus é divino é escolher fazer dele, e de tudo o que ele defende, o seu Deus. Negar isso é fazer de outra pessoa o seu deus e relegar Jesus e o que ele defende a um segundo lugar em sua escala de valores.[121] Nosso caminho para Deus é através do amor redentor de Jesus Cristo. Portanto, qualquer ideia falsa de Jesus destruirá a estrutura de uma fé neo-testamentária. As falsas ideias devastam o caminho

---

120 Paul Tillich, citado em Minear, *Eyes of Faith*, 17.

121 Albert Nolan, *Jesus antes do cristianismo* (São Paulo: Paulus, 1988), 166.

de Jesus por dentro. Pelo menos, a idolatria cria um seguir imaturo de Jesus. É por essa razão que as falsas imagens de Jesus são tão traiçoeiras e por isso precisamos lutar constantemente para "reJesusar" nossas vidas e a igreja.

Cinquenta maneiras de abandonar seu amado

Os seres humanos, incluindo os discípulos de Jesus, têm se tornado especialistas em criar formas de escapar das reivindicações totalmente abrangentes de Deus em Jesus. Qualquer discussão sobre encontros verdadeiros com Deus deve, portanto, incluir as formas pelas quais tentamos evitá-lo, avaliar o relacionamento com Deus, amenizar a tensão que ele cria em nossas vidas. Achamos a análise de Paul Minear no livro *Eyes of Faith* (Olhos da fé) extremamente útil, por isso, usamos seu material como base para esta seção.[122] Observe como a natureza totalmente abrangente do monoteísmo é ressaltada aqui.

Idolatria

A idolatria consiste em fazer nossos próprios deuses de acordo com nossa imagem e semelhança. Um dos impulsos básicos da idolatria é o desejo humano de tomar a iniciativa de nosso relacionamento com Deus e, por conseguinte, controlar Deus. "O homem adora os ídolos precisamente por causa de sua capacidade de vê-los, conhecê-los, ter poder sobre eles. No entanto, ele nunca pode observar Deus da mesma forma que pode refletir a beleza e poder de seu ídolo."[123] Tornando-nos idólatras, tentamos diminuir o poder e a presença de Deus em nossas vidas e minimizar seu impacto em nós. É uma antiga fuga.

Esvaziando a arena

Esvaziar a arena é uma tentativa de deixar a arena de envolvimento pessoal e se tornar um expectador, dessa forma, tentando reverter os papéis. Deus se torna o ator e nós nos tornamos o observador crítico. Tentamos

122 Minear, *Eyes of Faith*, 17–22.

123 Ibid., 17.

nos tornar "investigadores das reivindicações de Deus".[124] Essa tentativa de fugir, porém, é inútil, porque Deus não pode e não irá simplesmente ser observado por nós. Ele só pode ser conhecido através do envolvimento existencial. O conhecimento-chave é negado ao observador não envolvido precisamente nas questões mais decisivas na determinação de seu destino. Além disso, as pessoas não podem perdoar a si mesmas por seus pecados ou até manter a morte afastada. Deus não pode ser evitado por esses meios. "A preocupação existencial expulsa o não envolvimento especulativo".[125]

Tentando se esconder

A realidade aqui é que não há onde se esconder. Quando Deus invade as nossas vidas, nos obriga a sair do nosso cantinho e ir para o centro da arena. Não podemos nos esconder de Deus de forma alguma, como o salmista escreve: *Para onde me ausentarei do teu Espírito? Para onde fugirei da tua face?* (Sl 139.7). Trazemos essas questões dentro de nós. Nenhum ser humano pode realmente fugir da questão "Deus".

Religiosidade

Como vimos nos capítulos 2 e 3, tentamos fugir de Deus procurando "preservar momentos das antigas visitas de Deus no ritual e na lei, idolatrando-as, substituir a observação da lei e o sacrifício cultual pelo 'conhecimento de Deus' [...] A pessoa religiosa está também inclinada a falar de Deus na terceira pessoa, embora com aparente reverência e, dessa forma, remover-se do campo magnético das compulsões divinas. O homem pode se esquecer de Deus no próprio ato de falar dele".[126] A religiosidade é uma das maiores rotas de fuga conhecidas pelo homem. Ela torna Deus um objeto e, assim, procura controlá-lo.

Construindo compartimentos

Quando constrói departamentos, o fugitivo de Deus consente com a autoridade de Deus na área em que lhe parece desejável, mas, ao mesmo tempo,

124 Ibid.

125 Ibid., 19.

126 Ibid.

tenta manter sua autonomia em outras áreas. "Deus, porém, não respeita essas cercas feitas pelas mãos de homens. Toda a existência humana é conhecida por ele. Quando ele fala, reivindica total soberania."[127]

Falsos dualismos

Os falsos dualismos ocorrem quando tentamos erigir paredes entre o sagrado e o secular e confinar Deus no campo do sagrado. Não há, contudo, esse conceito de religião nas Escrituras, "pois não há experiência que possamos definir como religiosa e experiência alguma que esteja fora do raio divino. [No entanto], Deus não convoca o homem a endossar uma religião, mas a examinar toda a vida religiosamente, isto é, em sua relação com Deus".[128]

Tentando traçar uma linha entre carne e espírito

Como já ressaltamos, o Deus bíblico é o Criador tanto do corpo quanto do espírito. Em cada encontro pessoal, ele nos força a participar como unidade. Não desenha uma linha falsa entre a carne e o espírito para lidar com uma delas isoladamente. Precisamos oferecer nossos corpos como sacrifícios vivos.

Tentando criar uma falsa distinção entre a vida pública e a vida privada

Tentamos fazer uma distinção entre os eventos de importância de impacto individual e os que possuem um impacto social. No entanto, na realidade "todo evento é social, porque acontece dentro de uma rede de relações pessoais e envolvem, ainda que em um âmbito menor, questões de importância absoluta".[129]

Abordando essas tentativas de se esconder, os autores bíblicos "lutam contra qualquer falsa separação entre o sagrado e o secular, contra qualquer redução no território do governo divino."[130] Como

127 Ibid., 20.

128 Ibid., 20–21.

129 Ibid., 22.

130 Ibid.

discípulos, somos chamados, não a fugir de Deus, mas a nos unirmos plenamente a ele, nos tornarmos como ele. Somos o povo do Caminho de Jesus e como Glen Stassen e David Gushee colocam, quando esse caminho "é estreitado, marginalizado ou evitado, as igrejas e os cristãos perdem seus anticorpos contra a infecção das ideologias seculares que manipulam os cristãos para servirem a outro senhor. Tememos precisamente esse tipo de idolatria agora."[131]

O Deus de aparência cristã

Qualquer capítulo que explore o monoteísmo precisa examinar como Jesus transforma, ou talvez desenvolve, nosso entendimento de Deus. Precisamos nos certificar que a ligação entre o único Deus das Escrituras e Jesus, o Messias, seja adequadamente compreendida porque isso terá implicações enormes para o lançamento do reJesus.

O Novo Testamento deixa claro que Jesus altera fundamentalmente a forma com que entendemos tudo sobre Deus e a fé. Ele "afeta cada aspecto da doutrina cristã e esclarece sua compreensão de Deus, da humanidade, do pecado, da salvação e do *escathon* (o fim dos tempos)."[132] Para fazer essa declaração, Dennis Kinlaw foca principalmente nos textos em que Jesus revela a natureza de seu relacionamento eterno e íntimo com Deus. Ele se concentra particularmente nas implicações do relacionamento Pai-Filho no Evangelho de João. Os capítulos 1, 5, 9, 10, 14 e 17 estão saturados de textos sobre o status de informante privilegiado de Jesus e o seu conhecimento da divindade. Nessas passagens, Jesus afirma ser o mesmo que Deus e reivindica plenamente os atributos e funções de Deus. Então, em Marcos 10.17-22 a confissão de "Somente Deus" é acompanhada pela ordem de Jesus de "segue-me", sugerindo que a fé em um Deus e seguir Jesus são a mesma coisa (veja Marcos 2.7-12). Em Mateus 23.9s, a singularidade de Deus, o "único Pai" é colocada em paralelo com a singularidade de Jesus, o "único mestre" que contrasta com a multiplicidade de mestres terrenos. Esse

131 Glen H. Stassen e David P. Gushee. *Kingdom Ethics: Following Jesus in Contemporary Context* (Downers Grove: InterVarsity, 2003): 11.

132 Dennis F. Kinlaw. *Let's Start with Jesus: A New Way of Doing Theology* (Grand Rapids: Zondervan, 2005): 20.

ponto é também enfatizado em 1 Timóteo 2.5s, onde o contraste está entre o único Deus/**único** Mediador e a multiplicidade de deuses e mediadores sugeridos pela teologia gnóstica que Paulo estava combatendo. Quando acrescentamos isso à detalhada alta cristologia de Colossenses e Apocalipse, podemos observar como a pessoa e a obra de Jesus qualifica a unidade de Deus e, mesmo assim, jamais viola a revelação monoteísta essencial da Bíblia. N. T. Wright diz:

> Todos os sinais mostram que os cristãos primitivos chegaram à surpreendente conclusão de que estavam debaixo da obrigação de adorar Jesus sem deixar de serem judeus monoteístas [...] Para Paulo, *há um só Deus, o Pai, de quem são todas as coisas e para quem existimos; e um só Senhor, Jesus Cristo, pelo qual são todas as coisas, e nós também, por ele* (1Co 8.6). Essa maravilhosa adaptação do *Shema* [...] enfatizando a criação e a redenção como igualmente originadas no Pai e igualmente implantadas através de Jesus, encapsula, nos primeiros estágios do cristianismo [...] tudo o que as gerações e os séculos seguintes lutariam para dizer a respeito de Jesus. Daqui em diante, devemos dizer que, se a teologia trinitariana não existisse, teria que ser inventada[133]

Por mais maravilhoso que pareça, podemos dizer, com confiança, que o pensamento sobre Deus na igreja primitiva não começou com uma reflexão sobre Deus, ela se concentrou primeiramente em Jesus. Jesus se revelou não apenas como a porta para a salvação (Jo 10.7), mas também como o ponto de entrada para o conhecimento do único e verdadeiro Deus. Novamente, Kinlam esclarece: "Logicamente isso significa que deveríamos começar nossos estudos teológicos com Jesus, a quem, João diz: 'o revelou' (Jo 1.18)".[134] Isso torna Jesus ao mesmo tempo o Revelador e o Mediador (Jo 14.6).

Albert Nolan, outro importante estudioso do Novo Testamento, coloca da seguinte forma: (apresentamos a citação completa em razão da relevância para nosso entendimento de Deus):

> Escolhemos essa abordagem [Deus à semelhança de Cristo] porque ela permite que evitemos o eterno engano de superimposição de nossas ideias preconcebidas de como Deus deve ser sobre a vida e a personalidade de Jesus...

---

133 N. T. Wright. *Os desafios de Jesus* (Curitiba: Palavra, 2012).

134 Kinlaw, *Let's Start with Jesus*, 27.

> Por suas ideias e práxis, o próprio Jesus mudou o conteúdo da palavra "Deus". Se não permitirmos que ele mude nossa imagem de Deus, não conseguiremos dizer que ele é nosso Senhor e nosso Deus. Escolhê-lo como nosso Deus é fazer dele a fonte de nossa informação sobre a divindade e recusar-se a impor sobre ele nossas próprias ideias de divindade.
>
> Esse é o significado da tradicional afirmação de que Jesus é a Palavra de Deus. Jesus revela Deus a nós, Deus não revela Jesus a nós. Deus não é a Palavra de Jesus, o que equivale a dizer que nossas ideias sobre Deus não podem lançar luz alguma sobre a vida de Jesus. Argumentar a partir de Deus para Jesus ao invés de Jesus para Deus é colocar a carroça na frente dos bois. Isso, é claro, é o que muitos cristãos têm tentado fazer. Isso os tem levado a uma série de especulações sem significado que apenas encobrem a questão e impedem que Jesus revele Deus a nós.
>
> Não podemos deduzir nada sobre Jesus daquilo que pensamos que sabemos sobre Deus, precisamos deduzir tudo sobre Deus daquilo que sabemos de Jesus. Portanto, quando dizemos que Jesus é divino, não desejamos acrescentar nada àquilo que já pudemos conhecer sobre ele até agora, nem desejamos mudar nada que já dissemos sobre ele. Dizer agora que Jesus é divino não muda nossa compreensão de Jesus, muda nossa compreensão da divindade. Não somente precisamos nos afastar dos deuses do dinheiro, poder, prestígio ou do eu, precisamos abandonar todas as velhas imagens de um Deus pessoal a fim de encontrar nosso Deus em Jesus e em tudo aquilo que ele defendeu.
>
> Isso não quer dizer que devamos abolir o Antigo Testamento e rejeitar o Deus de Abraão, Isaque e Jacó. Significa que se aceitamos Jesus como divino, precisamos reinterpretar o Antigo Testamento do ponto de vista de Jesus e tentar entender o Deus de Abraão, Isaque e Jacó da forma que Jesus o fez [...] Vimos o que Jesus é. Se agora desejamos tratá-lo como nosso Deus, teríamos que concluir que o nosso Deus não quer ser servido por nós, mas quer nos servir [...] esse é um retrato verdadeiro de Deus, então Deus é mais verdadeiramente humano, mais completamente humano do que qualquer ser humano. Deus é o que Schillebeeckx chamou de Deus *humanissimus*, um supremo Deus humano[135].

Lutero era um grande teólogo que entendeu verdadeiramente esse enquadramento cristológico de Deus e as implicações para a fé cristã. Deveríamos estar muito agradecidos porque, ao redescobrir isso, ele

135 Nolan, *Jesus Before Christianity*, 165–67.

desencadeou mais uma vez o poder do Evangelho no mundo ocidental. Comentando sobre as críticas de um de seus livros mais importantes, *The Bondage of the Will*, (A escravidão da vontade), Lutero escreve: "Escrevi que [...] deve-se olhar para o Deus revelado (Jesus) quando cantamos o hino 'Jesus é o senhor dos exércitos e não há outro Deus', mas eles [seus oponentes religiosos] passam por todas essas passagens e tomam apenas aquelas em meus textos que falam do Deus oculto".[136] Um pouco antes ele escreve: "Se você o tem [Cristo] então também possui o Deus oculto junto com aquele que foi revelado".[137]

Admitimos que, à primeira vista, isso soa um pouco confuso, mas Lutero está aqui combatendo a tendência dos teólogos medievais de se concentrar na ontologia (o ser de Deus, o Deus oculto) em vez da cristologia (o Deus revelado). A especulação sobre o mistério do ser interior de Deus estava tão envolvida em filosofia religiosa especulativa que as mentes dos cristãos médios ficavam exaustas e o acesso ao amor de Deus através do Evangelho era, dessa forma, restrita. Isso enfurecia Lutero, com razão. Ele insistia que, se quisermos verdadeiramente ver Deus, só precisamos olhar para Jesus, pois em Jesus temos recebido a plenitude de Deus e não precisamos procurar mais. Disse Lutero: "O único Deus que vemos é o Deus vestido nas promessas do Evangelho".[138] Ou, como diz Jesus: *"Quem me vê a mim vê o Pai; como dizes tu: Mostra-nos o Pai?"* (Jo 14.9).

As implicações dessa mudança intratrinitariana dentro da revelação de Deus são paradigmáticas. A soberania executiva agora é conferida diretamente a Jesus e, com essa mudança, vem um realinhamento do foco e das lealdades do cristão. Essa mudança é tão importante que a fé cristã revolve precisamente sobre esse ponto – é Jesus quem separa o cristianismo das outras duas fés monoteístas, o judaísmo e o islamismo. Nosso entendimento de Deus é agora filtrado através do prisma de Jesus Cristo. Não podemos entender Deus se não nos aproximarmos dele através de Jesus. Ele é o caminho, a verdade e a vida (Jo 14.6).

136 Martinho Lutero. *The Bondage of the Will, in Luther's Works* (St. Louis: Concordia, 1955–), vol. 5, 50. No entanto, ele admite que há um sentido no qual Deus se oculta, por exemplo, na forma humana (na encarnação), no sofrimento, em um homem nu na cruz, na perseguição. Ele, porém o faz a fim de humilhar o orgulho da razão humana para que não possa ser encontrado pela inteligência, mas pela fé.

137 Ibid.

138 Ibid., 48.

Essa redefinição de monoteísmo bíblico e retorno do papel de Jesus pode ser chamada de cristocentrismo monoteísta porque realinha nossas lealdades a Deus ao redor da pessoa e da obra de Jesus Cristo. Jesus, então se torna o ponto sobre o qual gira nossa relação com Deus e é a ele que devemos nossa lealdade e fidelidade. Jesus é Senhor! Essa soberania é expressa exatamente da mesma forma que o é no Velho Testamento. É a reivindicação da aliança de Deus sobre nossas vidas, o inabalável centro do credo e da confissão cristã.[139]

O avô de Alan costumava citar o ditado:

> As rosas são vermelhas
>
> As violetas são azuis
>
> Se não fosse por Jesus
>
> Todos seríamos judeus

Não é realmente verdade, mas ressalta o papel que Jesus desempenha na redefinição do povo de Deus. Jesus muda todas as coisas e entender isso é crítico se desejamos recalibrar a igreja em torno da pessoa de Jesus como deveríamos nesse momento. Wright faz esse chamado para "reJesusar" nosso entendimento de Deus:

> Minha proposta não é que "saibamos" o que significa a palavra "deus" e consigamos de alguma forma encaixar Jesus dentro dela. Em vez disso, sugiro que pensemos historicamente sobre um jovem judeu que, possuído de uma vocação desesperadamente arriscada, realmente aparentemente maluca, entrasse montado em um jumentinho em Jerusalém em lágrimas, denunciando o Templo e morrendo em uma cruz romana – e, de alguma forma, permitir que nosso significado da palavra "deus" seja centralizado em torno desse ponto.[140]

Entre outras coisas, isso significará que a confissão "Yahweh é Senhor" se transformará na confissão principal do Novo Testamento "Jesus é Senhor", carregando consigo todas as implicações e o peso do entendimento monoteísta de Deus. Por sua vez, isso significa que nossa lealdade a Deus deve agora ser mediada por meio da pessoa de Jesus. Paulo insiste que a real função da soberania, normalmente associada

139 Hirsch, *Caminhos esquecidos*, 102.

140 Wright, *The Challenge of Jesus*, 92.

ao Pai, agora é passada a Jesus.[141] Deus realmente salva, bem como nos afirma em Jesus, e essa afirmação exige a resposta de nossas próprias vidas. Tudo o que somos e tudo o que temos está incluído nessa reivindicação. Essa é a compreensão que não pode ser evitada pela Igreja Confessional (liderada por Karl Barth e Dietrich Bonhoeffer) na Alemanha nazista quando desenvolveram a Declaração de Barmen para contrapor as declarações heréticas dos chamados cristãos nazistas. Eles confessavam:

> Assim como Jesus é a garantia do perdão dos pecados, da mesma forma – com a mesma confiança – ele também é a poderosa reivindicação de Deus em nossa vida como um todo; nele encontramos uma jubilosa liberação das reivindicações pagãs desse mundo para servir suas criaturas livremente e com ação de graças. Repudiamos o falso ensino de que há áreas de nossa vida que não pertencem a Jesus Cristo, mas a outro senhor, áreas que não precisam de justificação e santificação através dele.[142]

Aqui reside a relação entre o discípulo e Deus. É através da soberania redentora de Jesus. E quando falamos de soberania estamos falando da reivindicação redentora sobre nossas vidas e nossa resposta existencial a essa reivindicação. Aqui ela começa a causar impacto em nós de forma prática. Talvez possamos ilustrá-la voltando ao nosso diagrama básico (veja página seguinte). Nossa visão de Deus como o único Deus verdadeiro. Nossa resposta é existencial através da obra redentora de Jesus.

Como no *Shema*, podemos observar que todos os elementos de monoteísmo estão presentes. A ligação entre o único Deus (monoteísmo) e o estilo de vida (ética) é plenamente mantida. A diferença entre o entendimento de Deus no Antigo e no Novo Testamentos encontra-se na pessoa e na obra do Messias, ou seja, o monoteísmo cristocêntrico.

---

141 [Deus] *ressuscitando-o dentre os mortos e fazendo-o sentar à sua direita nos lugares celestiais, acima de todo principado, e potestade, e poder, e domínio, e de todo nome que se possa referir não só no presente século, mas também no vindouro. E pôs todas as coisas debaixo dos pés e, para ser o cabeça sobre todas as coisas, o deu à igreja, a qual é o seu corpo, a plenitude daquele que a tudo enche em todas as coisas* (Ef 1.20-23). Em 1 Coríntios 15.25 e 28, Paulo diz: *Porque convém que ele [Jesus] reine até que haja posto todos os inimigos debaixo dos pés* [...] *Quando, porém, todas as coisas lhe estiverem sujeitas, então, o próprio Filho também se sujeitará àquele que todas as coisas lhe sujeitou, para que Deus seja tudo em todos.* Cf. Hirsch, *Caminhos esquecidos*, 102.

142 "The Barmen Declaration of 1934", citado de Woelfel, *Bonhoeffer's Theology*, 242.

Uma rápida palavra sobre a Trindade

A essa altura, qualquer leitor mais sensível poderia ter feito a pergunta: "Será que todo esse foco em Jesus não destruiria a essência trinitariana da qual se origina uma compreensão genuinamente cristã de Deus e do mundo?" A última coisa que nós queremos fazer é desafiar a revelação fundamental de Deus como um Ser trino. Afirmamos isso com todos os cristãos ortodoxos do mundo. Embora as últimas formulações tenham sido complexas, mais ontológicas em sua perspectiva e missionalmente deficiente, elas são, todavia corretas naquilo que afirmam. O que desejamos fazer aqui é reinstalar uma forma mais primitiva de entendimento trinitariano, muito mais próximo do trinitarianismo do Novo Testamento mais denso do que as formulações filosóficas da igreja atual. Isso possui imensas implicações para que qualquer igreja se calibre de acordo com as linhas sugeridas nesse livro. Renovar envolve voltar ao básico, recuperando nossa mensagem elementar e abandonando o desnecessário a fim de nos concentrarmos no essencial. Missiologicamente falando, é também essencial que nos livremos da bagagem desnecessária que temos do passado da cristandade. Cremos que precisamos nos desonerar o máximo possível como teólogos, a fim de que possamos nos aproximar mais da forma pela qual os cristãos primitivos entendiam sua relação com Deus. Isso tem uma importante implicação para os movimentos missionais e a rápida transferência de ideias, como Alan tem demonstrado em seu livro *Caminhos Esquecidos*.[143]

Compaixão sem limites

Madre Teresa

Poucas pessoas encarnaram o papel de um pequeno Jesus tão sublimemente como Agnes Gonxha Bojaxhiu, mais conhecida como Madre Teresa. Aos dezoito anos, ela juntou-se às Irmãs de Loreto, em Dublin, Irlanda e logo depois de fazer os votos de freira, passou a ensinar em uma escola secundária em Calcutá, Índia. E, 1948, após vários anos testemunhando o sofrimento e a pobreza generalizada em Calcutá, recebeu permissão para deixar seu posto de professora e trabalhar em meio à população pobre. Abriu uma escola para as crianças das favelas, contando apenas com o apoio de voluntários e de donativos. Dois anos mais tarde, Madre Teresa recebeu permissão para fundar sua própria ordem religiosa com o objetivo de cuidar "dos famintos, dos nus, dos desabrigados, dos aleijados, dos cegos, dos leprosos, de todas as pessoas que não se sentissem bem-vindas e amadas, abandonadas por toda a sociedade, pessoas que tivessem se tornado um fardo e fossem desprezadas por todos". Originalmente denominada Congregação Diocesana da Diocese de Calcutá pelo Vaticano, a ordem começou com apenas treze membros. Hoje são conhecidas como as Missionárias de Caridade com mais de 4 mil freiras que cuidam dos desfavorecidos e deficientes por meio de orfanatos, hospitais para portadores do vírus HIV e centros de caridade em todo o mundo. Outra ênfase do ministério de Madre Teresa era oferecer uma oportunidade de morrer com dignidade. O Lar dos Moribundos de Calcutá, um hospital que oferece assistência médica gratuita aos residentes e permite que "as pessoas que viveram como animais, morram como anjos – amados e queridos". Madre Teresa faleceu em 5 de setembro de 1997. Seu modo de amar aquele que não tinha possibilidade de retribuir sua bondade mais do que qualifica Madre Teresa como um pequeno Jesus.

143 Veja Hirsch, *Caminhos esquecidos*, capítulo 3, para razões pelas quais precisamos purificar e simplificar nossa mensagem no ocidente.

Como centro cristológico e ponto de partida, argumentaríamos que qualquer entendimento da Trindade deve necessariamente iniciar com Jesus porque é ele quem nos apresenta a ela. Qualquer abordagem à Trindade precisa necessariamente passar pela cristologia e deve enfatizar a semelhança de Deus a Cristo, permitindo-nos, assim, passar do relativamente conhecido para o relativamente desconhecido. Acima de tudo, para realmente apreciar a revelação trinitariana precisamos enquadrar qualquer entendimento que possamos obter de Jesus à luz da história de Israel que precede o Messias. Como já notamos nas palavras de Wright, sem a história de Israel não podemos entender Jesus adequadamente e mais uma vez tudo se torna desequilibrado. Ou, dizendo de outra forma, para entender o Novo Testamento precisamos conhecer a história que lhe imprime seu significado.[144] E assim voltamos ao *Shema*, a confissão fundamental de Israel antes e agora. Qualquer verdadeira compreensão da Trindade levanta um entendimento da natureza do monoteísmo bíblico. De outra forma acabaríamos caindo no Triteismo, o que certamente não é o que a Bíblia ensina.

Ao retornar dessa maneira à essência, esperamos recuperar a poderosa dinâmica, o *ethos* e a estrutura de fé do monoteísmo existencial. Esse tipo de monoteísmo tendeu a recuar à medida que os interesses dogmáticos e metafísicos dos teólogos gregos e latinos se tornaram dominantes e substituíram as exigências existenciais da fé (ortopraxia) com a necessidade de ortodoxia.[145]

Resumindo

Qualquer exame de nossas próprias vidas e comunidades revelará, sem dúvida, que todos nós estamos, de alguma forma, divididos entre a grande fuga, como descrevemos acima e o temeroso desejo de ser mais como Jesus, conhecer Deus mais plenamente e, em troca, ser mais conhecido. Desde a queda temos flutuado entre o desejo de nos escondermos

144 Jonathan Wilson, *God So Loved the World* (Grand Rapids: Baker, 2001): 13.

145 O famoso pronunciamento de Harnack manteve esse dogma em sua concepção e desenvolvimento, é uma obra do espírito grego no solo do Evangelho. Embora Harnack pareça ter considerado essa obra do espírito grego, em certa extensão, uma deterioração, ele reconhece sua necessidade: "O cristianismo sem dogma, isto é, sem uma clara expressão de seu conteúdo, é inconcebível". Veja John Macquarrie, *Existentialism* (Filadélfia: Westminster, 1972): 28–29.

de Deus no jardim e nos revelarmos a ele. Em Jesus, Deus veio a nós. Sabemos dele que Deus é por nós e que é da natureza de seu amor desejar nos ter completamente para si mesmo. A encarnação nos revela Deus como aquele que perfeitamente entende nossa condição e ainda é capaz, através de seu sofrimento sacrificial em nosso favor, de nos elevar para sermos o tipo de pessoa que ele desejava que fôssemos desde o começo. No entanto, não podemos evitar a posição radical que Jesus ocupa nesse esquema de redenção. Em Jesus, não somente somos redimidos, somos reivindicados, e essa reivindicação, coerente com o monoteísmo existencial que lhe dá significado, é exclusiva. Nada nos resta a não ser fazer eco às palavras de Paulo, tornando-as a nossa confissão:

> [...] *para nós há um só Deus, o Pai, de quem são todas as coisas e para quem existimos; e um só Senhor, Jesus Cristo, pelo qual são todas as coisas, e nós também, por ele* (1Co 8.6).

6

Três...Dois...Um...Fogo!

À medida que a civilização avança, o sentimento de encanto quase necessariamente diminui. Esse declínio é um alarmante sintoma de nosso estado mental. A humanidade não perece por falta de informação, mas somente por querer apreciação. O início de nossa felicidade repousa no entendimento de que a vida sem encantamento não vale a pena. O que nós carecemos não é de vontade de crer, mas de um desejo de se maravilhar.

— Abraham Heschel

Vivemos ou morremos consumidos pelo fogo ou fogo
Nossas esperanças repousam na escolha da pira
... para sermos redimidos do fogo pelo fogo
— T. S. Eliot

Tendo sido reivindicados pelo Deus que se revela em Jesus, precisamos seriamente considerar um aspecto da dinâmica de engajamento entre Jesus e seu povo. Como podemos conhecê-lo na plenitude do conhecimento humano (Ef 1.17-23)? Que papel a revelação representa em nos guiar a um verdadeiro encontro transformador com aquele que salva? Como podemos nos relacionar mais diretamente com o Cristo da Bíblia? Nossa jornada aqui deve nos levar a uma reconsideração dos caminhos de apreensão e conhecimento, a relação entre o conhecimento subjetivo e o objetivo, a abordagem direta e indireta de Jesus. Acima de tudo, queremos abrir novos (embora estranhamente antigos) caminhos para uma experiência atual com Jesus como Senhor e centro da nossa fé.

Encontrando-se de novo com Jesus

Muitos dos obstáculos de um encontro verdadeiro e transformador de vida com Jesus pode ser ligado ao problema da cosmovisão. Já vimos como o monoteísmo existencial, reinterpretado cristologicamente, radicaliza nossa compreensão das coisas, mas assim como uma nova aplicação de cosmovisão pode mudar as coisas e unificar nosso mundo, outra interpretação pode distorcê-la. Isso ocorre por que a cosmovisão são as lentes pelas quais acessamos e interpretamos o mundo. A questão da cosmovisão acontece de modo estranho na tradição espiritual e teológica ocidental a respeito do entendimento do conhecimento ou apreensão de Deus. A igreja ocidental é amplamente influenciada pela cosmovisão mais especulativa e filosófica introduzida pelo mundo helenístico. O problema é que nossas Escrituras são formadas por uma maneira significativamente diferente de ver as coisas, ou seja, a cosmovisão hebraica. Abordamos esse assunto extensamente *The Shaping of Things to Come,* o que surpreendeu alguns leitores. Por que fazer uma exposição do pensamento hebraico em um livro sobre igreja missional? Para nós, no entanto, ela atinge em cheio a razão pela qual a igreja ocidental saiu tanto do curso. A igreja está operando a partir de uma cosmovisão helenista que dificulta a compreensão de tudo o que o Novo Testamento está dizendo. Se esse é o caso na área da eclesiologia, é ainda mais importante no caso do estudo da cristologia.

Na tentativa de entender a diferença essencial entre a cosmovisão helenista e a cosmovisão hebraica alguns autores chamaram o pensamento grego de *lógica de passo* e o hebraico de *lógica de bloco.* Os helenistas usavam uma lógica de passo hermeticamente fechada por meio da qual se podia argumentar da premissa até a conclusão. Cada passo no processo é fortemente ligado ao próximo de forma coerente, racional e linear. "A conclusão, no entanto ficava geralmente limitada a um ponto de vista – a percepção humana da realidade".[146] Em contraste, o pensamento hebraico tendia a expressar conceitos em unidades contidas em si mesmas, ou blocos de pensamento. Os blocos não se encaixavam necessariamente em um padrão obviamente linear

146 Wilson, *Our Father Abraham*, 150. Veja também Thomas Cahill, *A dádiva dos judeus: como uma tribo do deserto moldou nosso modo de pensar* (Rio de Janeiro: Objetiva, 1999).

ou harmônico, particularmente quando um bloco representava uma perspectiva humana sobre a verdade o outro apresentava a divina. "Essa forma de pensamento criou uma propensão para o paradoxo, a antinomia ou a contradição aparente à medida que um bloco permanecia em tensão – e muitas vezes em relação ilógica – em relação ao outro. Logo, a polaridade de pensamento ou a dialética geralmente caracterizava o bloco de pensamento."[147] Isso cria um problema para nós que somos treinados na abordagem helenista de pensamento quando tentamos compreender as Escrituras. Ao ler a Bíblia, na calibragem, precisamos "nos submeter a um tipo de conversão intelectual"[148] da mente helenista para a mente hebraica.

Recentemente ficamos surpresos ao descobrir que nas missões espaciais Apollo, que tinham a lua como destino, as espaçonaves regularmente saíam de curso. De fato em mais de 80 por cento das jornadas pelo espaço elas estavam um pouco fora da rota.

Para economizar combustível, as espaçonaves vagavam pelo espaço movidas pela força gravitacional da Terra. Motores a jato eram usados ocasionalmente somente quando a nave estava muito fora do curso para reajustar as coordenadas e trazê-la de volta à rota. A impulsão ocasional de seus imensos motores completava o reajuste e a mantinha na direção de seu destino. Achamos essa metáfora útil para a igreja de hoje. Muita gente está dizendo que a igreja está fora do curso e que precisa de um impulso de poder renovado para voltar à rota. No entanto, para a espaçonave essa propulsão só funciona se as coordenadas estiverem precisas e o plano de voo for adequadamente traçado. Hoje muitas vozes estão chamando a igreja de volta à rota, agindo como impulso de poder para uma igreja desgovernada. Nossa alegação, no entanto, é que a igreja precisa voltar à prancheta de desenho e trabalhar novamente em seu plano de voo. Se o plano está errado, todas as impulsões de energia renovada apenas a empurrarão mais profundamente para dentro do espaço.

Uma das áreas que precisa ser reexaminada é a cosmovisão. Sem uma apreciação da cosmovisão hebraica, a partir da qual o Novo Testamento foi escrito, vamos continuar a impulsionar os motores da igreja ficando cada vez mais perdidos, ainda que nos pareça estar fazendo a coisa certa.

147 Wilson, *Our Father Abraham*, 150.

148 R. Martin-Achard, *An Approach to the Old Testament* (Edinburgh: Oliver & Boyd, 1965): 46.

Pensando em termos helenísticos, construímos uma abordagem altamente filosófica de nosso mundo e das Escrituras. Jacques Ellul comenta que os nossos problemas fundamentais de percepção podem ser seguidos até uma mudança no entendimento básico de revelação, ou seja, a transição da história para a filosofia:

> *Creio que todos os erros no pensamento cristão voltam a esse ponto* [itálico adicionado]. Poderia dizer que todos os teólogos que mencionei têm pensamentos corretos, que a teologia deles é verdadeira, não havia heresia em um ou ortodoxia em outro, mas todos eles caem no círculo filosófico e propõem problemas metafísicos. Todos eles procuram uma resposta pelo caminho do pensamento ontológico. Todos se referem ao texto bíblico ou à revelação conhecida, como pontos de partida para a filosofia, seja pela tradução em termos filosóficos ou como referências de pensamento. Eles tinham questões intelectuais, metafísicas, epistemológicas, etc., e citaram o texto bíblico com uma visão de oferecer um sistema de respostas às suas perguntas. Usaram o texto bíblico para atender às suas próprias necessidades em vez de ouvir aquilo que ele realmente estava [dizendo].[149]

Em outras palavras, como Ellul continua explicando, o desvio da revelação existencial e histórica de Deus em direção às formulações filosóficas diluiu a natureza da verdade que a igreja proclamava. Embora os teólogos a que Ellul se refere expressem uma fé profunda e autêntica marcada por uma preocupação com a verdade, "tudo isso foi enfraquecido e até falsificado pela transição inicial da ideia da revelação".

A sorte estava lançada. Logo os desenvolvimentos no pensamento filosófico se tornaram mais fortes do que a verdade bíblica que eles procuravam manter. Os teólogos esqueceram o ponto essencial de que Deus não se revela por meio de um sistema filosófico, um código moral ou uma construção metafísica, mas entra na história humana e acompanha seu povo. Ellul conclui:

> A Bíblia hebraica (até mesmo os livros de sabedoria) não é uma construção filosófica ou um sistema de conhecimento. É uma série de histórias que não consistem de mitos cujo objetivo é ocultar ou revelar verdades abstratas. Essas histórias são uma única história, a história do povo de

149 Ellul, *Subversion of Christianity*, 23. A posição de Ellul é apoiada pela análise do teólogo judeu Michael Wyschogrod, *The Body of Faith: Judaism as Corporeal Election* (Nova Iorque: Seabury, 1983): cap. 1–3.

> Deus. A história dos acordos e desacordos com seu povo, a história de lealdade e desobediência. Não há nada além de história [...] uma história que nos conta que Deus está conosco e é por nós, mas não fala do próprio Deus, nem apresenta nenhuma teoria a respeito de Deus.[150]

Essa cosmovisão ancorada na história valoriza a ação e a Palavra de Deus em contraposição a uma construção filosófica de seu caráter. Ela também exige obediência a fim de compreender verdadeiramente o que está sendo revelado. Nessa cosmovisão a Bíblia é lida como a história da autorrevelação de Deus. Ela prova que Deus revela a si mesmo na vida real de formas observáveis e distintas que desafiam explicações precisas ou formulações simples. Sob a nova cosmovisão helenística, a Bíblia é abordada de forma diferente. A revelação de Deus foi interpretada como o clímax do ensino de Sócrates e a Bíblia foi interpretada pelas ferramentas intelectuais da filosofia grega. O Torá, por exemplo, é visto meramente como um código moral, não muito diferente das Doze Tábuas, o código legal greco-romano. O resultado é de importância decisiva. Em vez de ler o texto como ele era os teólogos tentaram tirar dele um sistema filosófico coerente, seja ele modelado segundo Platão, Aristóteles, Heráclito ou Epicuro. Todos chegaram ao mesmo resultado. As histórias bíblicas foram tratadas como mitos dos quais se pode tirar algum pensamento abstrato universal. E assim a tradição teológica cristã acolheu uma abordagem estranha à epistemologia (formas de conhecimento) judaica.[151] A estrutura hebraica para a verdadeira compreensão da revelação foi, então, descartada em favor da helenista. Ellul continua:

> Alguns me dirão que não temos opção a não ser usar nossos instrumentos de conhecimento disponíveis até para entender a história. É verdade, mas respondo que o pensamento hebreu possui suas próprias ferramentas de conhecimento plenamente expostas na linguagem. Devemos nos curvar, nos submeter e nos converter a elas em vez de forçar a revelação de Deus para dentro da camisa de força do pensamento greco-romano, em vez de colocá-la nessa jaula dos tigres [...] para que se convertam! Essa excelente palavra tem sido diluída. As pessoas do terceiro século e adiante têm sido convertidas a um cristianismo em moralidade e religião, mas mantiveram intacto seu modo de pensar. A conversão é necessária no modo de pensar também [...]

150 Ellul, *Subversion of Christianity*, 24.

151 Wyschogrod, *Body of Faith*, cap. 2.

Agora, a metafísica, a ética e a lei têm transformado radicalmente o significado da revelação apesar de que formalmente o que é avançado parece ser certo, a exposição é fiel e os intérpretes são sérios e devotos. O problema não está com a fé, a piedade ou a inteligência deles, mas com uma falsidade integral de significado.[152]

Advocacia Revolucionária

Rigoberta Menchú

Como um pequeno Jesus, Rigoberta Menchú é destemida em sua defesa do pobre e dos direitos dos povos indígenas em todo mundo. Ela disse: "O trabalho de cristãos revolucionários é, acima de tudo, condenar e denunciar as injustiças cometidas contra as pessoas". Ela nasceu na Guatemala em 1959 em uma pobre família indígena e trabalhava com sua família nas fazendas e grandes plantações locais colhendo café. Na adolescência, começou a se envolver em atividades de reforma social através da igreja católica e participou do movimento em defesa dos direitos das mulheres. Durante um período de intensa agitação social entre a classe alta dos proprietários de terras e a população indígena do campo, o governo opressor guatemalteco acusou a família de Menchú de tomar parte na guerrilha. Seu pai, sua mãe e seu irmão foram mortos pelas forças de segurança em um período de apenas dois anos entre uma morte e outra. Esses horrores levaram Menchú a unir-se ao Comitê do Sindicato dos Camponeses, um grupo ativista que lutava contra as violações dos direitos humanos. Mais tarde, ela se juntaria ao grupo mais radical "Frente Popular 31 de Janeiro", através do qual ajudou a educar a população indígena guatemalteca em resistência à opressão na Guatemala. Ela ficou conhecida como uma defensora dos direitos dos camponeses indígenas recusando-se a silenciar a respeito de suas lutas e sofrimentos. Sua autobiografia, *Eu, Rigoberta Manchú*, atraiu considerável atenção internacional para seus esforços. Menchú tentou pelo menos três vezes retornar à Guatemala para lutar pela causa dos camponeses indígenas, mas ameaças de morte forçaram seu retorno ao exílio. Ela recebeu vários prêmios por seu trabalho, incluindo o Prêmio Nobel da Paz em 1992.

152 Ellul, *Subversion of Christianity*, 24.

Se ouvirmos Ellul corretamente, essa é a parte do processo pelo qual o cristianismo foi essencialmente subvertido em uma coisa significativamente inferior, se não inteiramente diferente, da forma original que Jesus estabeleceu para nós. Ellul nos chama a uma nova conversão se quisermos "reJesusar", uma conversão de volta ao pensamento hebraico a fim de redescobrir Jesus.

Deixando a Bíblia fazer a nossa leitura e não o contrário

A fim de "reJesusar" nossas vidas e comunidades, é essencial que busquemos a Deus através da revelação que ele nos deu em Jesus. Essa vontade significa que devemos tomar a Bíblia com seriedade absoluta e que ela deve ser lida em seus próprios termos para compreendermos seus ensinos. No entanto, a Bíblia não deve, nesse processo, substituir Jesus como o foco de nossa fé. De certa forma, nós não somos o "povo do Livro", como muitas vezes nos chamam – até onde sabemos, foram os muçulmanos que nos deram esse título. De forma muito mais fundamental podemos dizer que somos verdadeiramente o povo de Jesus, antes de sermos qualquer outra coisa. Nosso ponto central permanece no Messias e devemos ser guiados pela Bíblia em direção a uma experiência real e compreensível com o Messias. A Bíblia funciona mais ou menos como o guarda-roupa na série *Crônicas de Nárnia,* de C. S. Lewis – ela é uma passagem para outro mundo; alguém passa por ela a fim de entrar no conhecimento, no amor e nas maravilhas de Deus.[153] Com isso em mente, vamos observar maneiras pelas quais possamos talvez renovar o nosso amor e entendimento de Jesus com a Bíblia nas mãos.

Parte dessa jornada significará que precisamos aprender a valorizar o que os filósofos chamam de subjetividade em relação à verdade e aqui, consideramos Søren Kierkegaard da maior utilidade. Kierkegaard enfatizou a importância de avançar para além da mera compreensão objetiva da realidade para a apropriação subjetiva daquela

---

153 Isso não significa que não tenha autoridade para questões de fé e vida, mas é precisamente por ser a Palavra de Deus que possui autoridade. A metáfora narniana foi sugerida por Bruxy Cavey, de Toronto.

verdade. Em um de seus livros argumentou que toda verdade significa uma mudança subjetiva.[154] O que ele queria dizer com isso é que, se você acredita que algo seja real e objetivamente verdade (nesse caso, as declarações sobre Jesus e o Evangelho), então, de alguma forma, isso deve afetar sua vida. Precisa se tornar pessoal. Deve se tornar a *sua* verdade ou é, por definição, falso. Seus valores e sua associação com a verdade indicam que você realmente crê que é verdade.

Quando olhamos para Jesus descobrimos que sua abordagem para comunicar a verdade do Reino se enquadra nessa ideia bem bíblica de subjetividade em relação à verdade. O método de Jesus de comunicação é desequilibrar. Ela desestabiliza a convencida complacência que está entre o indivíduo e a verdade. Kierkegaard diz:

> O método de Jesus é essencial para seu objetivo. O que Jesus "ensina" não pode ser ensinado de outra maneira mais objetiva. O ouvinte é forçado a confrontar o pleno poder paradoxal da "lição" e, ao fazer isso, é forçado a se confrontar.[155]

Com a discussão anterior sobre a cosmovisão helenística em mente, sentimos que em muitas das vezes que abordamos as Escrituras somos racionalistas demais. Talvez parte da nossa frustração com as abordagens racionalistas e demasiadamente modernistas das Escrituras pode ser ressaltada pela leitura de muitos de nossos comentários padrão. Ao escrever um livro como este, é preciso fazer uso de comentários para obter maior elucidação de um texto, no entanto, nossas viagens até a prateleira dos comentários se mostram frustrantes e inúteis quando nossa intenção é integrar Jesus e seus ensinos às nossas vidas. Estudiosos bíblicos que focam a estrutura gramatical e a etimologia de uma passagem e, então, comparam cuidadosamente com o que outros estudiosos disseram, envolvem sua linguagem floreada com premissas de objetividade. O resultado se torna um exercício de investigação de Deus em vez de permitir que Deus nos investigue. Ao seguir uma abordagem puramente racional, linear e historicista não se pode esperar que se chegue ao verdadeiro sentido de um texto.

---

154 Veja Søren Kierkegaard, *Concluding Unscientific Postscript 2: Kierkegaard'sWritings* (vol. 12.2; Princeton: Princeton University Press, 1992), para uma completa exploração do lugar da subjetividade em relação à verdade.

155 Donald D. Palmer, *Kierkegaard for Beginners.* (Nova Iorque: Writers and Readers, 1996): 25.

O problema é que o método dita os resultados! Quando não se relacionam com o Jesus referido no texto, os estudiosos acabam tornando a Bíblia um objeto próprio para o conhecimento apenas. Nos termos de Martin Buber, eles passaram da posição Eu e Vós para a relação Eu e Isso em relação às Escrituras. É exatamente nesse ponto que jazem muitos de nossos problemas do acesso a Deus através e nas Escrituras: carecemos de mecanismos espirituais para ir além da palavra escrita em direção ao próprio ser de Deus. E assim, ficamos presos dentro do guarda-roupa. Estamos tão apegados à abordagem cartesiana do conhecimento (o ponto de vista do conhecedor autônomo e objetivo) que perdemos a arte da participação no texto, ou seja, a capacidade de nos encontrarmos no texto de alguma forma. Tiago compara as Escrituras com um espelho em que podemos enxergar nosso verdadeiro eu (Tg 1.22-25). Usá-la em uma tentativa de minar o conhecimento de Deus é cair na armadilha que ele nos adverte nesse texto. Achamos que muito daquilo que recebe o nome de exegese bíblica (a explanação crítica de um texto da Escritura) faz exatamente isso.

Nossos compromissos com a exegese são agora tão unidimensionais que não sabemos mais como nos conectar com a Bíblia de maneira mais engajada. Sugerimos que paralelamente à tarefa da exegese (que precisamos fazer), temos que aprender a arte espiritual de *ler a nós mesmos dentro do texto*, participando dele, o que normalmente é proibido à abordagem acadêmica. Achamos que há muitas coisas que precisamos desaprender a respeito de nossa abordagem das Escrituras e, por conseguinte, do Deus das Escrituras, e muito a reaprender ao buscarmos "reJesusar" nossas vidas e igrejas. Isso não é tão improvável quanto parece a princípio. Qualquer universitário é apresentado à arte de ler a si mesmo no texto de ficção. O leitor é convidado a tomar o lugar de certos personagens em uma novela para experimentar e acessar as riquezas emocionais e humanas do material. Quando aplicada à nossa relação com as Escrituras, essa abordagem acrescenta calor humano, *pathos*, perspectiva, e geralmente promove uma leitura mais rica do texto. Como já vimos, esse é o papel que Inácio de Loyola exigia de seus jesuítas.

Uma das formas pelas quais as pessoas têm tentado vencer a distância entre o texto escrito e a Palavra dinâmica como endereçada a nós é o uso da antiga prática da *lectio divina*, ou leitura divina. A Bíblia é a Palavra de Deus sempre viva, sempre ativa e sempre nova. A *lectio divina* é uma forma tradicional de combinar oração e leitura das Escrituras para que a Palavra de Deus possa penetrar em nossos corações e que possamos crescer em um relacionamento íntimo com o Senhor. É uma maneira natural de oração e foi desenvolvida e praticada pelos primeiros monges e depois aprimorada pelas Carmelitas enclausuradas. Ela envolve uma leitura das Escrituras em que gradualmente abandonamos nossa própria agenda e nos abrimos para o que Deus quer nos dizer. É uma forma de oração com as Escrituras que nos chama a estudar, ponderar, ouvir e finalmente orar a partir da Palavra de Deus. Qualquer passagem das Escrituras pode ser acessada usando a *lectio divina,* desde que as passagens não sejam longas demais. A *lectio divina* não é a mesma coisa que a exegese, mas uma leitura pessoal das Escrituras e aplicação à vida de uma pessoa. Depois de aquietar seus corações e deixar de lado suas preocupações, os adoradores acessam o texto. A *lectio divina* envolve os seguintes quatro momentos ou leituras:

1. *Lectio*: o adorador é convidado a ler a passagem em voz alta, talvez várias vezes. É melhor ler a Palavra de Deus lenta e meditativamente para que ela penetre em nós.

2. *Meditatio*: Depois da segunda leitura, pensamos sobre o texto que escolhemos e ruminamos sobre ele para retirarmos o que Deus quer nos dar. O leitor é chamado a gravitar para qualquer frase ou palavra que lhe pareça de particular importância.

3. *Oratio*: Envolve uma resposta à passagem. O adorador abre seu coração para Deus. Esse não é um exercício intelectual, mas um diálogo intuitivo com ele. Aqui deixamos nosso coração falar com Deus. Essa resposta é diretamente inspirada por nossa reflexão sobre a Palavra de Deus.

4. *Contemplatio*: Envolve ouvir Deus. Nos libertamos de nossos próprios pensamentos santos e mundanos. Abrimos nossa mente, coração e alma à influência de Deus. Descansamos na Palavra de Deus e esperamos em silêncio, ouvindo ao nível mais profundo de nosso ser, que Deus fale dentro de nós com uma voz suave.

Qualquer conversação precisa permitir que ambos os lados se comuniquem e esse ato tão estranho para nós, nos permite estar abertos para ouvir Deus falar. Umas das tendências que trazemos para a Bíblia e que bloqueia a possibilidade de uma verdadeira conversação é a pressuposição de que nós a lemos. Nós somos o lado ativo. A abordagem judaica às Escrituras é que nós não lemos a Bíblia, mas ela nos lê! Nossa prática padrão é pressupor que nós somos seu intérprete e, portanto, o árbitro de seu significado. A abordagem judaica reverte isso: nós não somos o intérprete, mas a Torá nos interpreta. Isso se dá porque é Deus quem se dirige a nós nas Escrituras, daí a ideia da revelação ser tão importante para uma cosmovisão bíblica. "Não é tão importante que levantemos questões a respeito dele, mas que ele levante questões a nosso respeito."[156]

Deus se dirige a nós e nos desafia pessoalmente através das Escrituras. No tocante à Palavra que se fez carne, Jesus, o *Logos* encarnado, vemos toda essa questão acontecer de formas dinâmicas. O Reino pressiona a si mesmo sobre o mundo em Jesus. O governo de Deus desafia as falsas reivindicações à lealdade que tão facilmente nos enreda. Jesus, com seus ensinos e conduta, está constantemente nos conduzindo de volta às nossas pressuposições nos forçando a mostrar nosso jogo, nos fazendo prestar contas, exigindo que respondamos ao amor redentor de Deus expresso através dele. O que fica claro é que, quando nos engajamos a Jesus, nunca temos que interpretá-lo objetivamente – ele não nos concede esse luxo epistemológico. Em Jesus o amor está na ofensiva, nos atraindo para o encontro transformador com Deus. Apenas tente trazer Jesus e a Bíblia para uma conversação com qualquer consumismo de classe média latente que você possa ter. Em qualquer encontro genuíno com Jesus respondemos com fé e obediência, bater e correr, ou apagamos o fogo do assunto reinterpretando a Bíblia a fim de que ela se acomode ao nosso entendimento. Você já se ouviu dizendo: "Ah, isso não é literal, o que Jesus está dizendo na verdade é...". Veja o que a maioria dos pregadores faz com o caminho do Reino expresso nas Bem-Aventuranças, no Sermão do Monte ou na história do jovem rico – nós enfraquecemos o texto espiritualizando-o ou domesticando suas implicações diretas.

156 Minear, *Eyes of Faith*, 16.

Formas hebraicas de conhecimento

Precisamos ampliar nossa capacidade de conhecer Deus e nos comprometermos com ele através das Escrituras. Em razão das questões relativas à cosmovisão, como discutimos anteriormente, sentimos que precisamos abordar esse assunto para reencontramos o Jesus do Novo Testamento de uma maneira nova.

A abordagem hebraica ao conhecimento de Deus inclui os caminhos do coração, de obediência, do sobrenatural, da ação e da vida intelectual da pessoa. Examinaremos principalmente duas delas, ou seja, o caminho do coração e o caminho da ação porque essas claramente possuem implicações no tocante a uma missão que tem como fundamento um senso de urgência de Deus. Jesus quer nossos corações e nossas vidas e isso ele obtém quando nos abrimos para seu amor invasor e quando agimos em seu nome.

Ortopatia, ou o caminho do coração

Como temos observado, um compromisso com Jesus deve nos fazer passar de expectadores a participantes. Se desejarmos nos tornar como ele, precisamos aprender a participar ativamente em Jesus, aplicando-o ativamente e a seus ensinos às nossas vidas. Não podemos ser expectadores desinteressados quando se trata de Jesus. De fato, nos encontros descritos no Novo Testamento, o desejo do povo de permanecer como observadores neutros é na realidade o verdadeiro pecado (o jovem rico, Pilatos). Aqueles que permitem que Jesus se aproxime são os que acabam entrando no Reino. Os fariseus querem examiná-lo, fazer dele um objeto de estudo, compará-lo com o que eles entendem da fé e por essa razão, são julgados pela dureza de seus corações, por não se envolverem com o que Deus estava fazendo em Jesus. O coração era a questão. Quando a Bíblia usa a palavra "coração" não apenas se refere à fonte de emoções, mas à vontade, lealdade e ao compromisso. Em muitos aspectos é o coração que determina nossas ações, nossos sentimentos, e é fundamental envolver o coração quando lidamos com Deus (p. ex., Sl 101.4; Is 29.13; Mt 15.8). A esse respeito, o grande avivalista Jonathan Edwards disse:

> As santas Escrituras em todo lugar colocam muito a religião na emoção como o medo, a esperança, o amor, o ódio, o anseio, o sofrimento, a compaixão e o zelo [...] isso é uma evidência de que a verdadeira religião repousa muito nas emoções [...] Agora, um coração *duro* simplesmente significa um coração sem emoção ou um coração que não se move facilmente pelas emoções virtuosas...[157]

Sem o coração, não podemos compreender Deus. Além disso, nenhuma das grandes coisas da vida humana brota apenas do intelecto, mas do coração, que pode abraçar o que a mente não pode. A grande obra mística *The Cloud of Unknowing* (A nuvem do desconhecido) coloca dessa forma: "Deus é incompreensível apenas para nossa mente, não para o nosso coração". Seguindo essa lógica espiritual a oração nos proporciona certo tipo de conhecimento que não pode ser obtido através de meios racionais.[158]

A maioria das pessoas que lê este livro está ciente de que a palavra hebraica para conhecimento tem um significado bem particular: uma palavra que é usada tanto para o intercurso sexual quanto para o conhecimento de Deus. O significado original do verbo hebraico "reconhecer, conhecer" diferentemente dos idiomas ocidentais, não pertence à esfera da reflexão, mas do contato pessoal.

No hebraico bíblico, a fim de conhecer alguma coisa, a pessoa não apenas observa, mas precisa ter contato com ela. Essa diferença básica é desenvolvida no campo de uma relação com a alma de outros seres, onde o fato da mutualidade transforma tudo. No centro não está uma percepção entre um e outro, mas um contato do ser – um intercurso. O tema do conhecimento se eleva a uma extraordinária e incomparável importância em relação a Deus para aqueles a quem ele escolheu.[159]

Fortemente aliado a essa forma de conhecimento está o papel desempenhado pela paixão ou afeição na espiritualidade. A paixão requer participação, envolvimento, fé. Søren Kierkegaard pode dizer:

157 Jonathan Edwards, "On the Religious Affections", in: *The Works of Jonathan Edwards* (1834; repr., Peabody: Hendrickson, 1993), I.II. 4, 10.

158 Os místicos frequentemente falam de *via negativa*, a forma de negação ou desconhecimento onde não há nada a fazer a não ser confiar naquilo que é desconhecido. Por exemplo: "O que pode ser aprendido não importa, o que importa é o autoabandono àquilo que é desconhecido". Buber, *Mamre*, 87–88.

159 Martin Buber, *Good and Evil* (Englewood Cliffs: Prentice Hall, 1953), 56.

"Se a paixão é eliminada, a fé não existe mais".[160] A verdade de Deus pode ser encontrada somente por essa busca apaixonada e pela aplicação da personalidade como um todo existencialmente. O critério de uma busca genuína da verdade é o que Kierkegaard chama de interiorização, que exige uma intensa preocupação com ela a fim de entendê-la e assimilá-la. Talvez mais geralmente conhecida por esse tipo de abordagem foi o avivalista americano Jonathan Edwards, famoso por seu clássico espiritual *The Religious Affections* (As afeições religiosas). Edwards afirma que se o coração não for mexido por Deus, não pode haver ação de permanência alguma. Em seu âmago, a espiritualidade, que ele chama de verdadeira religião, deve redimir e direcionar nossa paixão espiritual. Precisa envolver o coração e então ele continua afirmando que todas as grandes ações brotam do coração:

> Estou sendo ousado em dizer isso, mas creio que ninguém é transformado pela doutrina, pelo ouvir da palavra ou pela pregação ou ensino de outra pessoa a menos que suas afeições sejam movidas por essas coisas [...] Em uma palavra, nunca houve qualquer grande realização pelas coisas da religião sem um coração profundamente afetado por essas coisas [...] A verdadeira religião é colocada nas emoções.[161]

Essas são as bases de motivação e também o meio de se conhecer Deus. Essencialmente o que estamos tentando dizer aqui é que temos que engajar o nosso coração não só a fim de realmente compreender Jesus, mas também para nos tornarmos como ele e segui-lo a longo prazo. A conexão emocional com Deus nos proporciona profundas revelações de Deus que não podem ser obtidas em nenhuma outra fonte.

De fato, a oração e a adoração concedem ao adorador um conhecimento real e altamente subjetivo de Deus. Próspero de Aquitânia (cerca de 390-436) colocou dessa forma: *lex orandi, lex credendi, lex vivendi* – a maneira como adoramos reflete o que cremos e determina como viveremos. A lei da oração ou da adoração é a lei da vida. Ou, como é mais popularmente apresentado, como adoramos, assim nós vivemos [...] e como adoramos, assim nos tornaremos! "A adoração expressa a fé de uma comunidade, mas também ajuda a formá-la. As doutrinas surgem da verdadeira vida de oração e adoração das

160 Kierkegaard, *Concluding Unscientific Postscript*, 30.

161 Edwards, *On the Religious Affections*, 11.

pessoas, isto é, correspondem ao seu verdadeiro relacionamento com Deus."[162] Mais uma vez a função da ortopatia vem à tona. A oração é a forma de conhecimento que não pode ser obtida por nenhum outro meio.

Ortopraxia ou o caminho da ação

Escrevemos anteriormente que a ação é uma forma de sacramento[163], portanto não repetiremos tudo aqui, exceto para afirmar o conceito fundamental de que quando respondemos a Deus em ações realizadas em seu nome, encontramos com ele de uma maneira nova e diferente. Os rabinos ensinam que nunca estamos sozinhos quando executamos uma obra santa porque somos parceiros de Deus na redenção do mundo. Em outras palavras, uma obra realizada em seu nome é um instrumento de graça, um sacramento. Como afirmamos em *The Shaping of Things to Come*:

> [...] nossas ações, ou mais particularmente nossas obras missionais, também conferem graça. Realmente, esse pode ser o caso ainda mais do que os sacramentos padrão (de certa forma abstratos) da igreja cristã. Os seres humanos têm a liberdade de protestar contra o sofrimento humano tomando atitudes para aliviá-lo. No entanto, no próprio ato, quando realizado em nome de Jesus, isso outorga algo da graça de Deus, não somente para o beneficiário, mas também para o benfeitor. A graça possui dois caminhos: tal ação empurra a pessoa para fora de suas preocupações consigo mesma e as dirige missionalmente em direção a outros seres humanos de tal forma que eles, a pessoa que recebe a ação e a pessoa que a executa, encontrem-se com Deus de uma nova maneira.[164]

Um personagem de um dos livros de Elie Wiesel, laureado com prêmio Nobel e brilhante escritor judeu, afirma o valor sacramental do homem e da obra humanizante:

> Se você pudesse ver a si mesmo, emoldurado na soleira da porta [Pedro disse certa vez a Michael] teria acreditado na riqueza da existência – como eu acredito – na possibilidade de tê-la e reparti-la. É tão

162 Harold Wells, *The Christic Center: Life-Giving and Liberating.* (Maryknoll: Orbis, 2004): 122.

163 Frost and Hirsch, *Shaping of Things to Come*, ch. 8.

164 Ibid., 137.

simples! Você vê um músico de rua e lhe dá mil francos em vez de dez; ele vai acreditar em Deus. Você vê uma mulher chorando, sorri para ela docemente mesmo que não a conheça e ela vai acreditar em você. Você vê um homem idoso abandonado, abre seu coração para ele e ele vai acreditar em si mesmo. Você os surpreendeu. Graças a você eles tremerão e tudo à volta deles tremerá. Abençoado é aquele que é capaz de surpreender e de ser surpreendido.[165]

Sofrimento transformador

Eva Price

Eva Price era uma mulher da região centro-oeste dos Estados Unidos que em 1889 concordou em acompanhar seu marido, Charles, no serviço missionário no remoto interior da China. Com seus dois filhos, Donnie e Stuart, a família Price foi enviada para uma isolada missão em Shansi. Localizada em um planalto árido surrado pelo vento, a casa da missão era terrivelmente quente no verão e congelante no inverno. A área tinha esgotos ao céu aberto, pilhas de lixo apodrecido e poços contaminados que espalhavam varíola e tifo, dos quais ambos os filhos dos Price sucumbiram nos primeiros anos. A missão não obteve sucesso e o casal retornou aos Estados Unidos em 1897 com pouco resultado de seu trabalho além das mortes de seus amados filhos. Desse sofrimento e decepção, no entanto, Eva emergiu uma nova pessoa. Embora o primeiro projeto missionário tivesse tirado a vida de seus filhos, ela retornou à China com Charles "feridos até a alma pelo fogo do sofrimento". Ela sentiu que estava sendo sustentada pelo indescritível amor de Jesus e escreveu: "Minha capacidade de amar foi alargada com a disciplina do sofrimento..." Eva Price era um pequeno Jesus não somente por causa dos sofrimentos pelos quais passou em sua curta vida, mas por ser capaz de transformar seu sofrimento em uma rara habilidade de demonstrar uma profunda compaixão. Ela foi despertada para a vida a tempo de encontrar sua morte. Ela e seu marido foram mortos na Rebelião dos Boxers logo após seu retorno à China.

165 Elie Wiesel, *Twilight* (Suffolk: Viking, 1988): 69.

Essas ações não somente são sacramentais, mas são em si mesmas reveladoras, isto é, revelam Deus em sua bondade. Há um ditado do Talmude que pode ser interpretado no sentido de que a revelação reside na própria ação: "De dentro de sua própria obra, o homem e a nação ouvirão a voz de Deus".[166]

A fé hebraica coloca tanta ênfase na natureza sacramental das obras que mesmo que não entendamos porque deveríamos realizá-la ou duvidemos de Deus, ou se não quisermos fazê-la como *mitzvah* (obra santa), somos incentivados e realizá-la de qualquer forma porque Deus nos transformará quando atuamos em seu nome. A chave para essa forma de conhecimento é obediência. Helmut Thielicke diz: "Somente a conformidade com a vontade de Deus pode nos abrir o acesso ao conhecimento da figura de Cristo".[167]

A Carta de Tiago no Novo Testamento nos exorta a executar precisamente essa ação no mundo.

> *Portanto, despojando-vos de toda impureza e acúmulo de maldade, acolhei, com mansidão, a palavra em vós implantada, a qual é poderosa para salvar a vossa alma. Tornai-vos, pois, praticantes da palavra e não somente ouvintes, enganando-vos a vós mesmos. Porque, se alguém é ouvinte da palavra e não praticante, assemelha-se ao homem que contempla, num espelho, o seu rosto natural; pois a si mesmo se contempla, e se retira, e para logo se esquece de como era a sua aparência. Mas aquele que considera, atentamente, na lei perfeita, lei da liberdade, e nela persevera, não sendo ouvinte negligente, mas operoso praticante, esse será bem-aventurado no que realizar. Se alguém supõe ser religioso, deixando de refrear a língua, antes, enganando o próprio coração, a sua religião é vã. A religião pura e sem mácula, para com o nosso Deus e Pai, é esta: visitar os órfãos e as viúvas nas suas tribulações e a si mesmo guardar-se incontaminado do mundo.* (Tg 1.21-27)

O conhecimento teórico da verdade espiritual jamais é elogiado nas Escrituras. Na verdade, como podemos ver, é explicitamente desencorajado e condenado. Mediado através de uma cosmovisão hebraica, o entendimento do conhecimento cristão é indissoluvelmente ligado à experiência. O seguidor de Jesus aumenta seu conhecimento através

166 Martin Buber, *On Judaism.* (Nova Iorque: Schocken, 1967): 112.

167 Helmut Thielicke, *The Doctrine of God and of Christ*, vol. 2 de *The Evangelical Faith.* (Edinburgh: T&T Clark, 1977): 289.

da experiência ou ação e seu conhecimento deve ser expresso como experiência e ação. A Bíblia sempre aponta para responsabilidade e capacidade de resposta em relação a Deus. É parte das condições da aliança de Deus (p. ex., Ex 24.7; Jr 28.18-20) bem como as importantes palavras de despedida de envio sob as quais vivemos.

A ordem de obedecer não é porque Deus deseja nos convidar, mas porque, pelo menos de acordo com a cosmovisão hebraica, a obediência sempre confere um conhecimento de Deus que não pode ser obtido por nenhum outro meio. Realmente, a obediência é a evidência de que o conhecimento de Deus foi recebido e compreendido. Na Bíblia, o verdadeiro teste do quanto você sabe é como você vive. Alguma coisa está seriamente errada com a nossa capacidade de integrar ou mesmo de compreender as Escrituras se você não obedecê-la, só estudá-la. Isso acontece porque o discípulo é chamado para além do preceito correto (ortodoxia) a uma relação direta com Jesus, bem como com as Escrituras. As Escrituras, porém, também apontam diretamente para Jesus Cristo. Assim, tanto o discipulado, quanto as Escrituras, encontram seu verdadeiro centro interpretativo em Jesus.

O fato surpreendente é que quando se olha para os relatos do Evangelho fica claro que Jesus não pediu homenagem, mas obediência. Ele sempre tinha muito mais a perder de seus amigos do que de seus inimigos. A admiração sempre cegou o fio de sua espada. Ela serve para amortecer a audácia original de sua missão. A veneração pressupõe que sabemos que tipo de homem ele realmente era e que aprovamos suas exigências. A veneração nos cega para o radicalismo delas e nos vacina contra sermos feridos por elas. Nossas palavras amáveis o tornam vulnerável a sua própria maldição: "Ai de vós quando os homens falarem bem de vós, pois foi isso que os pais deles fizeram aos falsos profetas"'.[168] Cremos que o que está sendo apontado aqui é verdade. Em lugar algum dos Evangelhos Jesus nos chama a adorá-lo, o que é claro é que ele exige obediência. Entendido de uma perspectiva hebraica, a obediência é a adoração que devemos render a ele. Quando meramente aprovamos Jesus, tomamos seu lado como se pudéssemos concordar intelectualmente

168 Paul Minear, *Commands of Christ* (Nashville: Abingdon, 1972): 10. Isso não quer dizer que cremos que não deveríamos adorar Jesus, mas nos obriga a tentar entender o que Jesus quer dizer com "adoração". Isso significa que a nossa adoração deve ser baseada em obediência e não apenas em canções.

com o que ele está dizendo, podemos facilmente domesticar suas exigências, fazer delas meros ditados e aforismos de um homem sábio. Elas são muito mais perigosas e exigentes do que isso.

De acordo com Bonhoeffer, qualquer outra abordagem das Escrituras serve apenas para oferecer ao cristão uma escapatória do claro chamado à obediência. Bonhoeffer pode, portanto, falar de discipulado como um "problema de exegese" e continua dizendo: "Eliminando a simples obediência ao princípio, nos desviamos para uma interpretação não evangélica da Bíblia".[169] Portanto, a ortodoxia não é suficiente. Como seguidores de Jesus temos que começar a obedecer bem antes de saber e entender muito daquilo que obedecemos. Mais do que isso, se tirarmos a obediência da equação, não podemos sequer esperar entender verdadeiramente a Bíblia. Calvino pode afirmar que somente quando as Escrituras são cridas e obedecidas é que os pecadores começam a ter uma fundamentação epistemológica para verdadeiro conhecimento: "todo conhecimento correto de Deus é nascido na obediência".[170]

Com palavras semelhantes Ellul escreve:

> Somos salvos pela graça, não por obras. Por isso não podemos glorificar as obras. No entanto, a execução delas é indispensável, pois foram preparadas de antemão por Deus, elas são o seu "plano" e fomos criados para executá-las (Ef 2.10). Em Paulo, portanto, a prática (*praxis*) é o critério visível de que temos seriamente recebido a graça e também entramos efetivamente no plano de Deus. Para Paulo, como para Jesus, a prática é a pedra fundamental da autenticidade. Estamos na presença aqui de algo que é constante no decorrer dos séculos.[171]

Não esquecendo a ortodoxia

Os antigos teólogos criaram o poderoso slogan *lex seqendi, lex credendi,* que significa que a lei do seguir é a lei do crer. Isso quer dizer que não apenas a adoração, mas também a vida cristã, a ética e a missão são centradas em Jesus Cristo e que seguir Jesus é a fonte para a compreensão dele. Esse

169 Dietrich Bonhoeffer, *Discipulado* (São Leopoldo: Sinodal, 2013). Bonhoeffer sempre enfatizou o papel da obediência na fé. Ele poderia dizer: "somente aquele que crê é obediente e só aquele que é obediente crê." Citado em J. A. Woelfel, *Bonhoeffer's Theology* (Nashville: Abingdon,1970), 253.

170 João Calvino, *As institutas da religião cristã.* (São Paulo: Cultura Cristã, 2006): vol 1.

171 Ellul, *Subversion of Christianity*, 5.

conceito também sugere que as doutrinas cristãs sobre Jesus surgiram em parte das experiências de segui-lo. "Os cristãos viram-se em um relacionamento de seguir e obedecer a Jesus e encontraram vida dentro desse relacionamento. Esse crer que flui do seguir enfatiza a necessidade de que a teologia deve ser cristocêntrica como a própria vida cristã."[172] Precisamos nos lembrar disso para que não tropecemos em uma ideologia sobre Jesus em vez de um verdadeiro seguir Jesus. Ideologia nunca é suficiente.

Já mencionamos que a ortodoxia em si, ou mera crença em um credo é insuficiente para um verdadeiro conhecimento de Deus. No entanto, não estamos sugerindo que a ortodoxia não seja importante. Longe disso. Cremos que a crença correta é um elemento essencial de qualquer discipulado no caminho de Jesus. Também cremos, porém, que a igreja precisa reinterpretar o que entende por crença correta e confissão. A igreja quase sempre vê a ortodoxia como um compromisso com uma verdade proposicional, pressupondo que o conhecimento de Deus é recebido puramente por meio de funções cognitivas. Estamos convencidos de que nosso pensamento sobre Deus deve ser correto se desejamos a plena apreciação de Deus, mas deve ser complementada pela ortopraxia e pela ortopatia a fim de chegarmos a um compromisso bíblico que gire em torno de Deus. Isso pode ser exemplificado da seguinte maneira:[173]

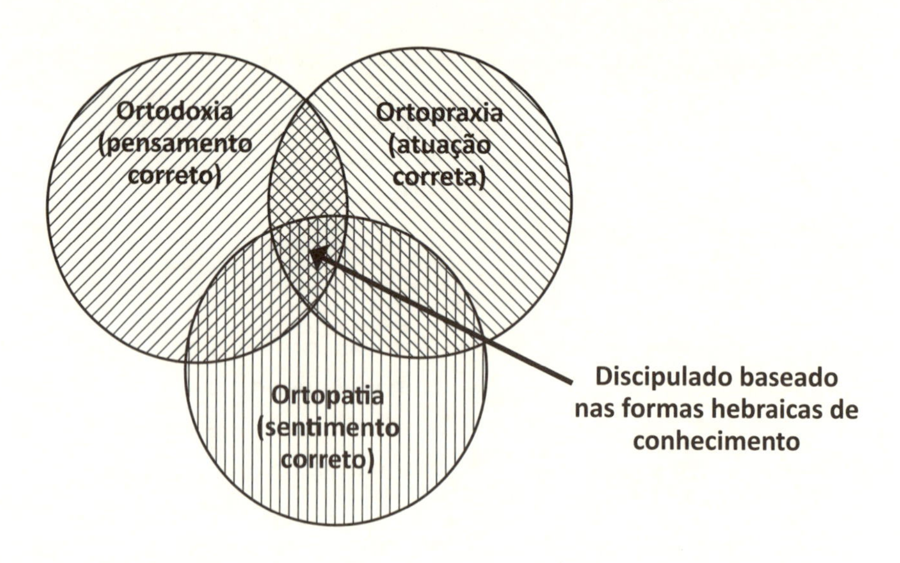

172 Wells, *Christic Center*, 125–26.

173 Estamos em dívida com o trabalho do amigo e colega Stephen Said nesse diagrama.

Como podemos ver, é na relação entre a ortopraxia, a ortopatia e a ortodoxia que a verdade e a plena apreciação de Deus são encontradas. No lugar em que todas as três se encontram, é menos provável que cometamos erros favorecendo uma em detrimento das outras. Se adotarmos um compromisso com a ortopraxia podemos nos tornar incansáveis ativistas, sobrecarregando a nós mesmos e aos outros de trabalho, contando apenas com os nossos próprios esforços para agradar a Deus. Se cuidarmos da ortopatia excluindo as outras, acabaremos como místicos teóricos ou viciados em experiências, tão concentrados na contemplação e na experiência pessoal que nos tornaremos inúteis para o Reino de Deus. Porém, como bem sabemos, se nosso interesse principal ou exclusivo for a ortodoxia (como é o caso de muitas igrejas hoje) na pior das hipóteses nos tornaremos arrogantes bibliófilos, ideólogos, não muito diferente dos fariseus, adorando nossa doutrina e nossas formulações teológicas sem um encontro genuíno com o Jesus revelado nas Escrituras. É no lugar onde a cabeça, o coração e as mãos se sobrepõem que encontramos nosso caminho para Jesus. Ou como John Wimber constantemente nos relembra em seus textos: um verdadeiro entendimento de Deus exige nada menos do que a Palavra, as Obras e as Maravilhas interagindo.

Como vimos no capítulo anterior, é isso que o *Shema* (Dt 6.4-9) aponta e o que Jesus afirma diretamente como sendo o coração do discipulado e do conhecimento de Deus (Mc 12.28-34). Precisamos amar a Deus de todo o nosso coração, mente e forças. Para ilustrar isso podemos ler Lucas 7, onde Jesus se encontrou com alguns anciãos judeus enviados por um centurião romano que pedia que curasse seu servo. Quando você lê os Evangelhos e procura ver com quem Jesus se impressionava, percebemos que não há um grande número de pessoas desse tipo. João batista era uma dessas pessoas, pois Jesus o chamou de o maior dos profetas. Esse centurião era outra. É um pouco estranho ver o que impressiona Jesus: seu primo, um lunático asceta e desvairado no deserto e um soldado pagão!

O soldado era um homem admirável, no entanto. Um líder militar, provavelmente baseado em Cafarnaum com uma legião a seu comando. Ele fazia parte da força de ocupação dominadora que representava o esmagador, superior e pagão poder imperial de César, ou seja, tudo o que judeus desprezavam. Os romanos tinham a tendência de considerar seus inimigos vencidos como bárbaros inferiores. Israel devia parecer um fim de mundo para a maioria dos centuriões. Esses povos antigos que adoravam um único Deus conduziam rituais milenares e obedeciam ao estranho código de ética de Moisés deviam parecer tolos e infantis comparados à sofisticação de Roma.

No entanto, em algum momento, esse soldado em particular veio a amar Israel e seu povo. Usando seus recursos pessoais, mandou construir uma sinagoga em Cafarnaum. Certamente, ele não tinha nada a ganhar com isso. Ninguém iria tão longe apenas para obter o favor do povo local. É muito provável que ele tenha começado a se interessar pelo Deus e pela fé deles com seu complexo código de moralidade. Os judeus de Cafarnaum vieram para dizer: "Ele ama nossa nação".

Seu envolvimento com Jesus era limitado, como veremos adiante. Eles sabiam algo um do outro, embora nunca tivessem se encontrado. Ainda assim, o centurião ouviu falar dele o suficiente para colocar sua fé completamente no poder de Jesus. Seu servo caiu doente e não conseguiu se recuperar apesar da assistência médica da melhor qualidade. Sabendo que um gentio não ousaria falar face a face com um rabino e certamente, um rabino da estirpe de Jesus, ele pediu aos anciãos de Cafarnaum que o representassem. A pequena comitiva correu para junto de Jesus e fez o pedido em favor do centurião. Que cena bizarra! Os líderes judeus, normalmente inimigos de Cristo, representando um gentio, normalmente inimigo de Israel diante do Messias.

Certamente intrigado pelo pedido, Jesus concordou, como fazia com muitos pedidos semelhantes todos os dias. No entanto, assim que se colocaram a caminho da casa do centurião e seu servo moribundo eles encontraram outro emissário. O romano mudou de ideia, não a respeito de seu servo, mas a respeito de convidar Jesus para entrar em sua casa. A mensagem era: "Não sou digno de que entres em minha casa".

Jesus olhou para os anciãos judeus e disse algo como: "Eu pensei que vocês tivessem dito que ele merecia minha atenção por ter construído a sinagoga e amar Israel. Agora ele me diz que não merece nada, nem minha presença em sua casa!"

Os anciãos olharam furtivamente uns para os outros. Pareciam atônitos. O que dizer? Eles achavam que Jesus correria para ajudar o romano assim que soubesse que ele era um homem bom. Agora Jesus se sentia traído, o romano disse que não era bom de maneira alguma! Os judeus começaram a suspeitar que Jesus, sentindo-se enganado, não iria ajudá-lo.

"O que ele quer de mim?", perguntou Jesus aos amigos do centurião.

"Ele disse que entende de dar ordens", eles responderam. "Está debaixo da autoridade de seu superior e há outros sob sua autoridade. Ele simplesmente envia as ordens e elas são obedecidas. Então, ele disse que o senhor não precisa estar fisicamente presente para seu poder agir. Disse que o senhor, transcende espaço e tempo. Se o senhor é quem ele pensa que é, então é o Senhor do universo. Seu poder é universal. Assim como César pode criar decretos em Roma que são executados por todo o império, o senhor pode criar seus decretos por todo o mundo."

Um estranho silêncio caiu sobre o grupo. Os anciãos judeus empalideceram diante dessa blasfêmia. Os amigos do romano esperavam sua resposta. A vida de um servo estava em jogo. Jesus olhou para eles incrédulo, antes de quebrar o silêncio: "Estou impressionado e não só porque ele construiu a sinagoga", diz ele, "mas porque nunca vi uma fé assim em Israel". E com isso, bem distante dali, o servo foi curado.

O centurião o impressionou porque nele Jesus encontrou o campo de intersecção entre a ortopraxia (a construção da sinagoga e as boas obras), a ortodoxia (a correta crença na identidade de Jesus) e a ortopatia (o correto sentimento de sua indignidade e a santidade de Jesus). Construir sinagogas não garante o favor de Jesus, mas indica que o centurião reconhece a importância das boas obras acompanhadas da fé e da humildade. Esse homem, no qual essas coisas se combinavam evocou em Jesus uma exclamação de alegria. Se o centurião conseguiu isso, o Reino certamente seria espalhado por todo o império.

Uma explosiva contadora de histórias

Harriet Beecher Stowe

Quando Harriet Beecher Stowe visitou o presidente Lincoln em 1862, diz a lenda que ele a saudou como a "senhorinha que criou essa grande guerra". Seja esse incidente mito ou fato, as palavras de Lincoln certamente definiram com precisão o papel de Harriet como um catalisador da Guerra Civil Americana que acabou abolindo a escravatura naquele país. Acredita-se que Harriet escreveu um dos livros mais socialmente influentes e politicamente explosivos da literatura inglesa: *A Cabana do Pai Tomás*. Terminado em 1852, no auge do movimento abolicionista, o romance de Harriet pela primeira vez forneceu a muitos americanos um vislumbre da vida dos escravos em uma plantação sulista e acredita-se que aguçou o sentimento abolicionista do norte. Tendo começado com uma série de publicações para o jornal antiescravagista *The National Era,* de Washington, foi baseado em sua própria exposição à escravidão: Harriet cresceu junto ao rio Ohio no Estado escravocrata de Kentucky e seu livro ofereceu ao movimento abolicionista uma face profundamente humana. Os retratos de Harriet da vida social local, particularmente com personagens secundários refletem uma conscientização da complexidade dos tempos. *A Cabana do Pai Tomás* não é apenas um tratado social, é também uma obra maravilhosamente escrita apresentando uma visão social e política no formato de uma notável história. A beleza de suas histórias conquistou um imenso público, mas as verdades que elas revelavam também dividiu a sociedade americana, energizando os esforços do norte e enfurecendo os Estados do sul. Após a publicação do livro, Harriet continuou a denunciar a escravatura nos Estados Unidos. Depois do fim da Guerra Civil, fundou diversas escolas e lares para ex-escravos. Harriet Beecher Stowe faleceu em 1 de julho de 1896. Ela era um pequeno Jesus porque defendia a misericórdia e a liberdade para os oprimidos e marginalizados através de belas histórias socialmente relevantes.

ReJesus, tomada três

Ao fazer de Jesus o centro ou a norma, somos convidados a abraçar essa mesma relação entre a ortopraxia, a ortodoxia e a ortopatia. E, sejamos claros, quando falamos de Jesus Cristo como a norma, o centro, o fundamento principal, estamos nos referindo ao Cristo como um todo. Não nos referimos apenas ao Jesus da história ou ao Jesus de Nazaré antes dos eventos da cruz e da ressurreição. Não estamos nos referindo a uma figura abstrata de Cristo separada do Jesus da história. "O centro e o fundamento da fé cristã é Jesus de Nazaré, o Messias, crucificado e ressurreto presente entre nós no poder do Espírito Santo."[174] Não pode haver dissociação da pessoa de Jesus de sua obra e daquilo que ele ensinou e demonstrou com sua vida. É tudo isso em um mesmo fenômeno. Qualquer coisa menos do que essa compreensão total de nosso Senhor é insuficiente para fundamentar a missão da igreja no mundo ou sustentar qualquer fé vital. Desde o início da história da igreja lutamos entre transformar Jesus em um objeto de fé de outro mundo ou limitá-lo a uma mera figura da história.

Como vimos, o processo de "reJesusar" a igreja envolve, em certo sentido, um retorno às perspectivas hebraicas. Muito da erudição recente tem realizado um novo exame do Jesus histórico e sua origem judaica. No entanto, a cosmovisão helenista pode nos levar a nos desviarmos no estudo dos Evangelhos. Algumas abordagens rejeitam os Evangelhos como revelação histórica do Deus cristão, como textos que nos leem exigindo de nós uma resposta, examinando os Evangelhos como simples textos antigos. Agora, não imaginem que podemos fazer justiça resumindo a história da interpretação do Novo Testamento aqui. Cremos, porém, que é justo dizer que a maioria das inovações recentes na interpretação do Novo Testamento – sejam elas populares e elaboradas como *O Código Da Vinci*, de Dan Brown, ou mais acadêmicas como *O Jesus histórico: a vida de um camponês judeu no Mediterrâneo*, de John Dominic Crossan; *Jesus: Uncovering Life, Teachings and Relevance of a Religious Revolutionary* (Jesus: descobrindo a vida, os ensinamentos e a relevância de um revolucionário religioso), de Marcus Borg, ou a

174 Wells, *Christic Center*, 121.

obra do Jesus Seminar[175] – estão em dívida com o modelo defendido por Rudolf Bultmann no século 20. Chamado de uma forma de crítica, a abordagem de Bultmann envolvia o desmantelamento dos Evangelhos em várias peças com o propósito de realizar um escrutínio mais profundo.

Sua tese, seguida por Wilson, Spong, Borg, Crossan, J. T. Robinson e muitos mais, era de que o Evangelho poderia, e na verdade deveria, ser abordado da mesma forma que a literatura contemporânea abordava o folclore antigo como a Odisseia ou a Ilíada de Homero. Essas histórias populares foram contadas e recontadas em um extenso período de tempo. Quando finalmente foram escritas, os textos eram, então, editados e reeditados ao passar pelas mãos dos vários intérpretes no decorrer dos séculos. O trabalho do estudioso da literatura moderna era separar as partes em várias porções menores de acordo com o estilo literário e a sensibilidade histórica a fim de torná-lo mais claro. Os antigos críticos fizeram o mesmo com os Evangelhos. Cada parte, ou perícope, fosse uma parábola, uma frase ou um enigma era separada e julgada no tocante à sua autoridade, intenção e autenticidade.

Por exemplo, se você já encontrou alguém que acredita na ressurreição, mas rejeita o nascimento virginal, ou crê nas parábolas de graça, mas rejeita as parábolas de juízo, é provável que essa pessoa tenha sido influenciada por alguma forma de criticismo ou, pelo menos, opera sob as pressuposições de muitos intérpretes teologicamente liberais. Até mesmo o escritor ateísta Richard Dawkins rejeita essa abordagem, considerando parcialidade tomar as doutrinas que interessam e abandonar as que não convêm. É óbvio que Dawkins considera todo o material dos Evangelhos uma balela religiosa que ele preferiria que você descartasse. No entanto, pelo menos ele enxerga as contradições das pessoas que se consideram cristãs e escolhem com que parte devem se comprometer e que partes são negociáveis.

Com a forma "bultmaniana" de crítica sustentando tamanha incongruência é interessante observar o surgimento do estudioso N. T. Wright. Ele tem estado na vanguarda da terceira busca pelo Jesus histórico

175 O Jesus Seminar é um projeto de reflexões cristológicas fundado em março 1985 por Robert Funk. Utiliza métodos históricos para determinar, com base no critério da plausibilidade histórica, o que Jesus, como uma figura histórica, pode ou não ter dito ou feito. (N. de Revisão)

(Bultmann lançou a chamada segunda busca em seu livro *History of the Synotic Tradition*, de 1921).[176] Se Bultmann e as muitas variedades de seus seguidores arrancam cada pedacinho dos Evangelhos e os examinam sob o microscópio, por assim dizer, Wright faz o contrário. Ele se afasta delas, como um marchand em uma galeria de arte se afasta de uma grande tela de Monet tentando apreciar a peça como um todo. Não muito diferente de Jacques Ellul, Wright diz que precisamos reconhecer que a cosmovisão hebraica – com seu senso inato da importância histórica que deu origem à Bíblia e aos Evangelhos – nos oferece as melhores ferramentas para examiná-los.

De forma interessante, Wright conclui seu magistral livro *Jesus and the Victory of God* (Jesus e a vitória de Deus) como ele começa: com a parábola do filho pródigo. Somente aqui essa parábola é relacionada à busca contemporânea do Jesus histórico. Não só Israel é o filho pródigo que passa pela experiência do exílio e retorna ao lar para ser restaurado pelo Pai (via ministério de Jesus), mas nós, que temos seguido pistas inúteis oferecidas pelos críticos modernos, nos encontramos em uma terra distante, sobrevivendo dos resultados pouco nutritivos da erudição deles. Wright sugere que precisamos retornar ao lar para uma apreciação mais hebraica dos Evangelhos e sua integridade inerente. E referindo-se a Albert Schweitzer, que afirmou que Jesus veio a nós como alguém desconhecido, Wright conclui:

> Nós viemos a *ele* como desconhecidos, nos arrastando de um país longínquo, onde desperdiçamos nossa essência em um historicismo desenfreado mas desastroso [...] Mas quando nos aproximamos como nós estamos tentando fazer com este livro, descobrimos que ele corre para nós como alguém bem conhecido, aquele a quem desdenhamos em nome da erudição ou mesmo da fé, mas que ainda espera pacientemente ser buscado e encontrado mais uma vez.[177]

Cremos que, com estudiosos como Wright, podemos ter absoluta confiança na fidelidade dos Evangelhos, nos aproximando deles exatamente como os primeiros ouvintes judeus o fariam. Cremos

176 A primeira busca pelo Jesus histórico estava associada à obra de Albert Schweitzer e catalisada pelo seu trabalho mais conhecido academicamente *A busca do Jesus histórico* (1910) (Novo Século, 2003). Schweitzer propôs uma compreensão de Jesus como um personagem principalmente escatológico, cuja missão específica era a instituição de uma era messiânica. Bultmann e a segunda busca refutou isso e atribuiu a Jesus o papel de mestre terreno com uma sabedoria santa.

177 N. T. Wright, *Jesus and the Victory of God* (Londres: SPCK, 1996): 662.

também que a cosmovisão hebraica nos convida a vir aos textos antigos de forma diferente da abordagem usada pelos pensadores helenistas. Isto é, cremos que ao invés de ler a Bíblia, precisamos permitir que ela nos leia.

Tão difícil quanto parece, acreditamos que um engajamento renovado a Jesus exige uma transformação radical da cosmovisão bem como do coração. Precisamos recuperar a epistemologia (formas de saber) bíblica. A fim de realmente ver Jesus, precisamos nos saturar das perspectivas hebraicas que tanto originam quanto sustentam a cosmovisão bíblica e cremos que precisamos nos conservar nos Evangelhos. Eles precisam ser nossas histórias fundamentais e ponto de referência. Não há modo mais verdadeiro de encontrar Jesus novamente do que, em espírito de oração, circular pelos Evangelhos pedindo a Deus que nos conceda um conhecimento renovado da pessoa que encontramos ali. Devemos entregar nossos corações, mentes e almas àquele em torno do qual gira a história.

7

A Igreja que Jesus edificou

A principal razão de nosso desamparo teológico está na separação entre Jesus Cristo e a Igreja.
— D. Ritschl

O indiano está fazendo uma descoberta maravilhosa: que o cristianismo e Jesus não são a mesma coisa – que eles podem ter Jesus sem o sistema construído ao redor dele no Ocidente.
— E. Stanley Jones

Em 2006, um pastor de certa forma excêntrico chamado Jim Henderson foi manchete nos jornais quando alugou uma alma por 504 dólares no e-Bay depois de seu proprietário leiloar uma mente aberta pela maior oferta. Henderson comprou a alma de Matt Casper e os dois viajaram por todos os Estados Unidos criticando várias igrejas. O resultado foi o livro escrito por Henderson, *Jim and Casper go to Church,* uma pesquisa de diferentes abordagens à igreja que estão sendo experimentadas nos Estados Unidos, apresentadas sob o ponto de vista inovador de um descrente.[178] Jim e Casper visitaram muitas expressões diferentes de igreja: desde a *Saddleback,* de Rick Warren; a *Willow Creek,* de Bill Hybels; a *Mosaic,* de Erwin McManus; a *Lakewood,* de Joel Osteen, até a *Dream Center,* a Primeira Presbiteriana de Chicago; Lawndale; *Jason's House; Imago Dei,* de Portland; a *Mars Hills,* em Seattle; *The Bridge,* em

178 Jim Henderson, *Jim and Casper Go to Church* (Carol Stream: Barna-Books, 2007).

Portland e a *Potter's House,* em Dallas. Não se pode dizer que eles não pesquisaram de um extremo ao outro do espectro: de megaigrejas a igrejas emergentes (e um pouco de tudo no meio).

E o que eles encontraram? Bem, certamente a perspectiva de Matt Casper é inovadora, livre de preconceitos e conhecimentos de um iniciado. Seus comentários realmente aguçam nossa sensibilidade para as formas espalhafatosas e não essenciais de igreja. Ele também ressalta como as igrejas podem perder a mensagem de Jesus concentrando-se demais no levantamento de dinheiro ou falando um jargão religioso indecifrável. A moral da história parece ser: "Por que há tantas discrepâncias gritantes entre as igrejas a respeito do que significa ser um seguidor de Cristo?" Se todos estão falando de Jesus, por que o Jesus de que estão falando parece tão diferente de igreja para igreja?

Uma pergunta semelhante foi formulada por um jovem criado por pais missionários evangélicos, e convertido à Igreja Ortodoxa na Califórnia. Embora tivesse restrições a várias práticas da igreja ortodoxa, preferiu sua liturgia e mensagem intocada por mil e setecentos anos à multiplicidade das versões protestantes. "Com todos os evangélicos me dizendo que estavam 'apenas pregando Jesus' fiquei confuso ao ver que cada um pregava um Jesus diferente", argumentou ele.

Em seu livro *Eles gostam de Jesus, mas não da igreja,* Dan Kimball faz um alerta à igreja. Ao entrevistar vários jovens que não frequentavam igreja na Califórnia, Kimball descobriu que longe de serem antagonistas com relação à fé em Jesus, seu público-alvo estava aberto à fé, mas cético com relação à capacidade da igreja que conheciam de ensinar sobre ela. Eles acreditavam que a igreja é uma religião organizada e politicamente comprometida, é negativa e legalista em geral, normalmente dominada por homens, homofóbica e fundamentalista.[179]

Kimball relata sua incursão a alguns campi de universidades, munido de uma câmera de vídeo para entrevistar estudantes sobre suas atitudes em relação à fé cristã. Em vez de fazer a pergunta usual que muitos ministérios universitários fazem ("Você acredita que só há um caminho para Deus? Se você morresse hoje..."), Kimball fez somente

179 Kimball, *Eles gostam de Jesus, mas não da igreja.*

duas perguntas: "No que você pensa quando ouve o nome de Jesus?" e "O que vem a sua mente quando ouve a palavra 'cristão'?" As respostas foram interessantes[180].

Jesus	Cristãos
Ele é lindo	A igreja estragou tudo
Ele é um homem sábio como um xamã ou um guru	Eles pegaram os ensinos de Jesus e os transformaram em regras dogmáticas
Ele veio para libertar as mulheres	Os cristãos não aplicam a mensagem de amor que Jesus deu
Eu quero ser como ele	Todos eles deveriam levar um tiro

Resumindo suas atitudes, Kimball cita uma frase de Gandhi: "Eu gosto do seu Cristo, mas não gosto dos seus cristãos. Seus cristãos são muito diferentes de seu Cristo".

Como já deve ser óbvio a essa altura, cremos que a fé cristã precisa olhar para Jesus e se fundamentar nele para ser autêntica. Se a NASA lançasse um foguete para a lua com um desvio de rota de apenas 0,5 grau, ele passaria a milhares de quilômetros de distância da lua. Isso também se aplica ao Evangelho em muitas maneiras. Em razão do papel fundamental que Jesus desempenha na identidade, no ministério e na missão cristã, cremos ser de suma importância acertar isso e conferir constantemente. A história da igreja deixa claro que esses desvios acontecem, mas em geral inadvertidamente e de forma gradual, à medida que o peso de outros problemas se fazem sentir e as tradições se sobrepõem, encobrindo o centro da fé. Seja qual for o processo, isso evolui para uma mudança traiçoeira na religião resultante.

Portanto, propomos que a igreja deva ser calibrada de acordo com o nosso fundador, Jesus. Mas como ela seria? Jesus não fundou igreja alguma. Ele desencadeou um exército de pequenos "Jesuses" que avançaram e fundaram comunidades de fé em todo o mundo conhecido. No entanto, Jesus moldou uma comunidade temporária ou um

180 Esse gráfico não consta dos livros de Kimball, mas é um resumo das respostas obtidas por ele.

"protótipo de igreja", por assim dizer. Dentro do DNA de sua comunidade itinerante de discípulos existia a substância da igreja, mas somente quando chegamos a Paulo podemos ver o que é incorporar esse DNA em uma comunidade de fé nativa e mais estável. Paulo toma o exemplo de Jesus e, sob a direção do Espírito Santo, desenrola essas prioridades e valores no que chamamos hoje de eclesiologia bíblica.

Aqui está uma questão curiosa que irá esclarecer o assunto para nós: Como seria a igreja se ela tivesse apenas os quatro Evangelhos para se orientar? Certamente o discipulado seria enfatizado, assim como o destaque em viver sob e no Reino de Deus. Provavelmente haveria uma forte ênfase em um estilo de vida simples e surgiria uma comunidade aventureira como muito amor, fidelidade, misericórdia e justiça. Seria essa uma expressão adequada de cristianismo? Repetimos, essa pergunta meio irônica não tem a intenção de mudar o cânon do Novo Testamento ou desalojar o apostolado concedido por Deus a Paulo na igreja (Deus nos livre), mas como exercício mental deveria ressaltar o fato de que todos os fatores essenciais estariam no lugar – como estarão – quando enfocamos Jesus. De fato, o que vemos Paulo fazer, em particular em suas cartas, é trabalhar no desenvolvimento das conclusões lógicas e implicações da substância oferecida por Jesus no exemplo de sua comunidade. É um alívio que não fomos deixados apenas com os quatro Evangelhos porque Deus falou através do restante do Novo testamento para nos ajudar a ver a plenitude de tudo o que uma comunidade de seguidores de Jesus deveria ser. Nossa posição é que não há incongruência entre o exemplo de Jesus e a eclesiologia de Paulo. Um é consequência do outro, mas tudo está originalmente nos próprios Evangelhos. A renovação da igreja de nosso tempo é dependente da renovação do Evangelho, e a renovação do Evangelho exige a recuperação da centralidade de Jesus pela fé e pela reflexão. Precisamos "rejesusar" tanto a nossa teologia quanto as nossas igrejas.

A visão de Paulo da comunidade de Jesus

Vamos gastar alguns momentos para explorar a eclesiologia de Paulo e examiná-la com as lentes do exemplo de Jesus apresentado nos Evangelhos. Em sua carta aos Efésios, Paulo aborda uma variedade do que podemos chamar de questões genéricas da igreja. Ao contrário de sua correspondência aos Coríntios ou aos Gálatas, onde ele enfoca problemas específicos que cada uma daquelas igrejas estava enfrentando, a Carta aos Efésios contém um material aplicável a todas as igrejas em todo lugar. Isso ocorre porque, provavelmente tratava-se de uma carta circular enviada a várias igrejas da Ásia Menor. De acordo com sua correspondência aos efésios, Paulo transmite a ideia de que a *ecclesia* está ancorada sobre o fundamento de uma série de verdades fundamentais.

Jesus é *o cabeça sobre todas as coisas, o deu à igreja* (Ef 1.22)

Aqui temos uma frase intrigante com relação à grandeza de Jesus. Depois de ressaltar que Deus havia colocado tudo debaixo dos pés de Jesus, Paulo diz que Jesus foi constituído para ser cabeça sobre todas as coisas e o deu à igreja. Que Jesus é o cabeça de todas as coisas é bem claro, mas o que Paulo queria dizer com "o deu à igreja"? Parece que Paulo está dizendo que Jesus exerce sua suprema autoridade global no interesse da igreja. Isso é, o governo de Jesus é para o benefício da igreja. Pode soar como arrogância da igreja sugerir que Jesus governa em favor dos cristãos acima de todas as outras pessoas. Alguns líderes da igreja têm dito isso para sugerir que Jesus endossa suas atitudes, sejam elas quais forem. No entanto, uma rápida leitura das sete cartas às sete igrejas que se encontram no livro de Apocalipse mostrará que Jesus não se importa em se posicionar contra a igreja às vezes. Parece que Paulo está dizendo que o futuro do Reino sublime de Jesus está inextricavelmente ligado ao futuro da igreja. Os interesses da igreja são sua prioridade.

A igreja *é o seu corpo* (Ef 1.23)

Paulo faz constante uso dessa metáfora em 1 Coríntios. Aqui ele se contenta apenas em introduzir a ideia. A igreja é o corpo de Jesus. Ela é o seu corpo espiritual do qual ele é a cabeça. Em Efésios 1 isso implica em intimidade e conexão entre Jesus e seus seguidores. Em Efésios 4, Paulo usa a metáfora para recomendar a unidade dentro da comunidade de seguidores de Jesus. Em 1 Coríntios 12, ele expande a ideia discutindo a diversidade de dons expressos pelos seguidores de Jesus trabalhando juntos em harmonia. A ideia geral é de equipe, parceria, confiança e intimidade. Em nossos livros anteriores, discutimos a ideia de *communitas,* a intimidade e devoção que se desenvolve entre um grupo de pessoas quando empenhados em uma tarefa ou problema comum. O uso da imagem do corpo por Paulo em suas cartas é muito sugestivo.

A igreja é *a plenitude daquele que a tudo enche em todas as coisas* (Ef 1.23)

Aqui está um grande conceito de igreja, dificilmente uma ideia reduzida da intenção de Jesus! No capítulo anterior discutimos a centralidade do *Shema* no pensamento e na vida hebraica. Ele era uma declaração de que Yahweh governa toda a vida em todas as esferas. Aqui Paulo está identificando Jesus com esse soberano dizendo: *a tudo enche em todas as coisas,* isto é, tudo no mundo. Trata-se de uma declaração da onipresença e da soberania de Jesus. Observe, porém, que ele se refere à igreja como a plenitude de Jesus. Em outras palavras, a comunidade de seguidores de Jesus se constitui em sua plenitude. Em certo sentido, Paulo está dizendo: "Olhe para as montanhas e para o mar. Ali você verá manifestada a presença de Jesus, mas se quiser ver a plenitude de sua presença, olhe para a igreja!"

Muitas vezes, no entanto, quando os líderes da igreja dizem coisa semelhante (algumas vezes explicitamente) se referem à igreja como instituição: "Olhe para nossos edifícios e cultos e você verá a plenitude de Cristo!" Não era isso que Paulo queria dizer. Não havia cultos elaborados para se assistir e poucas igrejas tinham seu próprio local de reuniões. Paulo está dizendo que nas orgânicas, confusas, muitas vezes problemáticas e poucas vezes harmoniosas redes de relacionamento encontradas entre os seguidores de Jesus você pode ver a riqueza, a beleza e o poder da plenitude de Jesus.

A igreja é parte do *eterno propósito* de Deus (Ef 3.10s)

Nesse belo trecho de Efésios 3, Paulo declara que Deus tornou sua verdade conhecida nos lugares celestiais através da igreja:

> [...] *para que, pela igreja, a multiforme sabedoria de Deus se torne conhecida, agora, dos principados e potestades nos lugares celestiais, segundo o eterno propósito que estabeleceu em Cristo Jesus, nosso Senhor,* [...] (Ef 3.10s)

Não é pouca coisa! Isso sugere que através das eras a sabedoria multiforme de Deus nunca pode ser realmente apreciada pela comunidade celestial, porque parece que Deus não tem um relacionamento profundo com os governantes e autoridades do céu. Eles estão excluídos da singular e íntima relação que Deus reserva para si com a humanidade. Só depois que a igreja foi fundada como comunidade de seres humanos em relacionamento com Deus através de Jesus, as riquezas da sabedoria de Deus puderam ser apreciadas. Portanto, a todos os seres angelicais Deus demonstra sua sabedoria através da igreja. Precisamos de uma demonstração de que a sabedoria de Deus é intrinsicamente relacional maior do que essa? A sabedoria de Deus não é apenas um assunto de entendimento superior ou um maior acúmulo de conhecimento. A sabedoria de Deus é demonstrada através das redes de relacionamentos dos seguidores de Jesus. Em Tiago 3.17, uma ideia similar é apresentada: *A sabedoria, porém, lá do alto é, primeiramente, pura; depois, pacífica, indulgente, tratável, plena de misericórdia e de bons frutos, imparcial, sem fingimento.* Se a sabedoria de Deus é todas essas coisas – coisas essencialmente relacionais – então Deus é capaz de expressar plenamente essa sabedoria somente através de relacionamentos com pessoas. Esse era o plano de Deus, diz Paulo, por toda a eternidade. Os seguidores de Jesus são essenciais para a expressão da sabedoria de Deus.

Deus deve ser glorificado *na igreja e em Cristo Jesus* (Ef 3.21)

Em uma bênção de certa forma prematura, Paulo pronuncia uma oração final sobre os destinatários de sua carta (e ele ainda tem mais três capítulos guardados na manga):

> *Ora, àquele que é poderoso para fazer infinitamente mais do que tudo quanto pedimos ou pensamos, conforme o seu poder que opera em nós, a ele seja a glória, na igreja e em Cristo Jesus, por todas as gerações, para todo o sempre. Amém!* (Ef 3.20s)

Certamente Deus é digno de toda a glória e Paulo identifica duas fontes de sua glória: seu filho Jesus e a igreja.

Cristo é o cabeça da igreja, sendo este mesmo o salvador do corpo (Ef 5.23)

Paulo retorna brevemente à metáfora do corpo para enfatizar novamente o governo de Jesus sobre seus seguidores e tornar explícito que também é seu Salvador. Tendo salvado a igreja, ele pode então ser a cabeça ou o seu governante. Isso, no entanto não é simplesmente uma questão de propriedade. Esse texto aparece no meio de uma discussão sobre o relacionamento entre maridos e esposas. Jesus é o cabeça e o salvador da igreja, mas isso é expresso em termos distintamente relacionais.

Cristo *amou a igreja e a si mesmo se entregou por ela* (Ef 5.25)

Jesus ama a igreja assim como um bom marido deve amar sua esposa. Sua morte na cruz é seu supremo ato de devoção e amor.

O plano de Jesus é *apresentar a si mesmo igreja gloriosa, sem mácula, nem ruga, nem coisa semelhante, porém santa e sem defeito* (Ef 5.26s)

Paulo nos disse o que Jesus tinha feito pela igreja no tempo passado: ele amou a igreja, salvou a igreja e governa a igreja. Agora ele volta sua atenção para o futuro e anuncia que a igreja é uma obra em andamento. É tarefa de Jesus nos aperfeiçoar, lenta, porém fielmente, nos recriar à sua imagem. O plano futuro de Jesus para seus seguidores é:

> [...] *para que a santificasse, tendo-a purificado por meio da lavagem de água pela palavra, para a apresentar a si mesmo igreja gloriosa, sem mácula, nem ruga, nem coisa semelhante, porém santa e sem defeito.* (Ef 5.26s)

Jesus cuida e alimenta a igreja (Ef 5.29s)

Paulo diz: *Porque ninguém jamais odiou a própria carne; antes, a alimenta e dela cuida, como também Cristo o faz com a igreja; porque somos membros do seu corpo* (Ef 5.29s). Em outro retorno à metáfora do corpo, Paulo indica que, como parte de sua futura orientação em apresentar a igreja sem mácula e radiante, ele alimenta e cuida da igreja, suprindo suas necessidades e atendendo às suas preocupações. Parece-nos que Jesus está mais do que envolvido com ela do que aparenta ao observador casual.

Se essa é a igreja, queremos fazer parte dela

Portanto, seja a igreja o que for, queremos ser parte dela! Cremos que sua verdadeira realidade é muito mais do que qualquer instituição que ela se torne. Ela é uma rede íntima de seguidores de Jesus. Ela está saturada com a pessoa de Jesus.

A imagem favorita de Paulo para a igreja é a de uma família, ou, para ser mais preciso, um clã.[181] Se fizermos uma busca através de suas cartas, o veremos fazer mais referências a um corpo do que a uma família, mas se incluirmos todo o uso que Paulo faz da linguagem familiar (irmãos, irmãs, etc.) fica claro que a família é sua comparação favorita. Paulo enxerga a igreja inextricavelmente unida a Jesus e uns aos outros em uma ligação de profundo relacionamento interpessoal. Desse breve estudo de Efésios, fica claro que Paulo viu a igreja como algo que brota

181 Há muita diferença entre nossa tendência de interpretar a palavra "família" e o que a Bíblia chama de "clã". Tendemos a impor a ideia de família nuclear sobre as Escrituras, mas a ideia bíblica de família é mais ampla e inclusiva.

de Jesus. É uma questão do que Jesus faz por seus seguidores e do que eles se tornam quando ele opera.

Essa tabela resume o que estudamos até agora.

O que Jesus faz	O que a igreja se torna
Ele reina sobre a igreja	Uma comunidade à semelhança de Cristo que reflete seu caráter, vida e atividade
Ele reina sobre todo o mundo	Uma comunidade holística que busca oferecer toda a vida ao senhorio de Jesus
Sua sabedoria é relacional	Uma comunidade que ama a paz, é atenciosa, submissa, misericordiosa, frutífera, imparcial e sincera
Ele é glorificado pela igreja	Uma comunidade adoradora que exalta Jesus e declara sua soberania
Ele ama a igreja	Uma comunidade dedicada que experimenta intimidade com Jesus
Ele salva a igreja	Uma comunidade de graça que confia na obra de Jesus para a salvação
Ele purifica a igreja	Uma comunidade santa que busca a justiça de Jesus
Ele alimenta a igreja	Uma comunidade saudável que se alimenta da Palavra de Deus e do ministério do Espírito Santo

Em alguns livros anteriores apresentamos uma crítica de certa forma ácida sobre a maneira pela qual a igreja estava sendo realizada no Ocidente.[182] Isso aborreceu alguns leitores e levou alguns críticos a sugerirem que nós não amamos a igreja, porém, é exatamente o nosso amor pela igreja que nos motiva a escrever o que escrevemos. Além disso, há uma

182 Frost and Hirsch, *Shaping of Things to Come;* Hirsch, *Forgotten Ways;* e Frost, *Exiles*.

diferença entre gostar da igreja e amar a igreja como Jesus ordena que amemos. Para deixar claro, nós não *gostamos* de reuniões de estranhos que nunca se encontram nem conhecem uns aos outros fora dos domingos, que se sentam passivamente enquanto estranhos pregam e dirigem o cântico, que toleram uma pseudocomunidade de segunda classe sob o pretexto de conexão uns com os outros, que vivem de segunda a sábado vidas diferentes das do domingo, cuja única expressão de adoração é o louvor pop, que raramente riem juntos, lutam juntos contra a injustiça, comem juntos, oram juntos, criam os filhos uns dos outros, servem o pobre juntos, nem compartilham Jesus com aqueles que ainda não foram libertos. Nós não *gostamos* da igreja se ela for uma organização fracionada com centenas de credos, nomes e doutrinas competindo entre si, ensinando uma multidão de crenças contraditórias e insistindo em concordar com inúmeras tradições inventadas recentemente. No entanto, se é uma família de seguidores de Jesus que está lutando, não importa o quão inadequadamente, ser semelhante a Cristo, holística, amante da paz, adoradora, dedicada, cheia de graça, santa e saudável, nós a amamos com cada grama de nossa força física e emocional.

Contam a história de um soldado do exército de Alexandre, o Grande, que desertou de seu posto e foi seguido e capturado pelos homens de Alexandre. Normalmente, os desertores eram sumariamente executados por esses mercenários, mas de acordo com a história, o jovem foi trazido à presença do rei. Alexandre exigiu que o desertor dissesse seu nome. "Tenho o mesmo nome de meu rei", disse o soldado, "meu nome é Alexandre". O rei resolveu perdoar o desertor, mas antes de deixá-lo ir ordenou: "Jovem, ou você muda de vida ou você muda de nome". Isso também deve acontecer com os seguidores de Jesus. Se eles adotaram o seu nome, suas vidas precisam espelhar esse nome maravilhoso. Cremos que isso também vale para a igreja de hoje. É hora de mudar a vida ou mudar seu nome. Moby, um músico cristão nada convencional, brincou com essa ideia no diário de seu website.[183] E ele começa a tecer seu comentário: "Então, você acha que é hora de inventar uma nova religião?", ele brinca questionando se o que entendemos por igreja e cristianismo é tão diferente daquilo que Jesus tinha

183 Moby, "Religion", August 12, 2005. Citado em 25 de setembro de 2008. Online: http://www.moby.com/node/7007. (Site em inglês. Acesso em 12/03/2015)

em mente, não seria hora de começar outra vez uma nova religião de seguidores de Jesus. Ele diz:

> Estou convencido de que os ensinos de Cristo acomodam a maioria dos novos caminhos nos quais percebemos a nós mesmos e ao nosso mundo.
>
> O problema é que, embora os ensinos de Cristo harmonizem isso,
>
> os cristãos contemporâneos não o fazem.
>
> Aqui há mais seriedade vestida de irreverência:
>
> Cristo: reconhecendo realidades quânticas.
>
> Cristianismo: deprimentemente newtoniano.
>
> Isso faz sentido?[184]

Ele está ecoando o que Kimball lhe disse, embora como um cristão, Moby esteja mais envolvido no assunto do que os jovens que Kimball entrevistou. Ao ouvir os comentários de Moby, muitos cristãos tendem a reagir negativamente contra o que eles veem como um completo desprezo ou até desrespeito pela tradição e pela história da igreja cristã nos últimos dois mil anos. Todavia, é válido observar que a igreja tem visto o surgimento de centenas de movimentos de reforma e renovação dentro de suas fileiras cristãs através da era cristã. Uma coisa que aprendemos com a história da igreja cristã, é que perguntar como devemos ser e fazer igreja nunca fez mal a ela. De fato, a grande força da igreja é que ela tem sido capaz de ouvir e adaptar essa crítica.

Se aceitarmos as críticas de Moby e voltarmos à Bíblia para redescobrir nosso DNA original como igreja, encontraremos um incentivo maravilhoso para levarmos adiante a renovação e a transformação. Como deve ser uma rede ou família de seguidores para se tornar tudo o que Jesus deseja para eles? Essa segunda tabela oferece algumas pistas:

184 Ibid.

No que a igreja se transforma	Como
1. Uma comunidade semelhante a Cristo que reflete seu caráter, sua vida e atividade	1. Realizando um estudo intencional corporativo dos Evangelhos para modelar nossas vidas no exemplo de Jesus, evitando qualquer outro herói menor de nossa tradição.
2. Uma comunidade holística que busca entregar toda a vida ao seu senhorio	2. Retirando a demasiada ênfase no domingo e capacitando todos os seguidores a entregar cada esfera de suas vidas e de seu dia a dia a Jesus
3. Uma comunidade amante da paz que é sensível, submissa, misericordiosa, frutífera, imparcial e sincera	3. Saindo para servir aos outros sabendo que a comunidade é forjada por nosso compromisso coletivo para uma causa que vai além de nós mesmos
4. Uma comunidade adoradora que exalta Jesus e declara sua soberania	4. Entendendo que a adoração envolve cânticos, mas nunca se limita a isso, a vida como um todo exalta Jesus
5. Uma comunidade consagrada que experimenta intimidade com Jesus	5. Pela experiência da presença de Jesus na oração, no isolamento, no jejum e na ação missional
6. Uma comunidade de graça que confia na obra de Jesus para a salvação	6. Insistindo continuamente que não é por nossos esforços que somos salvos, é através de uma contínua *reevangelização* de cristãos.
7. Uma comunidade santa que busca a justiça de Jesus	7. Aprendendo e vivendo os valores de Jesus, diferente da piedade do convencionalismo bem-educado da classe média
8. Uma comunidade saudável que se alimenta da Palavra de Deus e do ministério do Espírito Santo	8. Dedicando-nos corporativamente ao estudo das Escrituras e ao exercício dos dons espirituais

Esses oito pontos de ação não exigem qualquer garantia significativa ou instalações especialmente construídas para esse fim. Eles podem ser executados por qualquer coletividade de cristãos dedicados a seguir Jesus e podem ser colocados em prática no mundo real.

Voltando para a comunidade de Jesus

Até aqui, tudo bem. Lembre-se, porém, que essas palavras foram tiradas da carta de Paulo aos Efésios. Jesus concordaria com o que Paulo escreveu em Efésios?

Defensora dos pobres

Dorothy Day

Dorothy Day foi incansável em seu compromisso com a justiça e a paz social e sua dedicação aos pobres. Essa pequena Jesus disse certa vez: "Creio firmemente que nossa salvação depende do pobre". A boêmia moradora de Nova Iorque nos anos 1910 e 1920 começou sua jornada espiritual que a levou à igreja católica depois do nascimento de sua filha. Como uma nova cristã que deixou para trás os costumes sexuais de seus contemporâneos, Dorothy manteve seu compromisso com o pacifismo e os direitos dos trabalhadores, temas essenciais da cultura boêmia, crendo que esses valores eram também fundamentais na mensagem de Jesus. Juntamente com Peter Maurin, fundou em 1933 o Movimento do Trabalhador Católico (conhecido como CW), uma controversa organização dedicada a servir a Cristo trabalhando pela justiça dos marginalizados pela sociedade. O jornal Catholic Worker (Trabalhador católico) divulgava sua missão e o movimento abriu o Albergue St. Joseph nas favelas de Nova Iorque oferecendo abrigo e comida aos pobres. Logo depois, várias fazendas se abriram na zona rural para que os pobres pudessem viver em comunidade. O movimento se espalhou rapidamente a outras cidades dos Estados Unidos, e depois para o Canadá e a Grã Bretanha. Em 1941 mais de trinta filiais independentes da CW foram fundadas e o trabalho continua até hoje com mais de cem comunidades em operação. Embora criticada por seu pacifismo durante a 2ª Guerra Mundial e vista como ultrapassada por causa de sua oposição à revolução sexual nos anos 1960, ela nunca recuou um milímetro em suas convicções. Dorothy ganhou o respeito dos movimentos contra a guerra e participou de protestos públicos durante os anos 1970. Alguns a veneravam como a uma santa, coisa que ela desencorajava. "Não me chame de santa", dizia ela, "não quero ir embora tão cedo". Dorothy viveu em St. Joseph servindo aos pobres até sua morte em 1980.

Não há dúvida de que Paulo ancora firmemente a igreja no exemplo de Jesus, mas Jesus ensinou ou desenvolveu uma comunidade de seguidores parecida com essa? Vamos voltar nossa atenção para os Evangelhos a fim descobrir. Vamos tomar os oito pontos de ação listados acima e compará-los com o exemplo de Jesus.

A comunidade de Jesus segue o exemplo de Jesus

Como foi sugerido nas primeiras seções deste livro, nossa posição é que não queremos que os presbiterianos se pareçam mais com John Knox, que os Metodistas se pareçam mais com John Wesley ou os salvacionistas sejam mais como William Booth. Desejamos que todos os cristãos se pareçam mais com Jesus. Não desprezamos a imensa contribuição que pessoas como Knox, Wesley ou Booth fizeram à causa de Cristo e reconhecemos que podemos aprender muito com esses líderes, mas deixemos que Jesus seja o nosso guia, nosso Senhor e nosso Mestre. Esse era o cerne do problema para a comunidade de Jesus que encontramos nos Evangelhos. Jesus é central. Ele é o exemplo para o qual os seguidores continuamente se voltam. Para eles, Jesus não é apenas um rabino radical cujo enfoque inovador da filosofia hebraica aprenderam a apreciar. Ele faz mais do que ministrar aulas de teologia ao ar livre. Modela um estilo de vida alternativo. Modela itinerância (Lc 9.57-62) e confiança completa na provisão de Deus (Lc 12.22-31). Ele demonstra como tratar as crianças (Lc 18.15-17) e as mulheres (Lc 8.1-3; 10.38-42). Apresenta um padrão de como eles devem orar (Lc 11.1s). Ele os envia para imitar seu ministério de cura e pregação (Lc 9.1-6). Permite que eles o questionem sobre suas parábolas (Lc 8.9). Alguns deles testemunharam sua transfiguração (Lc 9.28s) e todos eles testemunharam sua ressurreição (Lc 24.36-37).

Esse foi o início da conspiração dos "pequenos Jesuses". Ele se duplica nas vidas de seus primeiros seguidores. Permite que eles façam um estudo intenso de sua vida e ministério e então os envia a um mundo que não suspeita de nada como um tsunami de amor e graça. Sem Jesus em carne e osso, temos hoje seu Espírito dentro de nós e os Evangelhos que nos guiam e impulsionam avante. A fim de imitarmos sua vida e ministério precisamos fazer um estudo corporativo e intencional dos

Evangelhos. Eles são a dieta básica dos seguidores de Jesus. Em vez de leite para a Escola Dominical Infantil, os Evangelhos deveriam ser o prato principal de toda refeição cristã.

A comunidade de Jesus capacita todos os seguidores

Os exemplos de esvaziamento de ênfase do sábado na vida e no ministério de Jesus são diversos. Em Lucas 14 lemos:

> *Aconteceu que, ao entrar ele num sábado na casa de um dos principais fariseus para comer pão, eis que o estavam observando. Ora, diante dele se achava um homem hidrópico. Então, Jesus, dirigindo-se aos intérpretes da Lei e aos fariseus, perguntou-lhes: É ou não é lícito curar no sábado? Eles, porém, nada disseram. E, tomando-o, o curou e o despediu. A seguir, lhes perguntou: Qual de vós, se o filho ou o boi cair num poço, não o tirará logo, mesmo em dia de sábado? A isto nada puderam responder.* (Lc 14.1-6)

Jesus estava tocando no debate acadêmico do momento. O tópico de muitas discussões entre os eruditos judeus era se seria legal salvar o filho moribundo no sábado. Certamente, alguns achavam que seria ilegal salvar uma vaca, mas correto salvar o próprio filho. Debates como esses sempre ocorriam nos rarefeitos contextos acadêmicos onde não havia nem uma criança, nem uma vaca se afogando em um poço. Jesus joga a erudição desconectada com a realidade na cara deles. Diante deles havia um homem que não podia andar. Sem trabalho, para não morrer de fome só lhe restava implorar esmolas e restos. Sabendo que a resposta deles sobre as legalidades da guarda do sábado iria afetar diretamente a sobrevivência dessa pobre alma, os fariseus silenciam embaraçados. Jesus, no entanto, é um homem de ação. Ele é um homem de envolvimento e decisão. Sábado ou não sábado, o mendigo precisa de seu toque e ele se recusava a se omitir, paralisado por sutilezas teológicas.

É impressionante que a religião que leva seu nome tenha se tornado exatamente como os oponentes "sabadocêntricos" de Jesus! São muitas as igrejas cristãs que têm como seu mais alto objetivo trazer pessoas para seus bancos no domingo de manhã. Criaram seu próprio legalismo que define santidade em termos de frequência em vez de comunhão com Deus em todas as áreas de sua semana e de sua vida. A igreja mudou o dia para o domingo, mas não é menos paralisada pelo legalismo do que os fariseus silenciados por Jesus. Como eles puderam ignorar as palavras de Jesus em Lucas 6, onde, depois que os fariseus repreenderam seus discípulos por comerem grãos no sábado:

> *Respondeu-lhes Jesus: "Nem ao menos tendes lido o que fez Davi, quando teve fome, ele e seus companheiros? Como entrou na casa de Deus, tomou, e comeu os pães da proposição, e os deu aos que com ele estavam, pães que não lhes era lícito comer, mas exclusivamente aos sacerdotes? E acrescentou-lhes: O Filho do Homem é senhor do sábado".* (Lc 6.3-5)

Jesus está se posicionando no centro do culto religioso do judaísmo. Como vimos, ele se vê como a incorporação viva do templo. Faz o que templo deve fazer. Agora, ele proclama o senhorio sobre o sábado. É o dia dele agora. Ele não estava desviando o foco da guarda do sábado passando de Yahweh para si mesmo. Ele é Yahweh! O sábado sempre foi o dia dele. O que ele está fazendo é declarar seu senhorio sobre toda a vida, inclusive aos sábados. Na versão de Marcos do mesmo episódio Jesus diz: *"O sábado foi estabelecido por causa do homem, e não o homem por causa do sábado"* (Mc 2.27). O sábado foi feito para servir às pessoas e não as pessoas para servirem o sábado. O sábado era um servo, não o senhor. Jesus estava dizendo que deveriam aplicar a lei do sábado com misericórdia atendendo às necessidades humanas. Ele estava lhes dizendo que tinha autoridade para definir como eles deveriam observar o sábado. Em suma, a necessidade humana (a fome dos discípulos e a doença do homem) é mais importante do que a guarda cega do sábado.

Jesus libera seus discípulos para fazer um lanche nos feixes de trigo. Da mesma forma as igrejas hoje devem redescobrir que, embora momentos regulares de retiro e reflexão sejam essenciais, elas são instrumentos para nosso uso segundo a necessidade. Michael tem um amigo que trabalha em um escritório no centro da cidade de Sidney e almoça duas ou três vezes por semana em uma catedral próxima para meditar sobre Jesus e desfrutar a serenidade do lugar. Ele é livre para guardar o sábado como desejar. Jesus é senhor de toda a vida, de todos os dias e todos os lugares. Aleluia!

A comunidade de Jesus sai para servir aos outros

A comunidade de Jesus não é um bando de estudantes estáticos. Eles são uma equipe orgânica de "pequenos Jesuses" se movendo, vivendo, respirando. Longe de acampar em Nazaré e descarregar toda uma nova cosmovisão em retórica teórica, Jesus cai na estrada com seus seguidores mostrando que a comunidade é forjada no calor da ação e cooperação conjunta em uma causa que vai além deles mesmos. Eles são golpeados pela crítica de seus oponentes, confundidos pelas reações dos outros e inspirados pelo exemplo de Jesus. Depois de enviá-los (e mais cinquenta e oito com eles) em pares para pregar, curar e expulsar demônios, eles voltam "com alegria" para relatar o que tinham visto (Lc 10.17). Eles estão ligados como um conjunto de irmãos e irmãs. Jesus leva até um coletor de impostos (Levi/Mateus) e um zelote (Simão) para seu grupo. Não havia duas pessoas que se desprezassem mais do que os nacionalistas zelotes que tinham jurado acabar com os romanos e seus colaboradores e colaboradores como os coletores de impostos. Não é muito diferente do elfo Légolas e do anão Gimli do filme *Senhor dos Anéis*. Embora fossem inimigos jurados de morte, eles se unem na missão de devolver o anel a Mordor. As diferenças políticas e teológicas que normalmente separariam Simão e Mateus são vencidas por seu compromisso conjunto com a missão de Jesus.

Para ter certeza, há exemplos de observadores ocasionais ou casuais do ministério de Jesus. No Sermão do Monte e na multiplicação dos pães, Jesus atraiu grandes audiências. No entanto, João ressalta que a maioria das pessoas não engolia os ensinos de Jesus. Em João 6, depois de alimentar cinco mil homens, muitos foram embora, ofendidos com sua instrução intransigente (João 6.60,66). Jesus permanece imperturbável com isso, ele está ciente de que poucos o seguirão fielmente (João 6.64b-65). A comunidade de Jesus não é construída com observadores casuais, mas com aqueles que arriscam suas vidas com ele. Ouça o clamor melancólico de Pedro quando Jesus oferece a ele a chance de ir embora também: *Senhor, para quem iremos? Tu tens as palavras da vida eterna* (Jo 6.68).

Como as igrejas de hoje podem resistir ao impulso de se tornarem expectadores de um evento esportivo? Como elas podem lutar, em vez de serem capturadas pelo espírito do consumismo? As igrejas que desejam crescer às vezes acabam tentando desesperadamente atrair uma grande fatia do mercado com truques de publicidade e promessas de mais luxo e melhores bens e cultos religiosos. Ouvimos falar de uma igreja na Califórnia que todos os anos dá uma motocicleta Harley-Davidson a que trouxer mais visitantes aos domingos. É assim que Jesus mobiliza seus seguidores? Apelando para a avareza e o interesse pessoal? Jesus criou uma comunidade de servos dedicados e desprendidos que buscavam modelar suas vidas em seu serviço sacrificial e ao fazê-lo eles se uniram a uma causa comum.

A comunidade de Jesus entende que a adoração é uma exaltação com a vida inteira

A comunidade de Jesus era decididamente missional. Ela foi definida e moldada pela missão de seu fundador de introduzir o Reino de Deus. O termo "igreja missional" tem sido empregado por todos os tipos de pessoas de todos os contextos denominacionais em todo o mundo. Suspeitamos que ele possa ter significados diferentes para diferentes pessoas. Também tememos que ele possa se tornar a palavra da moda, juntamente com outras palavras e frases *como igreja emergente, novas expressões de igreja,* e assim por diante. No entanto, o paradigma missional é uma estrutura distintamente bíblica na busca do movimento cristão global concedido e moldado por Jesus. Quando nos referimos à igreja missional, estamos usando o termo da mesma maneira que você poderia dizer "igreja bíblica".

Para nós, a frase se refere àquelas comunidades para quem missão tem se tornado o princípio organizacional de tudo o que fazem e são. Obviamente reconhecemos que a igreja possui uma variedade de propósitos e funções. Entre eles estão a adoração, o discipulado, a formação, o evangelismo e a comunhão. Em vez de enxergar a missão como uma das funções da igreja, o povo da igreja missional a vê como propósito central e organizacional. Por exemplo, em vez de ver a adoração como fator primordial (como a maioria das igrejas convencionais faz), há um movimento crescente de pessoas como nós, que cremos que a adoração é mais rica quando organizada em torno da missão. O mesmo ocorre com o discipulado, o ensino e o exercício dos dons.[185]

185 Ver Hirsch, *Caminhos esquecidos*, 45–47, 257.

Cuidando dos enfermos

Damião de Molokai

Nascido Josef de Veuster na Bélgica em 1840, o padre Damião viajou como membro de uma ordem missionária em 1873 para a ilha havaiana de Molokai a fim de ministrar a pessoas que sofriam de lepra (conhecida hoje como hanseníase). Cerca de mil leprosos tinham sido isolados em um assentamento em Molokai rodeado por uma impenetrável cordilheira de montanhas. Abandonados pelo governo havaiano, o assentamento tinha se reduzido a uma imunda, imoral e sem lei "Colônia da Morte". Embora cientes da necessidade de ministério no assentamento, o bispo de Honolulu hesitava em enviar um missionário para a colônia, pois este certamente contrairia a doença contagiosa. Padre Damião, no entanto, pediu para ser enviado para o lugar. O bispo o apresentou à colônia como "um homem que será um pai para vocês e que os ama a tal ponto que não hesitará em se tornar um de vocês, vivendo e morrendo por vocês". Fiel a essa apresentação, Damião não se limitou ao papel de padre e sua chegada ao local foi um marco para a comunidade. Ele fazia curativos nas feridas, construía casas e camas, fazia caixões e cavava sepulturas. Sob sua liderança leis básicas entraram em vigor, cabanas se transformaram em casas pintadas, a agricultura foi organizada, escolas foram construídas e até um coral de meninas foi formado. As palavras de seu bispo, porém também foram cumpridas em outro sentido: Damião contraiu a doença. Em 1884, aos quarenta e nove anos, morreu com seu povo. Como um pequeno Jesus, padre Damião estava disposto a entregar sua própria vida por aqueles que sofrem.

E o que é missão? É o impulso do povo de Deus para o mundo exterior. Acima e além do evangelismo ou da justiça social, é a irresistível propulsão do Espírito que envia seu povo para declarar a soberania de Jesus em todos e sobre todos. Isso pode ser manifesto no compartilhar do Evangelho, na plantação de igreja, alimentando os famintos, agitando contra a injustiça e mais. Essas são atividades missionais, mas a missão em si é o predominante envio do povo de Deus se infiltrando em toda a sociedade e levantando um clamor pelo governo sem fim de Jesus em cada esfera da vida.

As igrejas missionais entendem que esse impulso enviador permeia toda a vida da igreja. Em contraste, as igrejas convencionais que fazem da adoração o princípio organizacional geralmente veem o evangelismo, por exemplo, como o recrutamento de novas pessoas para frequentarem o culto e outros eventos promovidos pela organização. Veem a comunhão como a edificação de uma comunidade adoradora. As igrejas missionais entendem que a comunidade é mais bem edificada por aqueles que estão ligados uns aos outros na tarefa criativa de missão. Eles louvam como loucos porque veem o senhorio de Deus sobre toda a vida. Discipulam uns aos outros a fim de ser melhores missionários. A missão é a faísca, a energia catalizadora que torna significativo tudo o que a igreja deveria ser.

Alguém, certa vez nos desafiou dizendo que no céu não haverá missão, apenas louvor. Discordamos absolutamente. Certamente, não alimentaremos os famintos nem plantaremos igrejas. Essas atividades missionais cessarão quando cada joelho se dobrar, cada língua confessar e cada lágrima for enxugada. No entanto, no mundo que está por vir ainda estaremos no comando da tarefa de declarar o governo de Jesus sobre toda a vida. Esperaremos ansiosos por aquela missão desencadeada pela nova era e para adorar através do processo de oferecer nosso mundo de volta para Deus.

Nunca vemos a comunidade de Jesus louvando no sentido convencional da palavra. No entanto, eles estão sempre em missão. O seu louvor acontece quando estão a caminho. Eles colocaram o louvor a serviço da missão e faríamos bem em aprender o exemplo radical de Jesus nessa área.

A comunidade de Jesus pratica a presença de Jesus

Isso quer dizer que, se missão for o princípio organizacional da comunidade de Jesus, nunca haverá tempo para o louvor particular, silencioso e de reflexão e oração? Longe disso. Jesus elogia especificamente isso em sua comunidade quando diz:

> *"E, quando orardes, não sereis como os hipócritas; porque gostam de orar em pé nas sinagogas e nos cantos das praças, para serem vistos dos homens. Em verdade vos digo que eles já receberam a recompensa. Tu, porém, quando orares, entra no teu quarto e, fechada a porta, orarás a teu Pai, que está em secreto; e teu Pai, que vê em secreto, te recompensará. E, orando, não useis de vãs repetições, como os gentios; porque presumem que pelo seu muito falar serão ouvidos. Não vos assemelheis, pois, a eles; porque Deus, o vosso Pai, sabe o de que tendes necessidade, antes que lho peçais."* (Mt 6.5-8)

A oração individual, o isolamento e o retiro são partes intrínsecas da comunidade de Jesus. De fato. Jesus as demonstra como parte essencial de sua vida devocional:

> *Tendo-se levantado alta madrugada, saiu, foi para um lugar deserto e ali orava.* (Mc 1.35)

> *Ele, porém, se retirava para lugares solitários e orava.* (Lc 5.16)

Mesmo no momento mais difícil de sua vida, no jardim do Getsêmani ele se separou dos outros para orar. Se tomarmos suas palavras dirigidas à sua comunidade em Mateus 6 seriamente, sua preferência é que a oração não seja uma demonstração para os outros, mas uma intensa e particular conexão entre um discípulo e seu Pai celestial.

A questão do jejum também precisa ser enfocada porque é dito que a comunidade de Jesus não participava da prática devocional do jejum, diferentemente dos discípulos de João Batista:

> *Vieram, depois, os discípulos de João e lhe perguntaram: Por que jejuamos nós, e os fariseus [muitas vezes], e teus discípulos não jejuam? Respondeu-lhes Jesus: "Podem, acaso, estar tristes os convidados para o casamento, enquanto o noivo está com eles? Dias virão, contudo, em que lhes será tirado o noivo, e nesses dias hão de jejuar."* (Mt 9.14s)

Para Jesus, sua presença na terra era motivo de celebração, de júbilo, e não de jejum. Ele reconhece que durante os três dias que estivesse longe de seus discípulos eles iriam jejuar como expressão de luto e tristeza. No entanto, depois de sua ressurreição, Jesus foi devolvido a eles e permanece com sua igreja até hoje. Ainda é hora de júbilo, portanto, há ainda qualquer base para a prática do jejum entre os cristãos hoje? Bem, francamente, não muita. Parece não haver essa ordem proveniente dos lábios de Jesus. Cremos que, embora os cristãos possam achar o jejum benéfico para o fortalecimento de músculos espirituais através da disciplina de autonegação e da criação de mais tempo para a oração (durante o tempo em que você normalmente estaria preparando a refeição), o vemos como uma prática apenas útil, mas não exigida. Obviamente, Jesus novamente adverte contra a demonstração pública do jejum quando nos ordena a fazê-lo em segredo (Mt 6.16-18).

A comunidade de Jesus insiste que precisamos ser continuamente reevangelizados

O padrão de tantos cristãos de tentar obter a salvação pelas boas obras e pelo serviço ministerial tem que ser impedido e até resistido. Por essa razão os seguidores de Jesus precisam ser reevangelizados regularmente. Cremos que é por isso que Jesus disse a seus discípulos para constantemente trazerem à memória sua morte sacrificial e expiatória ao tomar a chamada comunhão. Longe da intenção de ser uma festa sacramental ou religiosa, acreditamos que Jesus desejava conectar o Evangelho com uma ocorrência diária como o comer. Não muito diferente do lugar do *Shema* em Israel, como vimos anteriormente. O centro do sistema de fé deles era tão radical e contracultural em seu tempo que Israel deveria recitá-lo constantemente:

> [...] *tu as inculcarás a teus filhos, e delas falarás assentado em tua casa, e andando pelo caminho, e ao deitar-te, e ao levantar-te. Também as atarás como sinal na tua mão, e te serão por frontal entre os olhos. E as escreverás nos umbrais de tua casa e nas tuas portas.* (Dt 6.7-9)

Em um tempo de forte politeísmo você pode entender como o fato de ter lembretes de sua fé monoteísta amarrados em suas mãos ou escritos em suas portas era tão importante. Toda vez que a pessoa saísse de casa ou voltasse seria lembrada novamente da liberdade do monoteísmo existencial de Israel. Eles poderiam dizer: "estamos livres do temor de ofender inadvertidamente algum deus obscuro". Toda a vida estava agora unificada sob o governo de Yahweh.

Da mesma forma, a Ceia do Senhor não tinha a intenção de ser um rito peculiar de uma instituição religiosa. Jesus estava ordenando a seus discípulos que se lembrassem da liberdade que vem de sua morte todas as vezes que partissem o pão ou bebessem o vinho. Foi uma forma de serem reevangelizados, na verdade, várias vezes ao dia. Quando Paulo apresenta certas palavras aos coríntios que podem acompanhar uma coletiva festa do amor, não a está fixando como um rito cristão diferente, mas lembrando aos coríntios desobedientes o verdadeiro tom e fé que deveriam sustentar suas refeições em conjunto.

Compromisso absoluto

Simone Weil

T. S. Eliot descreveu Simone Weil como "uma mulher genial, do tipo de gênio próprio aos santos". Weil era uma filósofa francesa, professora e ativista cujo precoce intelecto e compaixão pelos membros da classe trabalhadora surgiram já em tenra idade. Aos seis anos de idade, durante a 1ª Guerra Mundial, ela recusou-se a comer açúcar por não fazer parte da alimentação dos soldados franceses. No início da adolescência dominava vários idiomas modernos e muitas vezes conversava em grego antigo com o irmão. Quando jovem aderiu ao Marxismo e ao Bolchevismo, o que a levou a ser conhecida como a "Virgem Vermelha". Dedicou-se a chamar a atenção para a situação dos trabalhadores braçais nas fábricas e alternava o ensino da filosofia com o desempenho do trabalho braçal para melhor entender as necessidades dos operários. Preferindo a companhia dos pobres ela tomava suas refeições nos lugares simples em que eles comiam e repartia seu salário com os desempregados. Depois de desiludir-se com o resultado da Guerra Civil Espanhola, Wiel abandonou o comunismo e as ideologias socialistas. Mais tarde interessou-se pelo cristianismo, embora tenha se recusado a ser batizada e nunca tenha feito parte de uma igreja. Em 1942 fugiu da ocupação da Alemanha Nazista e se mudou para a Inglaterra, onde morreu aos 34 anos de tuberculose e negligência pessoal em 1943, encarnando sua crença de que devemos nos "descriar" para retornarmos a Deus. Sua vida foi de compromisso absoluto com seus princípios.

As comunidades de Jesus de hoje nunca devem perder de vista a obra essencial da cruz e celebrar essa obra todas as vezes que se reúnem. Não é nosso pietismo ou nossa devoção que nos liberta. É o incondicional amor de Jesus como é demonstrado em sua disposição de morrer por nossos pecados.

A comunidade de Jesus aprende e vive e os valores de Jesus

Para muitas igrejas de classe média alta a gentileza é a suprema expressão do discipulado, mas qualquer leitura superficial dos Evangelhos serve para lembrar que Jesus não era tão gentil assim. Ele era bom. Ele era amor. Ele era compassivo, mas nem sempre era gentil. A igreja precisa abandonar sua preferência pela piedade das boas maneiras e adotar novamente os valores do Reino ensinados por Jesus. Permita-nos dar um exemplo. Há algum tempo Michael escreveu um artigo para um jornal de Sydney comentando a influência da maior igreja da cidade, a Hillsong. No artigo, ele defendia a igreja contra os vários ataques da mídia, mas também, gentilmente, levantou suas preocupações sobre a ênfase da Hillsong na doutrina da prosperidade (o chamado evangelho da saúde e da riqueza).

Ele recebeu uma avalanche de cartas e e-mails repreendendo-o por ousar emitir uma crítica pública a outra igreja. Um número significativo desses correspondentes irados afirmou ser anticristão fazer qualquer tipo de crítica à igreja. Agora, se você concorda com a decisão de Michael de veicular tal texto na mídia ou não, não vem ao caso. A questão é que essas pessoas, ministros em sua maior parte, não conseguiram reconhecer que Jesus era mordaz e regularmente crítico dos líderes religiosos de sua comunidade de fé. Além disso, as sete mensagens de Jesus às sete igrejas no livro de Apocalipse (Ap 2.1–3.22) contêm muitos comentários duramente críticos dirigidos à igreja! Dizer que criticar não é uma atitude cristã é ignorar o exemplo de Jesus.

Parece-nos que esse é um exemplo de colocar a gentileza, cortesia e delicadeza acima dos valores ensinados por Jesus. Não podemos reduzir sua visão radical para o Reino de Deus a uma expressão de convencionalismo e bom comportamento. É muito mais que isso. É tão não convencional que esses ensinos, mais de uma vez, colocam Jesus e seus discípulos em situação difícil. Mas que valores são esses? Segue-se uma lista incompleta:

⇒ Mansidão (Mt 5.5)

⇒ Misericórdia (Lc 15.4-10)

⇒ Paz (Mt 5.9)

⇒ Decoro sexual no casamento (Mt 5.27)

⇒ Confiança não ansiosa na provisão de Deus (Mt 6.24-34)

⇒ Amor pelos inimigos (Lc 6.27-30)

⇒ Perdão por aqueles que nos prejudicam (Lc 6.31-36)

⇒ Reconciliação (Mt 5.21-24)

⇒ Fidelidade (Mt 5.37)

Quando Paulo nos chama para sermos uma comunidade santa, *sem mácula, nem ruga, nem coisa semelhante, porém santa e sem defeito* (Ef 5.26s) não está se referindo a padrões de comportamento, mas a obra salvífica de Jesus a nosso favor. Não podemos merecer o amor de Jesus através da gentileza ou da cortesia. Ele é oferecido gratuitamente para estarmos livres para abraçar os valores do Reino, liberados de qualquer tentativa neurótica de ganhar Jesus com nossa fachada dominical. No entanto, são esses valores mencionados acima que deveriam distinguir os seguidores de Jesus do império em que se encontram. Rodney Stark, cronista do cristianismo em ascensão, conclui seu livro com as seguintes observações:

> Portanto, ao concluir este livro, vejo a necessidade de confrontar o que me parece ser o fator definitivo no cristianismo em ascensão [...] A simples frase "Porque Deus amou o mundo..." teria perturbado um pagão erudito e a simples ideia de que os deuses se importam com a maneira com que tratamos uns aos outros teria sido rejeitada como absurda [...] Esse era o clima moral no qual o cristianismo ensinou que a misericórdia é uma das virtudes principais – que um Deus misericordioso exige que os humanos sejam misericordiosos [...] Isso é revolucionário. Na verdade foi a base cultural para a revitalização do mundo romano gemendo sob uma multidão de misérias...[186]

186 Rodney Stark, *O crescimento do cristianismo: um sociólogo reconsidera a história* (São Paulo: Paulinas, 2006).

É pelo nosso amor que todas as pessoas saberão que somos discípulos de Jesus. Qualquer comunidade de fé caracterizada por seu nome deve ser uma comunidade de paz, amor, misericórdia e liberdade. Stark continua explanando as formas com que isso era manifesto no período inicial da era cristã:

> A meu ver, a forma principal com que o cristianismo serviu como um movimento de revitalização dentro do império foi ofertando uma cultura coerente que era completamente desprovida de etnicidade. Todos eram bem-vindos sem precisar dispensar laços étnicos [...] O cristianismo também incentivou as relações sociais entre os sexos e dentro da família [...] [e] diminuiu em muito as diferenças de classes – mais do que retórica estava envolvida quando escravo e nobre se cumprimentavam como irmãos em Cristo. Finalmente, o que o cristianismo concedeu aos seus convertidos nada mais foi do que sua humanidade.[187]

A comunidade de Jesus se dedica às Escrituras e ao exercício dos dons espirituais

Paulo diz: *Porque ninguém jamais odiou a própria carne; antes, a alimenta e dela cuida, como também Cristo o faz com a igreja; porque somos membros do seu corpo* (Ef 5.29s). Jesus está, portanto, alimentando e cuidando de seu povo através das épocas. É óbvio que ele realiza isso com sua presença nos Evangelhos, mas como ele nos alimenta e cuida de nós hoje? Nos parece que essa é a razão pela qual Deus dá dons espirituais à igreja – para que através do ministério do Espírito Santo em nosso meio sejamos edificados (alimentados) e cuidados. Como é engenhoso! O Jesus que habita dentro de cada um de nós usa cada um de nós para nos alimentar e cuidar uns dos outros.

Em 1 Coríntios 11, Paulo elogia a harmoniosa expressão de dons com que cada membro exerce sua parte na edificação da igreja da mesma maneira com que as diferentes partes do corpo humano operam como um todo coeso. Não é por acaso que ele, então, passe para sua famosa descrição do amor em 1 Coríntios 13, porque sem amor genuíno entre os membros de uma igreja, as diferentes expressões dos dons a destruiriam. Ele, de fato, está sugerindo uma abordagem "unidade na diversidade". Estamos melhor juntos, mais fortes para os ministérios

187 Ibid.

de cada um em nossas vidas, edificados por todos os dons. Quando ele volta sua atenção para a reunião pública dos coríntios ele diz:

> *Que fazer, pois, irmãos? Quando vos reunis, um tem salmo, outro, doutrina, este traz revelação, aquele, outra língua, e ainda outro, interpretação. Seja tudo feito para edificação. No caso de alguém falar em outra língua, que não sejam mais do que dois ou quando muito três, e isto sucessivamente, e haja quem interprete. Mas, não havendo intérprete, fique calado na igreja, falando consigo mesmo e com Deus. Tratando-se de profetas, falem apenas dois ou três, e os outros julguem. Se, porém, vier revelação a outrem que esteja assentado, cale-se o primeiro. Porque todos podereis profetizar, um após outro, para todos aprenderem e serem consolados.* (1Co 14.26-31)

Aqui está um retrato da igreja cooperando continuamente com o Espírito Santo e com cada um, cada um exercendo sua função, cada um dando sua contribuição. Qual é uma das formas com que Jesus nos alimenta e cuida? Através dos membros de nossa comunidade. Um exemplo de alguém que leva isso a sério é Dan Kimball, da igreja *Vintage Faith,* em Santa Cruz, a quem já mencionamos anteriormente. Ele criou uma série de perguntas para fazer a todos os seus líderes de louvor como uma forma regular de se reconectarem com o lugar adequado da adoração na vida de uma comunidade de fé. As perguntas são as seguintes:

1. A nossa adoração exalta Jesus como o centro de nossa igreja?
2. Em nossa reunião de adoração as Escrituras são lidas e ensinadas como a sabedoria normativa para nossa igreja?
3. Quando nos reunimos para adorar, a oração é uma parte essencial?
4. Nossas reuniões de adoração oferecem oportunidades para expressarmos nossa união como comunidade?
5. A refeição comunitária é uma parte central de nossa adoração?
6. Os membros de nossa igreja são lembrados de suas obrigações para viverem vidas missionais quando se reúnem para a adoração?

7. A preparação para nossa reunião de adoração permite que qualquer pessoa ou todas as pessoas contribuam para o todo como desejarem e de acordo com seus dons?[188]

Desejamos que essas perguntas sejam feitas regularmente a todos os nossos líderes, ministros e pastores.

Uma fotocópia de uma fotocópia de uma fotocópia

No mundo que virá ainda estaremos incumbidos da tarefa de declarar o governo de Jesus sobre toda a vida. Paulo estava intencionalmente buscando repetir o modelo deixado por Jesus. É como se ele estivesse tomando a comunidade original de Jesus procurando traduzi-la em vários contextos em todo o mundo. A dificuldade hoje é que estamos tentando fazer cópias apagadas da cópia de Paulo. Tente fotocopiar um documento e, então, continue copiando novamente a cópia anterior e veja como fica a imagem depois de múltiplas gerações de cópias. Apagada, ilegível, inaproveitável. Como se pode voltar à imagem que você desejava? Por que você não volta ao documento original? Paulo provavelmente não nos pediria que copiássemos suas cópias. Ele estava usando o original como matriz e nós também deveríamos fazer o mesmo. É hora de "reJesusar" nossas igrejas para que elas se pareçam com cópias do original.

No início desse livro compartilhamos nossas visitas às grandes catedrais de Roma e Moscou e nos perguntamos o quanto a instituição religiosa da igreja se distanciou da coletividade contracultural dinâmica e relacional forjada inicialmente pelo rabino de Nazaré. As oito características que acabamos de mencionar podem ser adotadas por qualquer grupo de seguidores de Jesus e vividas sem qualquer parafernália ou propriedade considerada tão indispensável pela igreja convencional. Não estamos propondo algum modelo eclesiológico radical. Não estamos inventando alguma nova abordagem para ser e fazer igreja. Estamos convocando comunidades de fé de seguidores de Jesus a redescobrir o ensino, o exemplo, a visão de nosso fundador. Não fazemos

188 Veja Dan Kimball, David Crowder e Sally Morgenthaler, *Emerging Worship: Creating Worship Gatherings for New Generations* (Grand Rapids: Zondervan, 2004), 87.

isso desprezando ou ignorando as tradições desenvolvidas pelos cristãos através dos séculos. Nem pressupomos ter alguma compreensão mais elevada ou mais profunda a respeito desses assuntos. No entanto, podemos apresentar modelos de igrejas que encontramos ao nosso redor hoje – profissionalizados e institucionalizados –, compararmos ao exemplo encontrado nos Evangelhos e no Novo Testamento e nos fazermos algumas perguntas sérias sobre as discrepâncias que encontramos ali. É hora de recalibrarmos a igreja em torno da pessoa de Jesus em vez de em torno dos truques de marketing desenvolvidos para uma época superficial e consumista.

Conclusão

Leia esta parte por último

Não há Evangelho algum se Jesus não for Deus. Não é novidade alguma saber que um grande profeta nasceu. Já houve grandes profetas antes; mas o mundo nunca foi redimido do mal através do mero testemunho da verdade e nunca será. No entanto, dizer-me que Deus nasceu, que o próprio Deus abraçou nossa natureza e a uniu consigo mesmo, faz com que os sinos do meu coração cantem em sons de júbilo, pois agora posso me chegar a Deus já que Deus se chegou a mim.

— C. H. Spurgeon

Ei, dissemos para ler isso por último, então se você comprou esse livro e já pulou para a conclusão, volte e comece do início. Precisamos que você se junte a nós nessa jornada redescobrindo a visão alternativa oferecida por Jesus: a jornada de desfragmentação de todos os retratos de Jesus que você acumulou no decorrer dos anos, a jornada de reencontrar uma estrutura hebraica para enxergar e seguir Jesus como a presença visível do único Deus; a jornada de exploração de como uma igreja edificada por Jesus deve se parecer.

Só depois que você caminhar junto a nós nessa estrada, queremos que volte sua atenção à página seguinte.

Dois homens entram em uma hospedaria...

Dois homens de meia idade se encontram em uma hospedaria de uma pequena e extraordinária cidade. Eles se abraçam, suas mãos pesadas e sólidas dão tapas nas costas um do outro carinhosamente. Eles beijam o rosto um do outro duas vezes. Sentam-se e comem debruçados sobre a mesa de forma conspiratória. A poeira de suas faces realça as linhas profundas em torno de seus olhos. Suas barbas cinzentas traem a idade. Eles são como dois leões velhos, guerreiros que lutaram muitas batalhas, mas vivem para lutar mais um dia.

Limpando as migalhas do bigode com as costas de sua mão, um diz com um sorrisinho: "Você ficou velho rápido".

O outro olha para cima e levanta as sobrancelhas.

"Eu só quis dizer", diz o primeiro homem, "que não via você há um bom tempo e você parece ter envelhecido um bocado nesse período".

O outro homem começa a se defender, mas em vez disso, sacode as mãos com desdém: "Por que você faz comentários como esse?", ele sorri. "Você já não é aquele garoto de antigamente, também, sabia?"

Ambos sorriem e o primeiro homem estica o braço e o coloca sobre o braço do amigo. O tom de voz fica sério: "É a jornada que me cansa", ele confessa.

"Concordo. E a decepção. Eu poderia aguentar a viagem, os hotéis estranhos, as dificuldades, mas a decepção de ouvir sobre os amigos abandonando a causa ou células divergindo da nossa doutrina, é isso que mais cansa. Tenho ouvido que isso me faz parecer velho", diz ele olhando para o amigo cautelosamente.

"Muito velho, para falar a verdade." Eles riem. Silêncio.

Depois de alguns momentos, o primeiro homem diz: "Os coríntios ainda estão lhe dando dor de cabeça, Paulo? Eles são os culpados por todos esses cabelos brancos?"

"Dores de cabeça e cabelos brancos não são nada, Pedro. Já ouviu a última? Não queira saber. Ciúmes, brigas e divisões. Alguns têm me rejeitado como apóstolo. Acho que eles preferem líderes mais capacitados! Você acredita? Eles não entendem que a sabedoria vem do Espírito. Depois de tanto tempo eles ainda são bebês em Cristo. Não quero nem começar a fazer a lista dos pecados deles: imoralidade sexual, processos contra os irmãos, abuso de liberdade, tolerância com os irmãos imorais, orgulho por dons espirituais, louvor caótico, teologia da ressurreição errada e, bem, completa falta de amor. Já escrevi quatro cartas para eles sobre isso e cada uma parece me trazer mais problemas com eles. Estou pensando em parar de escrever e começar a brigar. Ensinar com os punhos a lição que as cartas obviamente não conseguiram. Você provavelmente briga melhor do que eu, que tal uma viagem a Corinto?"

"Espancar os coríntios provavelmente não vai fazer o truque, camarada. Mas estou com vontade de ir com você", Pedro sorri com empatia.

"Como está a célula na Galácia? Fez contato com eles?", Paulo pergunta e sorve um gole de seu copo. Pedro balança a cabeça lentamente. Paulo continua "A fé deles não é forte o suficiente para resistir às confusões causadas pelo ensino dos judeus cristãos sobre o mandamento da circuncisão, e eles duvidam do Evangelho que eu preguei. Como os coríntios, eles duvidam até da minha autoridade."

E por aí vai. Dois homens cansados compartilhando, recontando velhas histórias e falando de novas células na Ásia Menor, novos convertidos na Europa, novos acontecimentos na Grécia. Finalmente Paulo diz: "Pedro não tenho certeza de que verei você outra vez..."

"Você diz isso toda a vez que nos encontramos."

"Eu sei e sempre é verdade, mas no caso de nossos caminhos não se cruzarem de novo, você pode falar dele mais uma vez?"

Pedro sorri tristemente: "Ah, Paulo você já me ouviu contar essas histórias um milhão de vezes. Você já sabe melhor que eu."

Paulo se inclina para seu amigo: "Companheiro, já fui espancado, abandonado, traído, naufragado e largado para ser morto. É difícil pensar em uma célula que eu tenha plantado que não esteja passando por alguma crise pessoal ou doutrinária. Não estou bem. Muitas vezes passo fome e de acordo com meus amigos pareço um velho. A revolução está se desenrolando, devagar, mas firme. Ah, e as coisas que vimos? Mas às vezes sinto que é difícil. Anseio pelo Senhor como o vigia espera pelo fim da noite. Às vezes fico pensando se essa pequena célula que plantamos dará início ao movimento que sonhamos. Sim, eu me pergunto. Depois de tudo que vi e fiz. Tudo o que vimos e fizemos..."

Então, ele fixa seus olhos firmemente em Pedro e diz suplicante: "Conte outra vez".

*

Você pode nos imaginar à porta dessa antiga hospedaria olhando para o aposento escuro e vendo dois guerreiros castigados pela batalha compartilhando histórias de seu herói, seu modelo, sua inspiração? Será que Paulo e Pedro se encontraram assim e falaram coisas semelhantes? Quem sabe? Mas há pouca dúvida de que foi a história de Jesus que inspirou a obra e o ministério deles e era a força vital da missão deles. Realmente, Paulo escrevendo aos romanos se apresenta como: *Paulo, servo de Jesus Cristo, chamado para ser apóstolo, separado para o evangelho de Deus* (Rm 1.1). O que era o Evangelho de Deus pelo qual ele se sentiu separado? Uma série de proposições doutrinárias, um dogma revolucionário, uma coleção de crenças e práticas centradas em Jesus? Na verdade, é muito mais! O Evangelho não é simplesmente uma ideologia teológica. É um evento histórico! Ouça-o explicando:

> *o qual foi por Deus, outrora, prometido por intermédio dos seus profetas nas Sagradas Escrituras, com respeito a seu Filho, o qual, segundo a carne, veio da descendência de Davi e foi designado Filho de Deus com poder, segundo o espírito de santidade pela ressurreição dos mortos, a saber, Jesus Cristo, nosso Senhor, por intermédio de quem viemos a receber graça e apostolado por amor do seu nome, para a obediência por fé, entre todos os gentios, de cujo número sois também vós, chamados para serdes de Jesus Cristo.* (Rm 1.2-6)

Quando Paulo explica o conteúdo de seu Evangelho não fala em declarações proposicionais sobre a criação, o pecado, a expiação e a redenção. É uma recaptura da história de Jesus! Para Paulo o Evangelho é Jesus – suas credenciais messiânicas, sua descendência física de Davi, sua vindicação pelo Espírito de Deus e sua ressurreição dos mortos. Isso parece idêntico ao Evangelho dado a nós em Mateus. Com efeito,

Romanos 1.1-6 é uma versão resumida dos Evangelhos. Mais tarde, em Romanos, Paulo apresenta uma versão ainda mais resumida da mesma mensagem, quando escreve:

> *Porém que se diz? A palavra está perto de ti, na tua boca e no teu coração; isto é, a palavra da fé que pregamos. Se, com a tua boca, confessares Jesus como Senhor e, em teu coração, creres que Deus o ressuscitou dentre os mortos, serás salvo.* (Rm 10.8s)

Os estudiosos acreditam que essa é uma repetição de um credo bem conhecido na época. Se essa é uma declaração de fé, perceba sua trajetória. É uma versão extremamente resumida de Mateus, Marcos ou Lucas. Compare com o floreado Credo de Niceia do quarto século, que se refere a Jesus como "luz de luz, verdadeira luz de verdadeira luz, gerado, não criado, de um ser com o Pai". Paulo não tem nada a ver com esse linguajar doutrinário etéreo. Em 2 Timóteo ele apresenta sua visão preferida do Evangelho: *Lembra-te de Jesus Cristo, ressuscitado de entre os mortos, descendente de Davi, segundo o meu evangelho* (2Tm 2.8). Eventos. Fatos. História. Esse é o meu Evangelho. Provavelmente em nenhum outro lugar isso é expresso de forma mais urgente pelo homem do que esse conselho aos coríntios sobre a conduta em seu banquete público.

> *Irmãos, venho lembrar-vos o evangelho que vos anunciei, o qual recebestes e no qual ainda perseverais; por ele também sois salvos, se retiverdes a palavra tal como vo-la preguei, a menos que tenhais crido em vão. Antes de tudo, vos entreguei o que também recebi: que Cristo morreu pelos nossos pecados, segundo as Escrituras, e que foi sepultado e ressuscitou ao terceiro dia, segundo as Escrituras. E apareceu a Cefas e, depois, aos doze.* (1Co 15.1-5)

Jesus morreu pelos nossos pecados. Ele foi o cumprimento da profecia. Ele ressuscitou. Apareceu a testemunhas. Esse é o nosso Evangelho, ancorado na pessoa de Jesus, *o evangelho que vo-lo preguei,* como Paulo diz. De fato, parece haver evidência suficiente para sugerir que a maior parte do ensino de Paulo a essas jovens igrejas foram histórias de Jesus, com uma ênfase óbvia sobre a morte, a ressurreição e as aparições de Jesus. Suas epístolas lidam com problemas pastorais e teológicos específicos, mas devem ser lidas à luz do fato de que o Evangelho que ele pregou a eles, a doutrina na qual ele os imergiu foi o evento de Cristo, a história de Jesus. Como John Dickson diz:

A importância das declarações desses credos não deve ser subestimada porque eles são raros vislumbres da proclamação missionária dos primeiros cristãos e dos missionários paulinos em particular. Em suas cartas, Paulo (e outros apóstolos) não tinha razão para repetir a pregação missionária extensivamente. O 'Evangelho' tende a ser uma pressuposição compartilhada por todas as epístolas, sempre no pano de fundo, mas raramente trazida à frente.[189]

Hoje, muitos cristãos estão lendo Romanos como se fosse a exposição de Paulo do Evangelho – criação, pecado, expiação. Porém, Romanos e as outras epístolas foram aplicações do Evangelho, em vez de exposições dele. Paulo está pressupondo que os romanos conheçam a extraordinária história de Jesus que ele lhes tinha ensinado. De fato, quando Paulo prega o Evangelho ele soa mais como Atos 13 do que Romanos 1–3:

E, tendo tirado a este, levantou-lhes o rei Davi, do qual também, dando testemunho, disse: Achei Davi, filho de Jessé, homem segundo o meu coração, que fará toda a minha vontade. Da descendência deste, conforme a promessa, trouxe Deus a Israel o Salvador, que é Jesus, havendo João, primeiro, pregado a todo o povo de Israel, antes da manifestação dele, batismo de arrependimento. Mas, ao completar João a sua carreira, dizia: Não sou quem supondes; mas após mim vem aquele de cujos pés não sou digno de desatar as sandálias. Irmãos, descendência de Abraão e vós outros os que temeis a Deus, a nós nos foi enviada a palavra desta salvação. Pois os que habitavam em Jerusalém e as suas autoridades, não conhecendo Jesus nem os ensinos dos profetas que se leem todos os sábados, quando o condenaram, cumpriram as profecias; e, embora não achassem nenhuma causa de morte, pediram a Pilatos que ele fosse morto. Depois de cumprirem tudo o que a respeito dele estava escrito, tirando-o do madeiro, puseram-no em um túmulo. Mas Deus o ressuscitou dentre os mortos; e foi visto muitos dias pelos que, com ele, subiram da Galileia para Jerusalém, os quais são agora as suas testemunhas perante o povo. Nós vos anunciamos o evangelho da promessa feita a nossos pais, como Deus a cumpriu plenamente a nós, seus filhos, ressuscitando a Jesus, como também está escrito no Salmo segundo: Tu és meu Filho, eu, hoje, te gerei. E, que Deus o ressuscitou dentre os mortos para que jamais voltasse à corrupção, desta maneira o disse: E cumprirei a vosso favor as santas e fiéis promessas feitas a Davi. Por isso, também diz em outro Salmo: Não permitirás que

189 John Dickson, "Announcing the Christ Event: Aspects of the New Testament Gospel" (artigo não publicado, 2001).

o teu Santo veja corrupção. Porque, na verdade, tendo Davi servido à sua própria geração, conforme o desígnio de Deus, adormeceu, foi para junto de seus pais e viu corrupção. Porém aquele a quem Deus ressuscitou não viu corrupção. Tomai, pois, irmãos, conhecimento de que se vos anuncia remissão de pecados por intermédio deste; e, por meio dele, todo o que crê é justificado de todas as coisas das quais vós não pudestes ser justificados pela lei de Moisés. (At 13.22-39)

Chamo sua atenção para os três fatos seguintes: primeiro, esse sermão é um resumo virtual dos Evangelhos, particularmente Marcos e Lucas, enfocando os eventos da vida de Jesus. Segundo, há uma indiscutível relação entre esse sermão e as declarações de fé que observamos previamente em Romanos e 2 Timóteo, com sua ênfase no governo soberano de Jesus. Finalmente, em terceiro, há uma explícita referência à doutrina paulina da justificação pela fé, baseando-a firmemente nos eventos históricos do governo messiânico de Jesus, sua vida, morte e ressurreição. Não desejamos sugerir que essas declarações doutrinárias sejam inúteis. A pureza doutrinária, porém, por si só, tem dividido igrejas e levado à atual proliferação de denominações e agências cristãs que competem entre si. Para Paulo, como para Pedro, o Evangelho é Jesus, e Jesus somente. Qualquer outra doutrina que emerge e é desenvolvida sobre declarações proposicionais deve encontrar seu lugar na história de Jesus.

Paulo e Pedro se encontraram em uma hospedaria escura, fizeram uma refeição e compartilharam histórias? Não sabemos, mas se isso tiver acontecido, temos poucas dúvidas de que as histórias que teriam compartilhado não teriam sido triviais ou nostálgicas. Estamos convencidos de que eles se apegavam à narrativa dos Evangelhos como sua única razão de ser. Tente imaginar aqueles maltratados velhos leões contando aquelas histórias, "reJesusando" um ao outro. Então, pergunte a si mesmo como você tem se apegado ao Evangelho – não às Quatro Leis Espirituais, não à Ponte para a Vida, não ao catecismo doutrinário, mas a Jesus. Se você está desesperadamente agarrado a ele, junte-se a nós em nossa jornada de "rejesusar" nossas igrejas em nossos dias e em nossa época.

Bibliografia

ADIZES, Ichak. *Os ciclos de vida das organizações.* (São Paulo: Pioneira, 1998.)

ALLEN, Roland. *The Compulsion of the Spirit.* (Grand Rapids: Eerdmans, 1983.)

BELL, Rob. *Repintando a igreja: uma visão contemporânea.* (São Paulo: Vida, 2008.)

BONHOEFFER, Dietrich. *Christ the Center.* (Nova Iorque: Harper & Row, 1978.)

__________. *Discipulado* (São Leopoldo: Sinodal, 2013.)

BONIÑO, José Miguez, ed. *Faces of Jesus: Latin American Christologies.* (Maryknoll: Orbis Books, 1984.)

BOSCH, David Jacobus. *Missão transformadora: Mudanças de paradigma na teologia da missão.* (São Leopoldo: Sinodal, 2002.)

BRUEGGEMANN, Walter. *Finally Comes the Poet.* (Mineápolis: Augsburg Fortress, 1989.)

BRUNNER, Emil. *The Mediator: A Study of the Central Doctrine of the Christian Faith.* (Londres: Lutterworth, 1934.)

BRYMAN, Alan. *Charisma and Leadership in Organizations.* (Newbury: Sage, 1992.)

BUBER, Martin. *Mamre: Essays in Religion* (Melbourne: Melbourne University Press, 1946.)

_________. *Good and Evil* (Englewood Cliffs: Prentice Hall, 1953).

_________. *On Judaism.* (Nova Iorque: Schocken, 1967.)

BULTMANN, Rudolph. *Jesus and the Word.* (Nova Iorque: Fontana, 1958.)

BURKE, Spencer e TAYLOR, Barry. *A Heretic's Guide to Eternity.* (São Francisco: Jossey-Bass, 2006.)

CADA, Lawrence, et al. *Shaping the Coming Age of Religious Life.* (Nova Iorque: Seabury, 1979.)

CALVINO, João. *As institutas da religião cristã.* (São Paulo: Cultura Cristã, 2006.)

CATHER, Willa. *A morte vem buscar o arcebispo.* (Rio de Janeiro: Guanabara, 1985.)

CAVE, Nick. *Evangelho Segundo São Marcos* com introdução de Nick Cave. (Rio de Janeiro: Objetiva, 1999.)

CAVEY, Bruxy. *The End of Religion: An Introduction to the Subversive Spirituality of Jesus.* (Ottawa: Agora, 2005.)

CHALKE, Steve e MANN, Alan. *The Lost Message of Jesus.* (Grand Rapids: Zondervan, 2003.)

CHESNUT, Glenn. *Images of Christ: An Introduction to Christology.* (Mineápolis: Seabury, 1984.)

CLAIBORNE, Shane. *A revolução irresistível: gente comum, vida radical.* (São Paulo: Garimpo, 2014.)

CLARKE, Andrew e WINTER, Bruce. *One God, One Lord: Christianity in a World of Religious Pluralism.* (Grand Rapids: Baker, 1992.)

COLE, Neil. *Primal Fire: Reigniting the Church with the Five Gifts of Jesus.* (Wheaton: Tyndale, 2014.)

CONGER, Jay Alden e KANUNGO, Rabindra Nath. *Charismatic Leadership in Organizations.* (Thousand Oaks: Sage, 1998.)

DICKSON, John. *A Spectator's Guide to Jesus.* (Sydney: Blue Bottle, 2005.)

DUPRÉ, Louis K. *Kierkegaard as Theologian: The Dialectic of Christian Existence.* (Londres: Sheed & Ward, 1964.)

EAGLETON, Terry. "Was Jesus Christ a Revolutionary?", in: *New Internationalist,* 1° de maio, 2008.

EDWARDS, Jonathan. "On the Religious Affections", in: *The Works of Jonathan Edwards* (1834; repr., Peabody: Hendrickson, 1993.)

ELDRIDGE, John. *Coração selvagem: descobrindo os segredos da alma do homem.* (Rio de Janeiro: CPAD, 2004.)

ELLER, Vernard. *Kierkegaard and Radical Discipleship: A New Perspective.* (Princeton: Princeton University Press, 1968.)

ELLUL, Jacques. *The Subversion of Christianity.* (Grand Rapids: Eerdmans, 1986.)

ERRE, Mike. *The Jesus of Suburbia: Have We Tamed the Son of God to Fit Our Lifestyle?* (Dallas: W, 2006.)

FORBES, C. "Images of Christ in Nineteenth-Century British Paintings in the Forbes Magazine Collection", in: *Magazine Antiques,* 12, Dezembro de 2001.

FREEDMAN, D. N. "God in the New Testament", in: *Anchor Bible Dictionary* (Nova Iorque: Doubleday, 1996; ed. Eletrônica).

FREI, Hans W. *The Identity of Jesus Christ: The Hermeneutical Bases of Dogmatic Theology.* (Filadélfia: Fortress, 1975.)

FRIEDMAN, Maurice S. *Martin Buber: The Life of Dialogue.* (Londres: Forgotten Books, 2012.)

FROST, Michael. *Exiles: Living Missionally in a Post-Christian Culture.* (Peabody: Hendrickson, 2006.)

__________. *Jesus the Fool: The Missiono f the Unconventional Christ.* (Peabody: Hendrickson, 2010).

__________. *Seeing God in the Ordinary: A Theology of the Everyday.* (Peabody: Hendrickson, 2000.)

FROST, Michael e HIRSCH, Alan. *The Shaping of Things to Come: Innovation and Mission for the 21st-Century Church.* (Peabody: Hendrickson, 2003.)

GERTH, H. H. e MILLS, C. W. *Max Weber: Ensaios de sociologia* (Rio de Janeiro: LTC, 1982.)

GOUWENS, David J. *Kierkegaard as Religious Thinker.* (Cambridge: Cambridge University Press, 1996.)

GREMPF, Conrad. *Mealtime Habits of the Messiah: 40 Encounters with Jesus.* (Grand Rapids: Zondervan, 2005.)

GRIMSELY, Ronald. *Kierkegaard: A Biographical Introduction.* (Londres: Studio Vista, 1973.)

GRUEN, Anselm. *Images of Jesus.* (Nova Iorque: Continuum, 2002.)

GUARDINI. Romano. *O Senhor.* (São Paulo: Agir, 1964.)

HEIM, Karl. *Jesus the Lord: The Sovereign Authority of Jesus and God's Revelation in Christ.* (Filadélfia: Muhlenberg, 1959.)

HENDERSON, Jim, Matt CASPER, and George BARNA. *Jim and Casper Go to Church: Frank Conversations about Faith, Churches, and Well-Meaning Christians.* (Carol Stream: BarnaBooks, 2007.)

HESCHEL, Abraham. *A Passion for Truth* (Nova Iorque: Farrar, Straus e Giroux, 1973.)

HIRSCH, Alan. *Caminhos esquecidos: Reativando a igreja missional.* (Curitiba: Esperança, 2015.)

HOSTIE, Raymond. *The Life and Death of Religious Orders.* (Washington: Center for Applied Research in the Apostolate, 1983.)

HOULDEN, J. Leslie, ed. *Jesus in History, Thought, and Culture: An Encyclopedia.* (Santa Bárbara: ABC-CLIO, 2003.)

JONES, H. B. "Magic, Meaning, and Leadership: Weber's Model and the Empirical Literature", in: *Human Relations* 54/6 (2001).

KIERKEGAARD, Søren. *Training in Christianity* (Princeton: Princeton Unoversity Press, 1967.)

__________. *Concluding Unscientific Postscript 2: Kierkegaard'sWritings* (vol. 12.2; Princeton: Princeton University Press, 1992.)

KIMBALL, Dan. *Eles gostam de Jesus, mas não da Igreja: insights das gerações emergentes sobre a igreja.* (São Paulo: Vida, 2011.)

KIMBALL, Dan; CROWDER, David e MORGENTHALER, Sally. *EmergingWorship: Creating Worship Gatherings for New Generations.* (Grand Rapids: Zondervan, 2004.)

KINLAW, Dennis F. *Let's Start with Jesus: A New Way of Doing Theology.* (Grand Rapids: Zondervan, 2005.)

LEWIS, C. S. *Cristianismo puro e simples* (São Paulo: Martins Fontes, 2006).

__________. *O leão, a feiticeira e o guarda-roupa.* (São Paulo: Martins Fontes, 2010.)

LIVINGSTON, J. Kevin. "David Jacobus Bosch", in: *The International Bulletin of Missionary Research* 23/1 (Janeiro 1999.)

LUTERO, Martinho. *The Bondage of the Will, in Luther's Works* (St. Louis: Concordia, 1955.)

MACQUARRIE, John. *Existentialism.* (Filadélfia: Westminster, 1972.)

MARSH, Charles. *God's Long Summer: Stories of Faith and Civil Rights.* (Princeton: Princeton University Press, 1997.)

MARTIN-ACHARD, R. *An Approach to the Old Testament.* (Edinburgh: Oliver & Boyd, 1965.)

MEN, Alexander. *Son of Man: The Story of Christianity and Christ.* (Torrance: Oakwood, 1992.)

McLAREN, Brian. *A mensagem secreta de Jesus: desvendando a verdade que poderia mudar tudo.* (São Paulo: Thomas Nelson, 2007.)

__________. *The Voice of Luke: Not Even Sandals.* (Nashville: Thomas Nelson, 2007.)

McKNIGHT, Scot. *O credo de Jesus: crescimento espiritual, amor a Deus e ao próximo.* (Curitiba: Esperança, 2009).

MINEAR, Paul. *Commands of Christ.* (Nashville: Abingdon, 1972.)

__________. *Eyes of Faith: A Study in the Biblical Point of View.* (Philadelphia: Westminster, 1946.)

MOLTMANN, Jürgen. *O caminho de Jesus Cristo: cristologia em dimensões messiânicas.* (São Paulo: Loyola/Academia Cristã, 2014.)

MORGAN, Alison. *The Wild Gospel: Bringing Truth to Life.* (Oxford: Monarch, 2004.)

NOLAN, Albert. *Jesus antes do cristianismo.* (São Paulo: Paulus, 1988.)

O'CONNOR, Flannery. "Parker's Back", in: *The Complete Stories of Flannery O'Connor.* (Nova Iorque: Noonday, 1992.)

O'DEA, Thomas F. "Five Dilemmas of the Institutionalization of Religion", in: *Journal for the Scientific Study of Religion* 1/1 (Outubro de 1961).

PALMER, Donald D. *Kierkegaard for Beginners.* (Nova Iorque: Writers and Readers, 1996.)

PECK, M. Scott. *Further Along the Road Less Traveled: The Unending Journey Toward Spiritual Growth.* (Nova Iorque: Simon and Schuster, 1993)

PELIKAN, Jaroslav. *A imagem de Jesus ao longo dos séculos.* (São Paulo: Cosac Naify, 2000.)

PETERSON, Eugene H. *Trovão inverso: o livro do Apocalipse e a oração imaginativa.* (Rio de Janeiro: Habacuc, 2005.)

PHILLIPS, John A. *The Form of Christ in the World: A Study in Bonhoeffer's Christology.* (Londres: Collins, 1967.)

QUINN, Robert E. *Change the World.* (São Francisco: Jossey-Bass, 2000.)

RAMSEY, A. Michael. *God, Christ and the World: A Study in Contemporary Theology.* (Londres: SCM, 1969)

RITSCHL, Dietrich. *Memory and Hope: An Inquiry Concerning the Presence of Christ.* (Nova Iorque: Macmillan, 1967.)

ROBERTS Jr, Bob. *Transformation: How Glocal Churches Transform Lives and the World.* (Grand Rapids: Zondervan, 2006.)

__________. *Glocalization: How Followers of Jesus Engage a Flat World.* (Grand Rapids: Zondervan, 2007.)

ROBERTS, Dave. *Following Jesus: A Non-Religious Guide for the Spiritually Hungry.* (Lake Mary: Relevant, 2004.)

SAMUEL, Vinay e SUGDEN, Chris, eds. *Sharing Jesus in the Two Thirds World: Evangelical Christologies from the Contexts of Poverty, Powerlessness, and Religious Pluralism.* Documentos da Primeira Conferência de Teólogos de Missão Evangélica do Mundo da Maioria. Bangkok, Tailândia, Março 22–25, 1982. (Grand Rapids: Eerdmans, 1983.)

SAYERS, Dorothy L. *The Man Born to Be King.* (Londres: Victor Gollancz, 1955.)

SCHEIN, Edgar H. *Cultura organizacional e liderança.* (São Paulo: Atlas, 2009.)

SCHWEITZER, Albert. *A busca do Jesus histórico* (1910). (São Paulo: Novo Século, 2003.)

SEAY, Chris; McLAREN, Brian; CAPES, David; WINNER, Lauren e GARRETT, Greg. *The Last Eyewitness: The Final Week.* (Nashville: Thomas Nelson, 2006.)

SHELDON, Charles. *Em seus passos o que faria Jesus?* (São Paulo: Mundo Cristão, 2011.)

SHENK, Wilbert R., ed. *The Transfiguration of Mission: Biblical, Theological, and Historical Foundations.* (Scottdale: Herald, 1993.)

Simmons, Laura. *Creed Without Chaos: Exploring Theology in the Writings of Dorothy Sayers.* (Grand Rapids: Baker, 2005.)

SINE, Tom. *The New Conspirators.* (Downers Grove: InterVarsity, 2008.)

SMITH, J. B. *Devotional Classics.* (São Francisco: HarperOne, 2005.)

STARK, Rodney. *One True God: Historical Consequences of Monotheism.* (Princeton: Princeton University Press, 2001.)

__________. *O crescimento do cristianismo: um sociólogo reconsidera a história* (São Paulo: Paulinas, 2006.)

STASSEN, Glen H. e GUSHEE, David P. *Kingdom Ethics: Following Jesus in a Contemporary Context.* (Downers Grove: InterVarsity, 2003.)

TAYLOR, John V. *The Go-between God: The Holy Spirit and the Christian Mission.* (Londres: SCM, 1972.)

__________. *The Christlike God.* (Londres: SCM, 1992.)

TAYLOR, Tom. *Paradoxy: Coming to Grips with the Contradictions of Jesus.* (Grand Rapids: Baker, 2006.)

THIELICKE, Helmut. *The Doctrine of God and of Christ,* vol. 2 de *The Evangelical Faith.* (Edinburgh: T&T Clark, 1977.)

T'HOOFT, Willem Visser. *The Renewal of the Church.* (Londres: SCM, 1956.)

TYRRELL, George. *Christianity at the Cross-Roads.* (Londres: Allen & Unwin, 1963.)

WALSH, Brian J. e KEESMAAT, Sylvia C. *Colossians Remixed.* (Downers Grove: InterVarsity, 2004.)

WARD, Keith. *Re-Thinking Christianity.* (Oxford: Oneworld, 2007.)

WELLS, Harold. *The Christic Center: Life-Giving and Liberating.* (Maryknoll: Orbis, 2004.)

WHITEHEAD, Don. *Attack on Terror: The FBI against the Ku Klux Klan in Mississippi.* (Nova Iorque: Funk & Wagnalls, 1970.)

WIESEL, Elie. *Twilight.* (Suffolk: Viking, 1988.)

WILLARD, Dallas. *The Spirit of the Disciplines.* (São Francisco: HarperOne, 1999.)

WILSON, A. N. *Jesus.* (Londres: Sinclair-Stevenson, 1992)

WILSON, Jonathan. *God So Loved the World: A Christology for Disciples.* (Grand Rapids: Baker, 2001.)

WILSON, Marvin. *Our Father Abraham: Jewish Roots of the Christian Faith.* (Grand Rapids: Eerdmans, 1989.)

WINNER, Lauren. *The Voice of Matthew.* (Nashville: Thomas Nelson, 2007.)

WOELFEL, James W. *Bonhoeffer's Theology: Classical and Revolutionary.* (Nashville: Abingdon, 1970.)

WRIGHT, N. T. *Os desafios de Jesus.* (Curitiba: Palavra, 2012.)

__________. *Jesus and the Victory of God.* (Londres: SPCK, 1996.)

__________. *Who Was Jesus?* (Londres: SPCK, 1992.)

WYSCHOGROD, Michael. *The Body of Faith: Judaism as Corporeal Election.* (Nova Iorque: Seabury, 1983.)

YANCEY, Philip. *O Jesus que eu nunca conheci.* (São Paulo: Vida, 1995.)

Índice

Sobre o livro:

Formato: 16 x 23
Tipo e tamanho: Palatino Linotype 11/15
Papel: Capa - Cartão 250 g/m2
Miolo - Chambril Avena 70 g/m2
Impressão e acabamento: Imprensa da Fé